财经类高等院校研究生专业前沿文献导读系列丛书
中央财经大学研究生专业前沿文献导读教材项目

# 税收学前沿文献导读

樊　勇　刘　明　主编

中国财经出版传媒集团
中国财政经济出版社

**图书在版编目（CIP）数据**

税收学前沿文献导读／樊勇，刘明主编．--北京：
中国财政经济出版社，2021.1
（财经类高等院校研究生专业前沿文献导读系列丛书）
中央财经大学研究生专业前沿文献导读教材项目
ISBN 978-7-5223-0212-6

Ⅰ.①税…　Ⅱ.①樊…②刘…　Ⅲ.①税收理论-研究生-教材　Ⅳ.①F810.42

中国版本图书馆 CIP 数据核字（2020）第 251358 号

责任编辑：杨　波　　　　责任校对：李　丽
封面设计：陈宇琰

**税收学前沿文献导读**
**SHUISHOUXUE QIANYAN WENXIAN DAODU**

中国财政经济出版社 出版

**URL**：http：//www.cfeph.cn
E-mail：cfeph@cfeph.cn

社址：北京市海淀区阜成路甲 28 号　邮政编码：100142
营销中心电话：010-88191522
天猫网店：中国财政经济出版社旗舰店
网址：https：//zgczjjcbs.tmall.com
北京时捷印刷有限公司印刷　各地新华书店经销
成品尺寸：185mm×260mm　16 开　17.25 印张　351 000 字
2021 年 1 月第 1 版　2021 年 1 月北京第 1 次印刷
定价：76.00 元
ISBN 978-7-5223-0212-6
（图书出现印装问题，本社负责调换，电话：010-88190548）
本社质量投诉电话：010-88190744
**打击盗版举报热线：010-88191661　QQ：2242791300**

# 总　　序

党的十九大报告指出："建设教育强国是中华民族伟大复兴的基础工程，必须把教育事业放在优先位置"，要"加快一流大学和一流学科建设，实现高等教育内涵式发展。"2020 年 7 月 29 日，在新中国成立以来的第一次全国研究生教育大会上，习近平总书记强调研究生教育在培养创新人才、提高创新能力、服务经济社会发展、推进国家治理体系和治理能力现代化方面具有重要作用。研究生教育肩负着高层次人才培养和创新创造的重要使命，是国家发展、社会进步的重要基石，是应对全球人才竞争的基础布局。改革开放特别是党的十八大以来，我国研究生教育快速发展，已成为世界研究生教育大国。中国特色社会主义进入新时代，各行各业对高层次创新人才的需求更加迫切，研究生教育的地位和作用更加凸显。

深化研究生教育改革，要重视发挥课程教学在研究生培养中的作用，而高水平教材建设是开展高水平课程教学的基础。2014 年教育部发布《关于改进和加强研究生课程建设的意见》；2016 年中共中央办公厅、国务院办公厅发布《关于加强和改进新形势下大中小学教材建设的意见》；2017 年国务院成立国家教材委员会，进一步明确了教材建设是事关未来的战略工程、基础工程的重要地位；2020 年 9 月，教育部、国家发展和改革委员会、财政部联合发布《关于加快新时代研究生教育改革发展的意见》（教研〔2020〕9 号）中明确提出培养单位要紧密结合经济社会发展需要，优化课程体系，加强教材建设，打造精品示范课程，编写遴选优秀教材，推动优质资源共享。

中央财经大学高度重视研究生教材建设工作，坚持"科学规划、突出特色、鼓励创新、择优资助"的原则，围绕立德树人根本任务，以一流学科建设为目标，设立专项资金资助研究生教材建设，推动习近平新时代中国特色社会主义思想和社会主义核心价值观融入教材建设、融入课堂教学，培育学生经世济民、诚信服务、德法兼修的职业素养。从2009年起，先后组织了多批次研究生教材建设工作，瞄准学科前沿，出版各专业研究生前沿文献导读，推进以职业能力训练为导向的案例教学与案例库体系，着力组织建设一批国际化、高水平的专业学位研究生教学案例集，逐步形成了以“研究生精品教材系列、专业学位研究生教学案例集系列、研究生专业前沿文献导读系列”为代表的具有中央财经大学特色的研究生教材体系。

呈现在读者面前的研究生专业前沿文献导读系列丛书由多部文献导读教材组成，涉及经济学、管理学、法学三个学科门类，均由教学经验丰富、学术研究能力突出的一线教师组织编写。编者中既有国家级教学名师等称号的获得者，也不乏在专业领域造诣颇深的中青年学者。本系列丛书以“立足中国，放眼世界”的眼光和格局，本着扎根中国大地办大学的教育理念，致力于打造一批具有中国特色，具有较强思想性、科学性、系统性和时代性的适用于高等院校尤其是财经类院校研究生教学的专业教材，力求在各个专业领域内产生一定的影响力。

研究生专业前沿文献导读系列丛书的出版得到了“中央高校建设世界一流大学（学科）和特色发展引导专项资金”的支持。我们希望本套丛书的出版能够为相关课程教学提供基本的教学方案和参考资料，能够启发研究生对专业前沿知识的学习和对现实问题的思考，提高研究生运用理论知识解决现实问题的能力，进而将其培养成为具有良好学术素养、掌握前沿理论、具备国际视野的高层次拔尖创新人才。

在编写研究生专业前沿文献导读系列丛书的过程中，我们虽力求完善，但难免存在不足，恳请广大同行和读者批评指正。

**研究生专业前沿文献导读系列丛书编委会**

2020年10月于北京

# 前　言

党的十八届三中全会指出："财政是国家治理的基础和重要支柱，科学的财税体制是优化资源配置、维护市场统一、促进社会公平、实现国家长治久安的制度保障。"党中央对财税体制作用的这一重要论断说明了对财税进行全面深入研究的重要性和必要性。

税收是国家财政收入最主要的组成部分，对国家筹集财政资金和促进社会公平都具有重要的意义，税收制度是国家治理体系的重要组成部分。改革开放以来，为建立与市场经济相适应的税收体制，我国进行了多轮税制改革，对促进我国经济增长、缩小收入分配差距、筹集财政资金都发挥了重要作用。在税制改革的过程中，我国政府高度重视对税收的理论研究和政策研究，积极吸收采纳国内学者对税收的一些研究成果。这也激发了国内学者对税收进行深入的研究，产生了一些重要的研究成果。

但是，由于新中国成立后我国在较长时期内实施计划经济，税收的主导思想是"非税论"，实践上实行简化税制。这一时期的税收实践对我国税收理论的发展带来了负面影响，影响了我国税收理论的积累。改革开放以来，中外学术交流日益密切，大量国外的税收学理论著作在我国出版，国内很多学者逐渐掌握了国外的税收学理论和研究方法，并运用这些理论和方法对我国的实际税收问题进行大量的研究。

不可否认，这些研究很多在研究思路和研究方法上非常新颖，研究结论上也取得了很多有价值的成绩，我国税收研究在国际化方面取得了长足的进步。但是，这些研究也存在一些问题：一方面，在对税收国际前沿理论的掌握方面我们还存在很多不足，距离国际前沿研究还有很大的距离；另一方面，在运用这些理论分析我国的实际税收问题时缺乏创造性，不少研究假设和结论和我国实际情况不太符合。

当前，我国经济发展进入高质量发展阶段，我国正进行重要的税制改革，以适应高质量发展阶段对税制的新要求。这些改革将对我国经济发展产生重要影响，同时重塑国家和社会的关系。我国的税收实践迫切需要税收理论对我国的税制发展进行探索、用发展着的理论指导建立符合我国国情的现代税收制度，从而为促进我国经济的高质量发展作出应有的贡献。经过40年的改革开放，我国的税收学研究已有了大量的积累，为进一步质量的提升打下了良好的基础，也对质量的提升提出了更高的要求。

要促进税收理论的发展，有必要对现有的税收研究成果进行全面分析。只有全面掌握目前税收领域的研究理论和研究方法，我们才能具有良好的研究基础和宽广的视野；只有把税收研究各个领域的研究脉络分析清楚，我们才能全面了解学科的状况，知道目前研究存在的不足和未来研究的方向。因此，对税收理论的发展进行全面的总结对我们当前的研究极为重要。

西方自资本主义生产方式产生以后，出现了很多税收理论。主要的经济学流派，包括重商主义、重农主义、古典经济学、历史学派、凯恩斯主义、货币学派、供给主义等都提出了很多税收方面的思想。毋庸置疑，西方税收理论不可避免会带有资产阶级的色彩，打上了特定时期和特定环境的烙印。但是，西方税收理论中也有很多反映税收一般规律、应对普遍问题的知识，非常值得我们学习和借鉴。特别是第二次世界大战以后，随着经济学理论的发展，新理论、新方法层出不穷，经济学的科学性和实用性都极大提高。以经济学为主要研究方法的税收学也得到了快速发展，在很多领域产生了很多非常有价值的研究成果。

为了帮助国内学者全面掌握国内外研究的成果和进展，本书对国内外税收研究主要领域的研究文献进行了比较全面的梳理。本书的研究脉络以税收基础理论开始，随后涉及分税种研究和税务管理等方面。其中税收基础理论包括税收负担与归属、税收超额负担和最优税收，分税种研究包括货物和劳务税、所得税、财产税、环境税、关税和国际税收竞争，税务管理包括数字经济税收和税收征管等。应该说，这些内容比较全面反映了国内外税收学的主要研究领域。

在每一章的内容安排方面，我们分三部分进行文献导读，即经典文献、国外前沿文献和国内前沿文献。我们首先介绍这一领域的主要经典文献。在介绍文献时不是简单的罗列，而是归纳出这个领域的几个研究方向，对每个研究方向都说明它产生和发展的脉络，让读者能快速掌握这一领域的进展。在国外前沿文献部分，我们对国外相关领域的最新研究进行跟踪，收集了一些对经典文献有重要发展、对当前实际问题有重要价值、对研究方法有重要贡献的研究，然后对这些研究进行介绍，期望帮助国内学者了解国外的最新研究。在国内前沿文献部分，我们对相关领域的国内研究重要成果进行了介绍，这对于读者掌握国内研究的现状和当前关注的重点都有很大的帮助。

为了保证本书的质量，我们首先大规模收集相关文献，然后多次对所选文献进行筛选，确保所选文献具有经典价值，通过详略得体的导读让读者对相关文献的内容和贡献有必要的了解。相信本书能为税收专业、包括财政及相关专业的研究生快速了解税收领域的经典文献及应用，和结合中国税收实践，进行创造性研究提供帮助。另外，本书也能为相关专业学者提供参考、问题讨论以及重新梳理之用。

在本书编撰过程中，中央财经大学财政税务学院樊勇教授拟定了本书的总体框架以及写作思路和写作要求，并对全书内容进行了审定。中央财经大学财政税务学院研究生姜辛、杜涵、曹康、况琳、王倩倩、张跃耀、王婉如、朱沁瑶、邵琪、姚婉莞先后参与了各章节文献搜集和初稿写作。邵琪最后对全书进行了校对。中央财经大学财政税务学院刘明副教授负责指导学生写作和稿件修改。中国财政经济出版社编辑王丽老师对本书的出版作出了重要贡献，在此表示感谢。同时，也希望读者对本书存在的不足给予包容和理解，我们将在今后修订工作中不断补充完善。

**樊　勇　刘　明**

2020 年 12 月

# 目　录

第一章

# 税收负担与归属

在经济生活中存在纳税人和负税人不一致的现象，即纳税义务人并不是税收承担者，纳税人可以通过种种方式来转移税收负担。税收负担，是纳税人因履行纳税义务而承受的一种经济负担，不仅反映税收占税基的比例，还涉及税负转嫁和税负归宿问题。这两个问题决定了究竟是哪些主体承担了税负，承担了多少税负。税负转嫁和归宿问题是考察税制运行情况的基础，对研究税收政策实施的影响具有十分重要的意义。

税收负担指税收收入和可供征税的税基之间的比例关系，简称“税负”，是纳税人因履行纳税义务而承受的一种经济负担。本章将从经典文献、国外前沿文献和国内前沿文献三个方面对税收负担相关的文献进行导读。

## 第一节 经典文献

在经济生活中存在这样一种现象，即纳税义务人并不是税收承担者，纳税人可以通过种种方式来转移税收负担。所谓税收转嫁，就是纳税人不实际负担政府课于他们的税收，而通过购入或卖出产品价格的变动，将全部或部分税收转移给他人承担的过程。税负归宿是税收转嫁过程的终点，是指税收负担者无法将其负担再转嫁到其他人身上，而最后由自己来负担的状况。税负归宿理论描述了税收负担的最终分布，研究谁承担了税收的最终负担。税负转嫁与归宿理论是税收负担研究的重要内容之一。本节将介绍有关税负转嫁和归宿概念的提出和早期研究的相关文献。

### 一、有关税负转嫁与归宿概念的提出

税负转嫁与归宿理论，最早由英国重商主义学者托马斯·曼在其《英国来自对外贸易的财富》一文中提出。由于学术流派的不同及税负转嫁与归宿过程的复杂性，其后，西方学者提出了若干不同的税收转嫁与归宿理论。西方关于税负转嫁的理论，主要有绝对转嫁学说和相对转嫁学说两种流派。绝对转嫁学说或认为一切税收都可以转嫁，或认为某一特定的税收无论如何也不会发生转嫁。税负相对转嫁理论认为，并非任何税收都能全部转嫁，税收是否转嫁、转嫁多少、转嫁结果如何，是由多种因素共同决定的。市场是否具有竞争性、竞争市场上供求弹性、税种以及课税形式等都会影响税负转嫁。

对于“税负转嫁”，马歇尔（Marshall）（1890）认为“如果有一种税转嫁在某些人用来生产售于其他人的商品或劳务的任何一种东西上，那么这种税就有使生产萎缩的趋势。这将使大部分赋税向前转嫁给消费者，小部分向后转嫁给供应这些生产者以生产必需品的那些人身上。同样，任何一种东西的消费税在大小不同的程度上向后转嫁给它的生产者负担”。

可以看出，税负转嫁和税负归宿存在内在联系，税负归宿是税负转嫁运动的重点或最后归着点。税负转嫁的存在，使最终承担税负的经济主体可能与法定的经济主体相同，也可能不同。因此，很多研究都将税负转嫁和税负归宿结合起来进行分析。

对于税负转嫁和归宿的研究主要包括局部均衡分析和一般均衡分析两种。

局部均衡分析最早是由马歇尔（1890）在其经典的著作《经济学原理》中提出，认为单一商品的市场是总体经济很小的部分，个人消费不会对整体经济产生影响。具体运用到税负转嫁问题时，认为对商品征税就相当于在商品的供求曲线之间插入一个“楔子”，其税负会在生产者和消费者之间分配，并产生一定的超额负担。科斯（1960）的研究进一步巩固了这一结论，认为对任何商品征税，其税收都会在生产者和消费者之间重新分配，而双方负担的大小则主要由商品的供给和需求弹性确定。马歇尔（1890）和科斯（1960）的研究奠定了运用局部均衡分析间接税税负转嫁和归宿的基础，后来关于税负归宿的理论研究以及对具体行业的研究都主要从这一思路展开。

一般均衡视角下的间接税税负归宿问题研究。不同于局部均衡分析模型，一般均衡分析认为市场之间是相互联系的，孤立地研究某一市场而忽视其他市场的影响会导致研究结果产生一定的偏差，因此需要从全社会的角度来分析。由于运用一般均衡分析需要考虑到流转税在不同市场之间的传导，很多研究为了方便，都假设间接税会通过产业链完全转嫁给消费者，并在这一假设上分析间接税在不同居民之间（年龄、收入水平、性别等）的归宿问题，即间接税的收入再分配效应，以及价格变化引发的福利效应等问题的研究。

## 二、有关税负转嫁和归宿的早期研究

在税负转嫁和税负归宿概念提出的基础上，很多学者从这两方面进行了相关研究。税负转嫁方面，文献多集中于对税负转嫁程度的确定。税负归宿方面，文献多集中于间接税的收入分配效应，比较少的文献提到了间接税的福利效应。

### （一）税负转嫁

在理论研究方面，相关文献主要集中于税负转嫁程度的确定。众多的研究表明，流转税的税负转嫁幅度存在以下三种可能：部分转嫁、全部转嫁与超额转嫁。比如，Stern（1987）研究了在寡头和垄断竞争市场上的税负转嫁情况，发现当商品的需求弹性小于1时，间接税在寡头市场上的转嫁程度将大于100%，而在垄断竞争市场上的转嫁程度也比较大。相反，当商品的需求弹性大于1时，间接税在寡头市场上的转嫁程度将小于100%，而在垄断竞争市场上的转嫁程度也比较小。Delipalla 和 Keen（1992）在 Stern（1987）的基础上进一步研究了从量税和从价税对消费者的不同影响，发现相比从量税，征收从价税的消费者价格更低，税收更高且企业的利润也更低，因此从福利的角度来看，从价税优于从量税。进一步地，研究还发现，当商品的需求弹性大于1时，若企业的成本曲线是线性的，则此时征收从量税将产生超额转嫁，而征收从价税则不必然产生超额转嫁的结果。

我国对税负转嫁的研究可追溯至1985年，曹耳东（1985）认为税负转嫁是指法定的纳税人将其应缴纳的税额通过各种途径全部或部分转嫁给别人的经济现象，认为资本家转嫁税负的基本形式主要有向前转嫁、向后转嫁、混合转嫁三种。同时，作者也认为社会主义制度下存在税负转嫁，因为社会主义计划经济是有计划的商品经济，只要是商品经济就必然存在税负转嫁的经济条件，存在税负转嫁的可能性。在社会主义制度下，不仅在某些实行浮动价格、自由价格的商品经营范围内存在税负转嫁，而且指令性计划价格范围内的某些商品经营中同样存在税负转嫁。刘佐（1985）认为税负转嫁就是纳税人将缴纳的税金的一部分或全部转嫁给其他人负担的过程。这种转移并非都是纳税人按其主观意志行事的结果，而是有其客观原因的。至于税负转嫁的具体形式，则是多种多样的，既可以用价外税的形式转嫁，也可以用价内税的形式转嫁。

罗毅和黄年山（1991）认为税负转嫁就是在商品流通过程中税收负担通过价格变化在不同经济利益主体之间的一种再分配。税负转嫁有三个前提条件：第一，税负转嫁和商品价格的变化直接相关。第二，税负转嫁是纳税人的一种主动行为。无论是前转、后转，还是散转，都是纳税人为了减轻其负担而自觉采取的行动。如果税负高低与纳税人利益并不相关，或虽然纳税人关心税收负担的大小，但无权对价格调整做出决策，都不可能产生税负转嫁。第三，税负转嫁既然是纳税人在纳税后为减轻负担而采取的主动行为，那么纳税人将税收负担移转至负税人后，纳税人和负税人就不是同一主体。黄静和柯艺高（1995）认为税负转嫁是指纳税人通过各种途径将其所缴纳的税款全部或部分转给别人负担的一种经济现象。税负转嫁的实质是国家税收在各社会主体间的重新分配过程，是税收负担的最终形成过程，也就是各方面物质利益关系的调整过程。影响税负能否转嫁和转嫁程度的因素有多种，而最主要的有两种：一是课税对象。一般认为，以商品流转额作为课税对象的流转税税负容易转嫁，而以所得额为课税对象的所得税税负则不容易转嫁。二是应税商品的供求相对弹性。一般认为，需求弹性大于供给弹性，税收转嫁比较困难；供给弹性大于需求弹性，税收转嫁易于实现。本书主要运用西方经济学中的均衡价格理论，从定量的角度来论证商品的税负转嫁与商品的供需弹性之间的关系。

### （二）税负归宿

对于税负归宿的研究，国外学者进行的研究更早也更成熟。局部均衡分析以单一市场为背景研究税收负担的分布，忽略税收对其他市场的影响。税负归宿的一般均衡分析是研究对一种商品或要素征税而对全部商品和要素市场产生的连锁反应和影响，尽可能全面和真实地反映税收变化的各种效应。与税负归宿有关的研究主要包括两方面：间接税的收入分配效应和间接税的福利效应①。

Fullerton 和 Roger（1993）整合了可计算一般均衡模型和终生收入，并说明了贫、富两类人终生税负归宿。Altig et al.（1993）在 Fullerton 和 Roger（1993）的基础上又引入完

① 张阳．税负归宿理论研究进展［J］．经济学动态．2008（05）：92－97.

全预期的生命周期模型，计算了税制改革方案的税负归宿。Itaya（1995）将税收加入新古典增长模型中，进行动态税负归宿分析，发现从长期动态的角度看，企业所得税的税负归宿取决于资本收入和劳动收入之间的储蓄差异。

间接税的收入分配效应。Scutella（1999）运用投入产出表，在假设间接税会通过投入产出表层层向前转嫁给消费者的前提下，构建了间接税税负转嫁模型，并以此分析了澳大利亚的商品和服务税（GST）的税负归宿，发现大约有50%的税收是通过投入产出表层层转嫁的形式间接转嫁到消费者身上的，因此对食物、服装、医疗和教育等免税并不意味着这些部门没有承担税收。

Scutella（1999）的研究思路如下：

第一，构造税收转嫁的应税流量矩阵 $I$，这个矩阵是根据投入产出表中的基本流量矩阵和行业间的税收转嫁关系构造的，由于农业免征增值税，购买农业部门产品的行业在应税流量矩阵 $I$ 中对应的元素为0，加总应税流量矩阵的每一行，并加上所有的应税最终使用，就得到了该行业的应税总产出：

$$TS_i = \sum_{j=1}^{m} I_{ij} + FX_i (i = 1,2,\cdots,m) \quad (1-1)$$

$TS_i$ 表示行业 $i$ 的应税总产出，$FX_i$ 表示行业 $i$ 的应税最终使用，$I_{ij}$ 是应税流量矩阵中的元素，表示行业 $i$ 投入到行业 $j$ 的中间使用的应税价值。用应税流量矩阵 $I$ 的元素除以该元素所在行业的应税总产出，就得到了应税流量系数矩阵 $OX$，即 $OX_{ij} = I_{ij}/TS_i$（$i,j = 1,2,\cdots,m$），之后通过这个矩阵可以确定在第一轮转嫁时转入各行业中间使用的税收。

第二，计算第一轮转嫁给最终使用和转嫁给中间使用的增值税。这一步需要用到之前的应税流量矩阵，该文用 $VAT_i$ 表示行业 $i$ 的实际税收。

第一轮转嫁给最终使用的增值税用 $TA_i$ 表示第一轮转嫁到行业 $i$ 的税收，$TA_i$ 通常是由两方面决定的：一方面是行业的实际税收；另一方面是行业 $i$ 最终使用的应税价值 $FX_i$ 占应税总产出 $TS_i$ 的比例。

$TA_i = VAT_i (FX_i/TS_i)$，该文用列向量 $TA$ 表示第一轮转嫁到各行业的税收向量。

第一轮转嫁到行业 $j$ 中间使用的税收 $TI_j$ 等于所有行业转入到行业 $j$ 的税收之和，用矩阵表示为 $TI = VAT^T \cdot OX$，其中 $TI$ 表示转嫁到各部门中间使用的税收的行向量，$VAT$ 表示部门实征增值税的列向量，上标 $T$ 表示矩阵转置。

第三，将上面第一轮转嫁到中间使用上的税收全部转移至最终使用。由于很多最终使用的产品都是经过多阶段生产的，税收也需要多次才能转嫁到最终使用上。在每一次税收转嫁中，都会有一部分税收转入最终使用，另一部分会转入中间使用，还需要通过投入产出表来计算技术系数矩阵，从而确定行业间的税负转嫁关系。用基本流量矩阵中的每一个元素除以该行业的总产出，就得到了技术系数矩阵中的元素，将技术系数矩阵记为 $A$。

由于中间使用的税收会经过很多次转嫁才能转入最终使用，在经历了 $n$ 次转嫁后，最终使用部门的税收就可以表示为 $[TI(E+A+\cdots+A^{n-2})]^T \otimes Z$（符号 $\otimes$ 表示向量对应的元素相乘），向量 $Z$ 是由行业 $i$ 最终使用占总产出（并不是投入产出表一栏的总产出，是总产出加上进口后的值）的比例 $Z_i$ 组成的，矩阵 $E$ 为单位矩阵，

当转嫁的次数 $n$ 趋向无穷大时，就使小括号中的式子可以表示成无穷等比级数，第一轮转嫁到中间使用的税收全部转嫁到最终使用就可以表示成如下形式：

$$TB = \lim_{n\to\infty}(TI\sum_{x=0}^{n-2}A^x)^T \otimes Z = [TI(E-A)^{-1}]^T \otimes Z \tag{1-2}$$

归宿税收就等于第一轮转嫁到最终使用的税收与之后转嫁给最终使用的税收之和，即归宿税收等于 $TA+TB$。分别用归宿税收和实际税收除以总产出就可以得到各行业的归宿税负和实际税负。

第四，还需要计算出最终使用的各组成部分所承担的税收。该文的最终使用主要由三部分组成，即居民消费、投资和出口，所以需要根据居民消费、投资和出口在最终使用中所占比例来确定每部分承担了多少税收和他们的税收负担。

$$TFC_i = TB_i(PC_i/FD_i) + TA(PCX_i/FX_i) \tag{1-3}$$

$$TFX_i = TB_i(EX_i/FD_i) + TA(EXX_i/FX_i) \tag{1-4}$$

$TFC$ 表示居民消费所承担的增值税税收，$PC$ 表示居民消费，$PCX$ 表示考虑了免税的居民消费，$EX$ 表示出口，$EXX$ 表示考虑免税的出口。用最终使用各部分所承担的税收除以他们各自对应的最终使用的产出价值就可以得到最终使用各部门所承担的税负。

在这篇文章当中，Scutella 通过投入产出表模拟了增值税在各产业之间层层转嫁的情况，将税负归宿分为投入产出表最终使用的三个部分，即居民消费、投资和出口。这种在间接税完全向下游转嫁的假设下，讨论税负归宿的方法为之后的研究提供了借鉴。

间接税的福利效应。Creedy（1998）运用微观经济学的基本原理，考察了间接税（包括消费税与增值税）通过价格变化对消费者产生的补偿性变动（CV，即 Compensation Variations）与等价性变动（EV，即 Equivalent Variations），并通过 CV 与 EV 来度量澳大利亚实施的“商品和服务税”（Good and Service Tax，简记为 GST）的福利效应。由于 GST 实质上是对第二产业与第三产业（服务业）全覆盖的增值税（VAT），而中国的增值税改革已推广至所有服务业，从而澳大利亚的 GST 会有相当的借鉴意义①。

我国在税负归宿方面研究较早的有棒异群（1992）认为税负归宿即税收负担的归宿或税收负担的最终承受者。税负归宿是一个复杂的经济问题，它对收入分配、商品价格、企业生产和社会消费等各方面都具有重要的调节作用。

① 平新乔，梁爽，郝朝艳，张海洋，毛亮．增值税与营业税的福利效应研究［J］．经济研究．2009（09）：66－80.

## 第二节　国外前沿文献

在前面经典文献的基础上，很多学者对税收转嫁和税负归宿理论的研究方法进行了改进和优化，并且运用许多国家的数据进行了实证分析。下面将从税负转嫁和税负归宿两个方面进行介绍。

### 一、关于税负转嫁的前沿研究

税负转嫁方面，与之前的研究相比，国外的前沿文献更多地考虑了不完全竞争的市场对于税负转嫁的影响，将市场势力纳入了税负转嫁的研究范围。

国外众多针对具体国家具体税收政策的具体行业的实证研究也证明了税负转嫁程度存在多种可能。(1) 部分转嫁。Doyle 和 Samphantharak（2008）研究了美国印第安纳州关于汽油税的临时税收政策，发现大概 70% 的减税福利转移给了消费者；Carbonnier（2007）通过研究法国 1987 年和 1999 年两次增值税改革的税负归宿，发现增值税的税负归宿与行业的垄断性有关。在行业集中度较高的新车销售行业，消费者所获得的利益为改革红利的 57%，而在行业集中度较低的房屋修理修配行业，消费者所获得的利益为改革红利的 77%。Carare 和 Danninger（2008）研究了 2007 年德国提高增值税税率的政策，发现 73% 的增值税税负最终转嫁给了消费者。Kosonen（2015）则探讨了芬兰增值税改革对劳动密集型行业所可能带来的价格和数量上的影响，进而探究其税负归宿和效率问题，通过对芬兰将理发服务的税率从 22% 降到 8% 这一自然实验的研究，发现虽然税率下降了 14%，但价格仅下降了 6%，说明企业和消费者共同分享了税收降低带来的好处，同时他们之间获得红利的大小与企业的规模密切相关；Crossley 等（2014）评估了 2008 年英国的临时增值税减税政策，发现 2.5% 的税率减少带来了 2.1% 的价格的减少，说明之前的增值税并未完全转嫁给消费者，而在 13 个月后，当减税政策到期时，物品价格的上升带来了消费的下降，说明临时的减税政策并不能很好地实现政策所要的效果。(2) 全部转嫁与超额转嫁。Hanson 和 Sullivan（2009）研究烟税的税负归宿，发现一包香烟的税收每提高 1 美元，就会导致价格提高 1.08 ~1.17 美元。Politi 和 Mattos（2011）研究了 1994 ~2008 年巴西 16 个州的 10 种商品在食品市场上对增值税变化的不对称价格影响。在提高税率时，商品价格会提高，且税收会存在不完全转嫁、完全转嫁和超额转嫁三种情况。

Delipalla 和 O'Donnell（2001）通过建立模型对具有相似市场结构和卷烟质量的北欧国家进行对比研究，探究了市场势力对税负转嫁程度的影响。作者主要是通过研究卷烟市场来研究不完全竞争情况下税负的转嫁情况。作者对比了从价税和特定税的税负转嫁情况，发现在不完全竞争的情况下，从价税和其他的特定税对消费者的税负转嫁程度会有所不同，而且特定税会对价格的影响更大，这也说明即使是在具有一定市场势力的市场上，征收商品税也不意味着必然产生完全转嫁的结果。不过，税负转嫁的程度会随着市场势力的增强而逐渐变大。作者的研究启示我们在对商品税进行研究时需要考虑到其可能存在不完全转嫁的情况，所以很多有关间接税收入分配效应的研究应该从税负转嫁的角度进一步完善，而不是简单地将税负假定为完全转嫁。此外，市场结构和市场势力也是影响税负转嫁的重要因素，Delipalla 和 O'Donnell（2001）的研究启示我们不要忽略不完全竞争市场的情况。

Wely 和 Fabinger（2013）在前人的基础上总结了不完全竞争市场的税负归宿问题的五个准则，并提出了税负转嫁程度的决定因素，研究认为企业的税负转嫁幅度取决于对应商品的供给弹性、需求弹性以及企业自身的市场势力。

根据比较流行的观点，有市场力量的企业能够通过将税负转嫁给消费者对税收增加做出反应，而当企业在产出市场上面临激烈的竞争时，企业却不能这样做。相反，税负转嫁的标准经济学理论认为市场力量和税收之间的联系是模糊的。

Clemens Fuest 和 Dominik Schober 等（2015）通过研究市场的竞争情况对于企业向消费者转嫁税负的影响，进一步明确了市场力量和税收之间的联系。作者运用来自澳大利亚汽油零售市场进行研究，发现转嫁给消费者税收份额的增加很大程度上和供给者的市场力量有关。其中，征税引起的价格上涨在最低和最高竞争程度之间大约有 50% 是由征税增加引起的。Clemens Fuest 和 Dominik Schober 等（2015）以竞争情况对平均税负的影响为实证研究的起点，认为税收的征收会由于税负转嫁而提高价格，而税负转嫁的多少则取决于市场的竞争情况。作者对比了竞争较少的市场和竞争激烈的市场中税收对于价格的影响情况。第一次回归中作者用垄断公司来代表竞争较少的市场，从本地最多公司的市场中挑选相同数量的公司代表竞争较激烈。随后，将其每周价格的平均值用于回归。第二次回归仅通过在相应的本地市场中分别拥有最低和最高站点数目的 25 个公司来划分竞争较低和竞争较激烈。第一次回归表明，垄断市场的加价幅度，在第一个增税期间，垄断公司的平均加价幅度为每升 2.1 美分。在第二个增税期间，这种影响减弱，但仍然很高，为每升 1.8 美分。

Harry Grubert 和 Rosanne Altshuler（2016）考虑了三个将企业所得税转移至个人以达到减轻企业所得税税率的目的的计划方案。第一个计划是消除企业所得税和税收红利，以及以普通股计算公开交易的金融资产价值的年度变化。第二个计划是将公司和股东税收合并。第三个计划是将企业所得税税率降到 15% 并将税收红利和资本所得看作平常所得。为了防止资本收益变现和股息支付大幅度减少，出售资产时，将对递延的税款收取利息费用。作者认为第三种方案比前两种方案更稳健。

## 二、关于税负归宿的前沿研究

局部均衡分析以单一市场为背景研究税收负担的分布，忽略税收对其他市场的影响。税负归宿的一般均衡分析是研究对一种商品或要素征税从而对全部商品和要素市场的连锁反应和影响，尽可能全面和真实地反映税收变化的各种效应①。

Rosen（2001）把模型中企业所得税对资本回报率的影响划分为两部分：一部分是“替代效应”；另一部分是“产出效应”。Stiglitz（2000）研究了被征税要素不完全流动的情况，若生产要素是流动的，局部要素税的归宿这时是模棱两可的。然而，若要素是非流动的，则税负由被征税要素全部承担，Gravelle 和 Smetters（2001）放宽了国际间资本流动性按照固定回报率产生资本供给弹性的假定，研究表明，在开放经济下资本完全承担了资本税，税负不仅由当地的资本承担，也要由世界上所有的投资者承担，并且发现开放经济对税负归宿会产生很大的影响。Anderson 和 Palma（2001）对不完全竞争市场条件下的税负归宿进行分析。文章中对不完全竞争市场下的税负归宿动态分析，通过建立将储蓄和投资作为内生变量的跨时代模型，以分析税收对资本—劳动的比例影响，从而确定税负归宿。作者发现，文献中有关具有均质产品的古诺寡头垄断环境中间接税的经济发生率的结论很好地扩展到了具有差异产品的可以说更现实的 Bertrand – Nash 环境。其中，比较特别的是作者的结果倾向于放大间接税和收入分配效应。

Auerbach 和 Feldstein（2002）认为，对于税负归宿的研究主要有五个角度：一是通过局部均衡分析方法，分析消费者和生产者之间的税负归宿，从而清楚地研究征税后可能出现的消费者和生产者剩余的损失；二是通过一般均衡分析方法分析不同要素所有者之间的税负归宿，从而分析征税对不同要素的相对需求以及要素回报率造成的影响；三是分析不同收入人群之间的税负归宿，以研究个别税种和整个税制的累进性（Fullerton 和 Rogers；1993）；四是分析不同区域之间的税负归宿（Bull et al.，1994）；五是通过宏观经济学的分析方法，比如经济增长模型和生命周期模型分析不同年龄段之间的税负归宿，以研究征税所形成的税收负担的代际效应。

Rajemison 等（2003）认为直接用商品消费量与名义税率的乘积来衡量消费者承担的税负水平会因为忽略间接税通过中间投入流转到消费者的部分而造成低估，所以提出利用投入产出表，在假设间接税会完全转嫁的前提下，通过资金恒等式测算出在有税收和没有税收的情况下各商品的价格，并通过两者的差额测算出各商品的实际税率，以此作为消费者承担的间接税税负，最后运用这一模型分析了马达加斯加的间接税税负，并探讨了进口税和石油税的负担情况。

---

① 张阳. 税负归宿理论研究进展［J］. 经济学动态. 2008（05）：92 – 97.

Haughton 等（2006）使用 1997～1998 年生活水平调查的数据和 1997 年的投入—产出矩阵，研究了越南的税负情况。1998 年越南征收的税收相当于越南最低收入家庭支出的 7.8% 和最高收入家庭的 10.3%。越南在 1999 年将营业税改为增值税的做法使税收制度更加先进，这是由于这一改革使所得税更多地落在了富人身上，穷人支出较多的商品都免税，这样就提高了间接税的累进性，使税制更加公平。同时，作者还建议政府进一步完善税制，作者提出良好的税收制度可以增加政府收入，促进经济的良好发展，使收入分配更加公平。

间接税的福利效应。Adjaye 和 Mahadevan（2002）借鉴 Creedy（1998）研究了澳大利亚的商品和服务税改革，发现当前实行的单一税率并不是最优的，通过提高烟、酒、耐用品以及服装等征收边际社会成本较低的税率并降低食物、房屋以及交通等征收边际社会成本较高的税率有助于提高社会的总体福利。研究还发现，现在的商品和服务税制度会导致低收入者的税收负担水平更重，不利于税收的收入再分配调节功能。

## 第三节 国内前沿文献

近年来，我国学者在国外经典文献的基础上也对我国的税负转嫁与归宿问题进行了研究。税负转嫁方面，我国的学者对不同要素之间的税负转嫁问题进行研究，发现长期和短期会对不同要素的税负转嫁产生影响。税负归宿方面，我国的学者也从间接税的收入分配效应和间接税的福利效应方面进行研究，研究发现间接税具有累退性，“营改增”会增加居民福利。下面将对具有代表性的文献进行详细介绍。

### 一、关于税负转嫁的前沿研究

上述的经典文献和国外前沿文献中，很多学者都集中研究了不完全竞争市场上税负转嫁的程度，并对不同的税种进行研究。我国的学者也在之前文献的基础上对与税负转嫁有关的问题进行了研究。在税负转嫁和归宿方面，孙飞（2001）将税负转嫁分成控制型税负转嫁、诱导型税负转嫁和自发型税负转嫁三类，并对这三类税负转嫁进行论述。童锦治和苏国灿等（2015）从税负转嫁出发，首次基于企业议价能力的视角，研究“营改增”对企业实际流转税税负的影响。汤泽涛、汤玉刚（2020）则基于税负转嫁视角研究了减税降费对企业价值的影响。除了研究税负转嫁对企业的影响外，也有学者直接对我国的税负转嫁问题进行研究，下面将重点介绍张阳和胡建怡（2006）对企业所得税在不同要素之间进行转嫁的研究。

张阳和胡建怡（2006）研究了在资本供给发生变化的长期情况下，资本要素和劳动要素各承担多少企业所得税。之前的研究多针对资本供给不变的短期情况。在资本供给不变的状况下，由于税收对所有资本和要素产生连锁反应和影响，此时最适用一般均衡方法分析税负转嫁与归宿。在资本总供给固定的情况下，如果对企业部门的资本征税，企业部门的资本收益率下降，资本流向非企业部门，直到所有部门的资本要素收益率相等为止。通过计算资本净收益变化与劳动收益变化的比例得出结论，我国对资本要素征收的企业所得税由全社会所有资本共同承担，并没有向劳动要素发生转嫁。文章运用动态的经济增长模型考察了在资本供给变化的长期情况中，企业所得税的税负转嫁和税负归宿情况。

文章的研究思路是在经济增长条件下，对资本要素征税会影响储蓄进而影响资本积累，这些会改变“资本—劳动”比例。通过分析征收企业所得税后资本收益变化占国民收入变化的比例来确定资本承担的税负和转嫁给劳动要素的税负。

研究发现，对资本收益征收企业所得税，资本大约承担了税负总额的72.71%，其余大约27.29%转嫁给劳动要素承担。而且，作者认为从资本要素收益大部分被高收入人群所持有，劳动要素收益大部分被低收入人群所持有的角度看，企业所得税是累进的。长期来看，税负从资本要素转移到劳动要素，所以提高个人所得税的免征额会增进税制的累进性。

文章的创新之处有以下两点：一方面，从长期的、动态的角度对企业所得税的税负转嫁和税负归宿进行研究；另一方面，文章的研究对象是企业所得税，而很多研究中的研究对象都为间接税，且都假设企业所得税不能转嫁。文章的研究为我们之后研究企业所得税长期的税负转嫁和归宿问题提供了一些指导。

该文的不足之处在于仅研究了在长期企业所得税中有多少会由劳动要素承担，有多少会由资本要素承担，但没有说明长期中企业所得税由资本转嫁给劳动时会对资本供给和劳动供给产生的影响，这也将是我们进一步的研究方向，即税负转嫁对资本供给和劳动供给的影响。

## 二、关于税负归宿的前沿研究

近年来，我国学者对税负归宿的研究较多，很多学者通过定性研究对税负归宿问题进行阐述，张阳（2008）对税负归宿理论的研究进行综述。岳松和赵晓华（2008）从不同市场结构、不同市场占有率和不同的经营期限三个方面对我国企业并购交易中可能的税负归宿问题进行了研究。研究发现：在完全竞争市场下，企业承担了全部的隐性税收；在完全垄断市场下，企业不承担任何的隐性税收，相反从税收优惠中能获得更多的超额利润。不同市场占有率下并购交易中隐性税收负担的归宿具有差异性：市场占有率越高，则其竞争力越强，对市场的操纵能力和议价能力也越强，公司获得较高税前收益的可能性也较大，隐性税收负担的转嫁能力就越强，反之亦然；并购交易后的企业经营期限越长，隐性税负的转嫁能力越强，企业因税收优惠所享有的税收利益越大，反之，并购交易后的企业经营期限越短，企业转嫁隐性税负的能力越弱，隐性税负相对就重，甚至会超过享受税收优惠所带来的税收利益。李升（2015）从税负归宿角度审视税制结构，对税制结构的现状及优化路径进行研究。我国学者的定量研究主要是从间接税的收入分配效应和间接税的福利效应两个方面展开的。间接税的收入分配效应方面，我国的学者大多都将所研究的市场假设为完全竞争市场，且间接税完全向后转嫁给消费者，将居民消费者作为间接税的归宿，研究间接税对居民收入分配的影响。在间接税的福利效应方面，我国的学者主要通过构建模型对间接税对居民福利的影响进行研究。

这里介绍聂海峰和刘怡（2010）、周波和赵国昌（2020）两篇具有代表性的对收入分配效应进行研究的文章。

聂海峰和刘怡（2010）借鉴 Rajemison（2003）的方法研究了我国的间接税在城镇不同收入群体间以及城乡之间的税负归宿问题。作者的研究思路是，以中国住户调查数据为基础，利用我国 2007 年投入产出表技术模拟间接税在不同部门的流转情况，估算了增值税、消费税、营业税和资源税等间接税在城镇居民不同收入群体的负担情况。作者把增值税作为对增加值征收的税收，消费税和资源税作为对中间生产征收的税收，营业税作为对劳务提供额征收的税收。因为企业完全竞争不存在利润，价格变化也不影响企业投入技术，所以在均衡时候，部门产品的总价值等于该部门全部投入的价值和转嫁的税收之和。因此，类似前面的分析，在均衡中有如下的资金平衡公式：

$$p_j = \sum_{i=1}^{n} a_{ij}p_i + (1 + t_j^{va})v_j + \sum_{i=1}^{n} a_{ij}\tau_{1i}p_i + \sum_{i=1}^{n} a_{ij}\tau_{2i}p_i + s_jp_j(j = 1,2,\cdots,n) \tag{1-5}$$

这里，$p_j$ 是第 $j$ 部门产品的价格，$a_{ij}$ 是第 $j$ 部门单位产出中利用 $i$ 部门产出的消耗系数，$p_i$ 是第 $i$ 部门产品的价格，$t_j$ 是第 $j$ 部门的增值税实际税率，$v_j$ 是第 $j$ 部门单位产品的增加值，$\tau_{1i}$ 是第 $i$ 部门的消费税实际税率，$\tau_{2i}$ 是第 $i$ 部门的资源税实际税率，$s_j$ 是第 $j$ 部门的营业税实际税率。这个等式就表明各部门产品的价格等于全部投入的价值与各种税费之和。在等式的右边，第一项表示单位产出中由使用的中间投入转移的价值，第二项是单位产出的增加值和支付的增值税，第三项和第四项是中间投入转嫁过来的消费税和资源税，这两项税收都是在生产阶段征收的，最后一项是该产品的营业税。作者通过上述等式计算了间接税的价格效应，同时用消费者的当期收入作为其年度收入的度量，又由于永久收入和消费相联系，所以作者用当期消费来作为消费者终身收入的度量，以便对间接税的收入分配效应进行研究。

研究发现，从城镇不同群体间的结果来看，虽然从年度收入看增值税和营业税都是累退的，但从终身收入看营业税则呈现出了累进性的特点，资源税负担接近比例税率；整体来看，间接税接近比例负担；从城乡来看，与农村居民的税收负担率相比，城镇居民的税收负担率更高，说明间接税有利于缩小城乡之间的收入差距。

文章的创新点有以下几点：一是运用宏观数据，模拟计算了城乡居民的间接税负担，分析了间接税对收入再分配的影响；二是运用投入产出表模拟了间接税在产业链间转嫁的情况；三是不仅从城乡居民的年度收入对间接税的收入分配影响进行研究，也考虑到了居民的终身收入，可以为我国间接税改革提供多维度的借鉴。

该文的不足之处在于假设间接税是完全向后转嫁，但在税制运行的过程中，间接税的转嫁程度和方向并不一定和该文假设的一样。税负转嫁程度方面，存在税负完全转嫁、不完全转嫁和超额转嫁三种情况；税负转嫁方向方面，存在向前转嫁和向后转嫁两种情况。从该文的研究来看，作者只考虑到税负完全向后转嫁的情况，而没有考虑到其他情况。

从该文的创新点和不足之处可以看出，我们可以在该文研究的基础上，进一步考虑税负转嫁的程度和方向，研究在不同税负转嫁程度和方向的情况下间接税的收入分配效应。

在我国间接税收入分配效应的研究中，除了对增值税、消费税和营业税等主要税种的收入分配效应进行研究外，周波和赵国昌（2020）还通过我国相关的汽车数据，对车辆购置税的税负归宿及其收入分配效应进行了研究。

周波和赵国昌（2020）基于汽车之家的微观数据和2015年10月开始的车辆购置税减半征收政策，运用倍差法考察了车辆购置税的税负归宿，并分析了汽车的车辆购置税的收入分配效应。

作者发现：车辆购置税减半征收优惠的85%为消费者所得；汽车销售价格对税率变化的调整非常迅速；尽管消费者获得了减税优惠的70%以上，但是购置搭载了升级发动机（涡轮增压发动机）的消费者获得的减税优惠明显更少；购买外国品牌汽车的消费者获得的减税优惠更多；车辆购置税减半征收未导致收入不平等程度的降低。这些结果表明，我国车辆购置税的税率变化能有效传导到价格，其对消费和环境保护的影响是可期的。

周波和赵国昌（2020）的结论给我们以下启示：一是车辆购置税减税优惠大部分为消费者获得，且在一个月内就能得到体现，这表明我国车辆购置税的税率变化能迅速有效地传导到价格上，其对消费和环境保护的影响是可期的。与汽车需求的价格弹性以及汽车数量对环境的影响相结合，我国未来制定类似的税收政策时就可以根据消费和环境保护数量目标来确定税收政策的具体力度；二是在我国税制结构中，增值税和大部分消费税都采用从价税的形式。作为从价税，车辆购置税的税负归宿研究有助于人们认识我国整体的间接税税负归宿情况，从而更深入地理解我国间接税税收政策的相关影响。

该文的创新点主要有以下三点：一是基于微观数据考察中国间接税税负归宿，并分析其收入分配效应；二是对税负归宿动态调整的分析丰富了该领域的研究视角；三是研究了车辆购置税的税负归宿，并对车购税减税中消费者受益多少进行说明。这为研究我国减税降费改革中消费者受益多少和其他经济主体受益多少提供了有益借鉴。

该文的不足之处在于仅对车辆购置税的税负归宿情况以及车购税优惠给消费者带来的福利进行研究，虽然对间接税的税负归宿研究有一定的借鉴意义，但不同的税种情况不同，增值税和消费税等主要间接税税种的归宿还需要进一步研究。这也是我们进一步可以研究的方向。

周波和赵国昌（2020）的研究与聂海峰和刘怡（2010）的研究相比，不一样的地方在于周波和赵国昌（2020）运用微观数据对税负归宿进行研究，聂海峰和刘怡（2010）用宏观数据对税负归宿进行研究。

对于间接税的福利效应研究，代表性的文章有平新乔等（2009）。

平新乔等（2009）也在 Creedy（1998）的框架下研究了中国的增值税和营业税的社会福利效应。营业税与增值税都是间接税，都会对消费者福利产生影响。这种福利影响是通过税收导致价格变化，进而影响消费者效用的等价性变化（EV）与补偿性变化（CV）的机制实现的。作者构造了增值税与营业税对价格的转移模型，运用中国城市不同收入阶层（人群）2005 年、2006 年、2007 年的支出结构数据，估算了增值税与营业税对消费者的福利伤害效应，这种估算旨在比较营业税与增值税之间究竟孰优孰劣，从而从数量上揭示 1994 年中国增值税改革的不彻底性所导致的福利影响。

研究发现，中国营业税对消费品（服务品）的价格效应大于增值税的价格效应，从而营业税对每一个消费群体产生的福利伤害程度都高于增值税带来的福利伤害程度。如果仅仅想使营业税对消费者的福利伤害程度降低到与当前中国的增值税对消费者的伤害程度一样的水平，这一目标对应的营业税税率为 4.55%。这说明，中国营业税对消费者产生的福利损伤程度之所以会高于增值税对消费者的损伤，其原因是中国营业税的平均税率是高于 4.55% 的。将服务业企业当时缴纳的营业税折算成增值税，其税率高于 18.2%，超出了增值税的标准税率 17%。所以，平新乔等（2009）认为哪怕只要按标准的增值税税率（17%）对所有服务业企业实行增值税，其结果也恰好与营业税税率为 4.55% 等价，这种改进既会有效率上的提升，也会带来公平的改进。

文章的创新之处在于对我国增值税和营业税给不同收入阶层带来的福利进行分析，发现了增值税相比营业税会对消费者福利造成的伤害更小。

这篇文章为我国之后一系列的“营改增”政策提供了理论借鉴，但这篇文章仅从效率的角度针对“营改增”对居民福利的影响进行研究，公平方面的说明比较少，所以我们今后的改革可以从公平的角度出发，结合税负转嫁的不同程度，对间接税的福利效应进行研究。

## 文献索引

[1] FUEST C, SCHOBER D, WOLL O. Does market power allow firms to pass on more of the tax burden to consumers? Evidence from gasoline tax reforms in Austria [C] //Proceedings. Annual Conference on Taxation and Minutes of the Annual Meeting of the National Tax Association. National Tax Association, 2015, 108: 1 -7.

[2] GRUBERT H, ALTSHULER R. Shifting the burden of taxation from the corporate to the personal level

and getting the corporate tax rate down to 15 percent [J]. National Tax Journal, 2016, 69 (3): 643 - 676.

[3] LIPSEY R G, LANCASTER K. The general theory of second best [M] // Readings in Welfare Economics. Macmillan Education UK, 1973: 11 - 32.

[4] BREUER C. On the rationality of medium - term tax revenue forecasts: Evidence from Germany [J]. Journal of Economics and Statistics, 2015, 235 (1): 22 - 40.

[5] VEROVSKA L, LEONTYEV A. Use of the tax prism method when forming tax part of the budget [J]. Economic and Culuture, 2017, 14 (1) .

[6] SCUTELLA R. The final incidence of Austrailian indirect taxes [J]. The Australian Economic Review, 1999, 32 (4): 349 - 368.

[7] STERN N. The effects of taxation, price control and government contracts in oligopoly and monopolistic competition [J]. Journal of Public Economics, 1987, 32 (2): 133 - 158.

[8] CREEDY J. Indirect tax reform in Australia: The welfare effects on different demographic groups [J]. Australia Economic Papers, 1999, 38 (4): 367 - 392.

[9] CREEDY J. Measuring welfare change and tax burdens [M]. Edward Elgar, 1998.

[10] DELIPALLA S, ODONNELL O. Estimating tax incidence, market power and market conduct: The European cigarette industry [J]. International Journal of Industrial Organization, 2001, 19 (6): 885 - 908.

[11] DELIPALLA S, KEEN M. The comparison between ad valorem and specific taxation under imperfect competition [J]. Journal of Public Economics, 1992, 49 (3): 351 - 367.

[12] POLITI R B, MATTOS E. Ad - valorem tax incidence and after - tax price adjustments: evidence from Brazilian basic basket food [J]. Canadian Journal of Economics, 2011, 44 (4): 1438 - 1470.

[13] FELDSTEIN M, LIEBMAN J B. Chapter 32 social security [J]. Handbook of Public Economics, 2002: 2245 - 2324.

[14] BULL N, HASSETT K A, METCALF G E. Who pays broad - based energy taxs? Computing lifetime and regional incidence [J]. Energy Journal 1994 (15): 145 - 164.

[15] FULLERTON D, ROGERS D L. Who bears the lifetime tax burden? [M]. Washington, D. C.: Brookings Institution, 1993.

[16] GRAVELLE J, SMETTERS K. Who bears the burden of the corporate tax in the open economy? [R]. National Bureau of Economic Research, 2001.

[17] ITAYA J. Dynamic tax incidence in a finite horizon model [J]. Public Finance, 1995, 50 (2): 246 - 266.

[18] WEYL E G, FABINGER M. Pass - through as an economic tool: Principles of incidence under imperfect competition [J]. Journal of Political Economy, 2013, 121 (3): 528 - 583.

[19] KOSONEN T. More and cheaper haircuts after VAT cut? On the efficiency and incidence of service sector consumption taxes [J]. Journal of Public Economics, 2015, 131: 87 - 100.

[20] CROSSLEY T F, LOW H W, SLEEMAN C. Using a temporary indirect tax cut as a fiscal stimulus: Evidence from the UK [R]. IFS Working Papers, 2014.

[21] DANNINGER M S, CARARE M A. Inflation smoothing and the modest effect of VAT in Germany

[M]. International Monetary Fund, 2008.

[22] CARBONNIER C. Who pays sales taxes? Evidence from French VAT reforms, 1987 - 1999 [J]. Journal of Public Economics, 2007, 91 (5-6): 1219-1229.

[23] DOYLE JR J J, SAMPHANTHARAK K. $2.00 Gas! Studying the effects of a gas tax moratorium [J]. Journal of public economics, 2008, 92 (3-4): 869-884.

[24] 聂海峰，刘怡．城镇居民的间接税负担：基于投入产出表的估算［J］．经济研究．2010（07）：31-42.

[25] 张阳，胡建怡．中国企业所得税税负转嫁与归宿的动态分析［J］．财政研究．2006（02）：63-64.

[26] 平新乔，梁爽，郝朝艳，张海洋，毛亮．增值税与营业税的福利效应研究［J］．经济研究．2009（09）：66-80.

[27] 周波，赵国昌．中国间接税税负归宿研究：汽车市场准自然实验的证据［J］．经济研究．2020（03）：37-53.

[28] 童锦治，苏国灿，魏志华．"营改增"、企业议价能力与企业实际流转税税负——基于中国上市公司的实证研究［J］．财贸经济．2015（11）：14-26.

[29] 汤泽涛，汤玉刚．增值税减税、议价能力与企业价值——来自港股市场的经验证据［J］．财政研究．2020（04）：115-128.

[30] 岳松，赵晓华．并购交易中隐性税负归宿问题［J］．税务研究．2008（06）：90-92.

[31] 李升．税制结构优化研究：基于税负归宿的视角［J］．财政研究．2015（01）：58-62.

[32] 张阳．税负归宿理论研究进展［J］．经济学动态．2008（05）：92-97.

[33] 张飞．中国税负转嫁模式创新初探［J］．财政经济．2001（01）：14-16.

[34] 刘佐．对税负转嫁及其前提的一点看法［J］．税务研究．1985（06）．

[35] 罗毅，黄年山．税负转嫁中几个理论问题的探讨［J］．经济研究．1991（04）．

[36] 曹耳东．税负转嫁浅探——兼论社会主义制度下的税负转嫁［J］．税务研究．1985.

第二章

# 税收超额负担

政府通过征税将社会资源从纳税人向政府部门的转移过程中，会扭曲资源的最优配置，产生福利损失，即税收的超额负担。税收超额负担是税收效率分析的核心，也是一项基础理论，经济学家对于它的研究一直在不断地深入。第二章将主要梳理税收超额负担的经典文献，同时介绍关于该理论的国内外的前沿研究。

税收超额负担是税制潜在的效率改进空间。研究税收超额负担具有重要的理论价值和现实价值。本章首先梳理税收超额负担的经典文献，总结了超额负担概念的发展，介绍了各种计算超额负担的办法，对和税收超额负担有关的一个重要概念，即公共资金边际成本，进行了介绍。国外前沿文献部分对公共资金边际的最新研究进行了探讨，对超额负担在各个领域的应用进行了介绍。国内前沿文献首先对国内关于超额负担的理论分析进行了介绍，然后介绍了几篇定量分析税收超额负担的论文。

## 第一节 经典文献

纵观税收超额负担理论的发展进程，会发现其经历了从理论分析到实证研究、从局部均衡分析到一般均衡分析的深化过程。从 18 世纪亚当·斯密（Adam Smith）的论述，到 19 世纪 20 年代的拉姆齐、19 世纪 60 年代的哈伯格，直到以阿特金森、戴梦德、迪克西特、米尔利斯和斯蒂格利茨为代表的当代学者，几乎对税收的超额负担都有比较深入的研究。下面将分为理论和定量研究两大块，介绍税收超额负担中具有影响力的理论与文献。

### 一、税收超额负担的提出演进

对于税收超额负担的研究已有很长的历史。亚当·斯密（1776）就已认识到，政府税收导致的私人成本要高于税收收入。他把高出的成本分为税收的服从成本、税收对经济活动的扭曲成本和税收的管理成本。税收对经济活动的扭曲成本即后来所说的超额负担。

税收超额负担这一概念于 1890 年由英国古典经济学派代表人物马歇尔在《经济学原理》一文中首次提出并进行了详细论述。当市场决定的资源配置已经处于最优状态下，政府征税给纳税人所造成的负担不仅仅表现为所征的那部分税款也就是直接成本，而且还往往会影响经济决策，造成资源配置的扭曲，从而产生一个超额负担，即对纳税人福利造成的额外负担，也称为税收的福利成本，属于社会净损失。由于税收的存在，相对价格结构也会发生变化，价格变化影响了私人部门的经济决策，由此减少了征税前的经济选择所能获得的经济福利，消费者不得不克制自己，完全放弃了对征税商品的偏好，而是选择消费其他并不偏好的产品，有时即使没有税收直接成本，超额负担也依然存在①。Dupuit（1844）最早给出了计算税收超额负担的方法，他指出，“如果已知税收带来的消费变化，那么就会发现效用损失的上限等于消费变化量与税率乘积的一半。”

---

① 郝春虹．税收超额负担分析［J］．税务与经济．2001（03）：8－11．

到了20世纪初，西方财税理论界开始用马歇尔的基数效用理论（Cardinal Utility Approach）来分析超额负担问题，从而形成了所谓的马歇尔式超额负担理论。该理论的核心是以消费者剩余理论为基础，说明课税扭曲了被课税商品与其他商品的消费选择，并由此造成超额负担①。消费者剩余是指消费者对某种商品所愿意支付的代价，超过它实际支付的代价的差额。生产者剩余是指生产者对某种商品所实际得到的价值超过它原本想获得的价值的差额。避免或减少超额负担的方法是：（1）对需求弹性为0的商品征税；（2）对所有商品同样征税。其中最有影响的就是英国经济学家F. P. 拉姆齐在1927年提出的逆弹性法则②。

这个时期所做的分析还只限于局部均衡分析，只考虑课税对商品价格、消费选择的影响，而完全忽略了生产者生产成本的变动。

## 二、税收超额负担的定量分析

随着数学分析方法在经济领域的应用，西方对税收超额负担的研究也进一步深入。因此，本部分将分别介绍哈伯格、希克斯等人将数理分析引入税收超额负担后的成果。

### （一）哈伯格三角形分析

Harberger（1964）运用二阶近似法（Second－Order Approximation）推导了超额负担的计算公式，即著名的“福利损失三角形”公式。他最早对美国税收的超额负担进行了定量分析。下面将对哈伯格三角形进行详细介绍。

图2－1是征收从量税时的市场情况，如图所示$D$和$S$分别代表需求曲线和供给曲线，交于均衡点$E_1$点，市场均衡价格和均衡数量分别为$P^*$和$Q^*$。假定对该商品征收税率为$T$的定额税并确定生产者为直接的纳税人，由于税后边际成本增加导致$S$曲线向左平移到$S_T$，与需求曲线相交于均衡点$E_2$点，市场均衡价格和均衡数量分别为$P_G$和$Q_2$，此时消费者支付价格为$P_G$，生产者实际收到价格为$P_N$，消费者支付价格与生产者收到的净价格不一致，出现税收楔子（Tax Wedge），这便是定额税$T$等于“$P_G-P_N$”，使消费者剩余减少$P_GP^*E_1E_2$，生产者剩余减少$P^*E_1AP_N$，其中$P_GP_NAE_2$为政府税收收入，征税结果造成三角形$E_2AE_1$部分面积损失，即税收额外损失，消费者和生产者失去但同时政府并未得到的社会福利部分称为哈伯格三角形（Harberger Triangle）。

假定政府征收定额税为$T$时，$\Delta Q<0$，则征税带来的无谓损失（Deadweight Loss）代数表达为：

---

① 和淑萍. 西方经济学中的消费者剩余问题研究［J］. 哈尔滨商业大学学报（社会科学版）. 2008（02）：111－114.

② 陈波. 应深入研究我国税收超额负担问题［J］. 财政研究. 1998（01）：29－32.

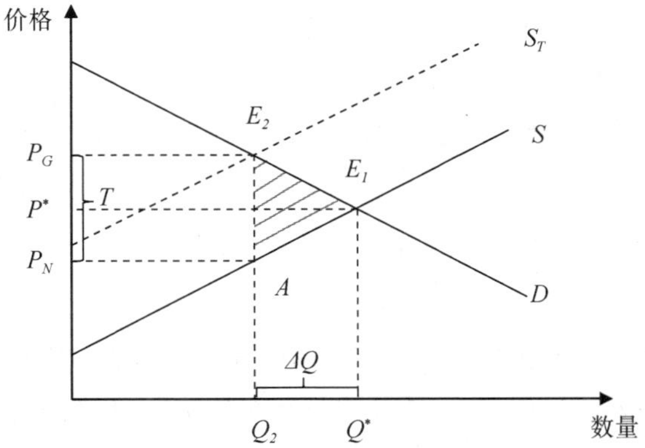


**图 2－1　征收从量税下的市场均衡**

$$DWL = -\frac{1}{2}T \times \Delta Q \tag{2-1}$$

引入弹性概念，需求价格弹性为 $e_d = \Delta Q/\Delta P \times (P^*/Q^*)$，征收定额税时价格变化 $\Delta P$ 相当于征收的税收 $T$。因此，需求价格弹性变为 $e_d = \Delta Q/T \times (P^*/Q^*)$，供给价格弹性为 $e_s = \Delta Q/\Delta P \times (P^*/Q^*)$，通过需求价格弹性和供给价格弹性得到 $\Delta Q = T \times \frac{e_d e_s}{e_s - e_d} \times \frac{Q^*}{P^*}$，上式变为：

$$DWL = -\frac{1}{2}T^2 \times \frac{e_d e_s}{e_s - e_d} \times \frac{Q^*}{P^*} \tag{2-2}$$

其中，$e_d$ 和 $e_s$ 分别代表需求价格弹性和供给价格弹性，$P^*$ 和 $Q^*$ 分别代表税前均衡价格和均衡产量。当征收比例税时，生产曲线与需求曲线及市场上的消费者与生产者情况如图 2－2 所示。

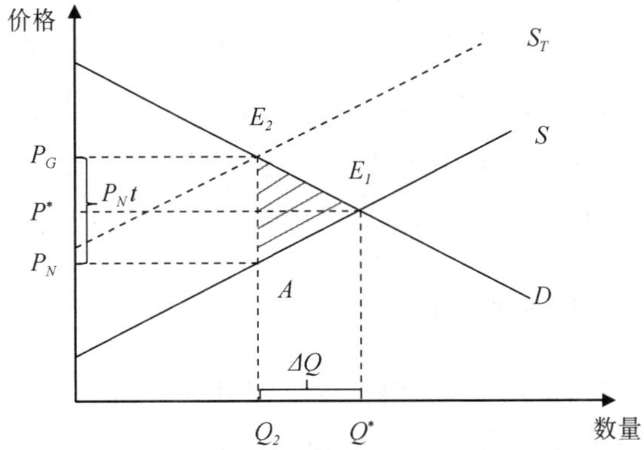


**图 2－2　征收比例税下的市场均衡**

此时，税后价格为 $P_G = P_N \cdot (1+t)$，价格变化为 $P_G - P_N$，也就是 $P_N \cdot t$。那么此时征税所带来的无谓损失的表达式可以表示为：

$$DWL = -\frac{1}{2} \times t^2 \times P_N^2 \times \frac{Q^*}{P^*} \times \frac{e_d e_s}{e_s - e_d} \tag{2-3}$$

当生产者税后净价格近似等于税前均衡价格时，即 $P_N$ 与 $P^*$ 近似相等，则式（2-3）可简化一般表达式为：

$$DWL = -\frac{1}{2} \times t^2 \times P^* \times Q^* \times \frac{e_d e_s}{e_s - e_d} \tag{2-4}$$

其中，$e_d$ 和 $e_s$ 分别代表需求价格弹性和供给价格弹性，$P^*$ 和 $Q^*$ 分别代表税前均衡价格和均衡产量。$t$ 为比率税率，$P_N$ 为生产者的税后净价格。显然，税收额外损失与税率高低成正比，与需求的价格弹性和供给价格弹性大小成反比。从量税情况下，税收额外损失与税前均衡数量成正比，与税前价格成反比；从价税情况下，税收额外损失与税前均衡数量和生产者净价格均成正比，与税前价格成反比，特别是在税后净价格变化很小（接近税前价格）的情况下，税收额外损失与税前均衡数量和均衡价格均成正比，也即与税前总收入成正比。进一步说明，在其他条件不变情况下，当供给弹性很大时，供给方承担很小的税负。

哈伯格对重负亏损三角形做了很多的实证研究，他的计算是建立在政府将所有税收收入返还给消费者所形成的需求曲线的基础之上的，因而哈伯格构建了一个简单的一般均衡经济。在这个模型中，税收影响价格并扭曲了个人的决定。尽管返还的税收收入部分抵销了消费者交纳的税款，但这并不能抵消对个人决策的扭曲，而决策的扭曲使消费者的境遇变得更坏。哈伯格在这里所用的需求曲线由于效用的改变，它既不是“马歇尔需求”，也不是希克斯的补偿需求或等价需求，被称之为“哈伯格需求”（Harbergerian Demand）。

一般均衡的税收文献中，哈伯格的贡献具有里程碑的作用，运用这种三角形分析方法，他估算了美国经济因垄断和公司收入税所带来的福利损失，随后他还分析了美国国内的市场失灵对智利经济造成的各种扭曲。根据哈伯格的估算，由垄断带来的福利损失占美国 GNP 的约 1%，由公司收入税带来的福利损失每年多达 10 亿美元，约占其 GNP 的 0.5%，而美国的各种扭曲给智利经济造成的福利损失却达 15%。直到今天，哈伯格对垄断造成的美国总经济福利的损失所进行的经验估算，仍然是同类估算中最有影响的①。

### （二）希克斯的税收超额负担理论

John Hicks 爵士是《价值与资本（1946）》一书的作者，他重新评估了马歇尔关于消费者剩余的概念以及关于需求曲线概念的模糊性。希克斯考虑了完全补偿消费者价格变化对其实际收入影响的概念性实验，在此过程中追踪与不同价格相对应的需求曲线。他将这种需求曲线与初始价格线之间的区域命名为“补偿变量”。希克斯还考虑了从消费者中提

---

① 江涌，周瑾．哈伯格三角形理论述评［J］．经济学动态，2003（07）：73－76.

取他们愿意支付以避免价格变化的资金对市场需求的影响，使用“等价变化”来指代由此产生的初始价格线和需求曲线之间的区域。因此，希克斯描述了两种构建需求曲线的方法，可用于测量无谓损失三角形；两者都保持效用水平，但它们不同之处在于其基于不同的效用水平。补偿变化有效地保持了在价格变化发生之前获得的水平上的效用，而等价变化维持了在价格变化发生之后获得的水平上的效用。希克斯本人不认为这种区别具有很大的重要性，除非商品占商品消费者预算的极大部分，有偿和无偿需求弹性不会有很大差异，它们之间有任何差异可能远小于与需求相关的统计不确定性弹性估计。希克斯（1945—1946，p. 68）后来补充说：“对于大多数目的而言，消费者剩余分析是可以利用的，马歇尔的衡量标准是足够的近似，但为了清晰地思考，有必要采取基本的区分措施，清除他们的关系。”

### （三）可计算的一般均衡模型

CGE 模型又称可计算的一般均衡模型，最早是由约翰森（Johansen）在 1960 年提出。概括而言，CGE 模型是在一般均衡框架下，将经济学家对经济各个局部组成部分的数量分析和定量研究组织起来，以分析经济中某一局部变动对经济整体和其他经济组成部分变动影响的一种模型。贝勒德（Ballard，1985）采用多部门、跨时期复杂的可计算一般均衡模型，计算了美国所有主要税种的边际超额负担，认为得到 1 美元税收的边际超额负担介于 17～56 美分。Jorgenson 和 Yun（1991）运用一个动态跨期优化的 CGE 模型，对美国 1985 年税制改革前后的超额负担进行了全面比较分析；斯卡利（Cscully，1995）估计美国 1949～1989 年每美元税收收入的净损失平均是 2.17 美元。Ballard（1982）运用一般均衡模型（CGE 模型）对美国税收的福利成本进行了全面分析，后来很多学者都是在此基础之上对 CGE 模型进行优化，进而应用到经济的各个方面测量和比较税收超额负担的情况。

### （四）税收平滑模型

税收平滑主要根据 Ramsey（1927）对最优商品税的开创性贡献而进行研究。Ramsey 最初提出比例性命题认为，对给定的税收和政府收入要求，商品税的设计应该使税收超额负担最小，税率的结构应该是使各种商品在需求上按相同的比例减少。后来，鲍莫尔和布莱福德（Baumol 和 D. Bradford，1970）研究得出逆弹性命题（弹性反比法则）：在不考虑闲暇商品情况下，当各种商品的需求相互独立时，对各种商品课征的各自的税率必须与该商品自身的价格弹性呈反比例。意味着每个商品税的税率要根据商品需求价格弹性的大小而变化，这被称为“拉姆赛法则”（Ramsey Rule）。著名经济学家巴罗（Barro，1979）总结并正式提出了税收平滑（Tax Smoothing）的理论模型。他认为，税收会影响投资和劳动力生产，从而对经济产生扭曲，增加经济发展成本。巴罗假设政府在制定财政政策时，希望将税收对经济活动的歪曲和成本降到最低。政府应该选择一种税收平滑的政策，以减少税收的超额负担，否则税收政策对发生经济扭曲的边际成本将不断升高。

巴罗的研究是从政府如何使其在获得收益的同时对经济的扭曲最小开始的，其假定增加$T_t$税收的扭曲成本公式为：$C_t = Y_t \times f(T_t/Y_t)$，其中$f(0)=0$，$f'(0)>0$，$f''(0)>0$，$C_t$为$t$时期的扭曲成本，$T_t$为$t$时期的税收收入，$Y_t$为$t$时期的产出。从公式中可见，$C_t$随$T_t/Y_t$的上升而上升，且速度递增。政府所面临的问题是，在满足整个预算约束的条件下，即未来各期税收的现值应该等于初始的债务存量与未来各期政府支出现值之和（政府长期内实现预算平衡），实现税收的超额负担最小。假定在$t$时期内减少$\Delta T$的税收，而在$t+1$时期增加数量为$(1+r)\Delta T$的税收，而其他时期税收保持不变，要使其不影响政府收入的现值，则要求这种变动导致的边际利益（$MB$）和边际成本（$MC$）必须相等。如果初始政府正在满足其预算约束，那么这种变动之后，它仍将继续满足该预算，即$T_t/Y_t = T_{t+1}/Y_{t+1}$①。

通过上述的数学推理我们可以得知，增加税率会导致税收对经济发展的边际成本增加，因此，为了避免税收对经济的成本增加，我们应该保持税率的相对平滑，即税收收入与产出比率保持不变，以防止因为增加税率而产生的经济效率的降低，从而保证经济的长期稳定发展。对税收平滑的破坏，会增加对资本收入征税，降低资本投资的回报率，投资的低回报又会降低投资总量，从而降低生产性投资和资本的增长。生产性投资的低增长意味着新增生产设备和设施的减少，这些影响最终导致经济长期增长的减慢。税收平滑的破坏，还有可能提高商品的价格，商品价格的提高不仅会破坏整个价格体系的平衡，还会降低消费，并影响到产品在国际市场上的竞争力，从而影响一国经济的发展。这样，税收增长在满足财政收入的同时，也对经济的长期增长产生制约。

税收平滑模型还告诉我们，当财政支出占经济产出总量比重预计会发生变化时，政府财政盈余或赤字的出现是合理的。最明显的财政支出占经济产出总量比重预计会发生变化的例子就是战争或经济萧条。为了保证经济的效率和增长，政府应该保持税率的相对平滑并通过发行债券来满足财政收入，在财政支出和总体经济回到正常轨道后，逐渐消化因为发行国债而产生的赤字。税收平滑模型精辟地总结了税率、国债和赤字之间的关系。它也因而成为宏观经济学中一个十分重要的基本定理，并已经成为西方主要发达国家制定财政政策的重要依据和主要指导方针②。

对比而言，一般均衡理论模型更加偏向于理论，且对于数据的要求比较高，但得出的结果较为精确；而税收平滑模型就在于只能够测量出近似值，但可通过计算出不同时期税收超额负担近似值的变化指数以反映不同时期税收超额负担的变化情况。

① 张淑静. 我国税收成本现状及优化研究［D］. 首都经济贸易大学，2008.

② 王君菊. 五莲县国税收入与经济增长相关性研究［D］. 中国海洋大学，2011.

## 三、从税收的超额负担到 MCF

事实上，税收超额负担的应用一直有所局限，归因于其严格的假设与表达形式。税收的平均超额负担并不适合用作公共项目的评估，只有税收的边际福利成本才和项目的成本收益的比较分析相关，在此基础上，MCF 的提出与发展使得税收分析体系迎来了进一步的完善。

### （一）税收超额负担的局限与突破

Mayshar（1990）指出，关于税收的超额负担的研究尽管有很长的历史，但是有关文献一直停留在关于超额负担的定义和估计等问题上，在对实际税制改革进行分析时，很少使用超额负担这一概念。他认为，关于超额负担的估计存在的问题可能是这一概念不能在实际中被应用的重要原因。在运用模型估计扭曲税的超额负担的时候，通常将扭曲税的税率设定为 0，然后增加总额税，保持政府财政收入不变，计算此时社会福利的增加，增加的福利即为原来税制存在的超额负担。由于实际上不可能通过总额税替代扭曲税，这样计算的超额负担的实际价值是有限的。

在详细比较了和超额负担有关的各种概念之后，他认为，在应用税收分析（Applied Tax Analysis）中最有价值的概念是 MCF，应该将 MCF 作为税收分析的基础概念（Cornerstone Concept）。

### （二）MCF 概念的产生与早期研究

Browning 于 1976 年在美国著名的政治经济学杂志（Journal of Political Economy）最早提出了 MCF 这一概念。他指出，有很多理论和经验研究对税收的福利成本进行分析和估量，但很少有研究注意到税收的福利成本对于分析公共支出的重要性。如果为公共支出融资会产生额外的福利成本，这个成本应该被看作公共支出的机会成本。也就是说，如果政府花费 100 美元，机会成本是 100 美元加上获得 100 美元资金的额外福利成本。因此，一项支出仅当它的收益至少超过直接的成本加上获得这项资金的额外福利成本才是有效率的。

Browning 指出，一些经济学家已经认识到税收的福利成本在分析公共支出方面的重要性，包括 Pigou（1994）、Buchanan 和 Tullock（1965）、Vickrey（1963）、Johnson 和 Pauly（1969）等，此外，他还指出 Musgrave（1969）的贡献，但同时指出 Musgrave 的错误，认为只有边际福利成本才和公共项目的成本收益分析相关。

Browning 进而提出了公共资金边际成本（Marginal Cost of Public Funds）这个概念，公共资金边际成本是指直接的税收成本加上获取税收收入的边际福利成本（The direct tax burden plus the marginal welfare cost produced in acquiring the tax revenue）。Browning 指出，估量 MCF 的主要作用是用于评估公共支出，MCF 是政府支出的机会成本（The marginal cost of public funds is the social opportunity cost of government spending）。

Browning 基于 Harberger（1964）超额负担的公式，运用局部均衡分析方法估量美国劳动所得税的 MCF 为 1.09～1.16。他认为，在美国，政府支出应该比私人支出的效率高 0.09～0.16，才能产生净福利收益。Browning 还进一步分析了税制具有累退性和累进性时 MCF 的估计方法。

由于 Browning 对 MCF 这个概念的内涵和作用的清晰定义，他的研究受到了极大的关注。此后，很快出现大量关于 MCF 的研究文献，从理论上和定量上进一步深化了对 MCF 研究。

运用一般均衡分析方法对 MCF 进行定量研究最著名的是发表在美国经济评论（American Economic Review）的两篇论文：Stuart（1984）和 Ballard，Shoven 和 Whalley（1985）。Stuart（1984）指出了 Browning（1976）研究方法的三个缺陷：第一，Harberger 公式仅对于无扭曲的、具有线性生产边界的经济才是精确的，显然，无扭曲的条件与实际经济存在着显著的扭曲税是不相符的，而鉴于文献关于总生产函数替代弹性的研究，线性生产条件是不可能的；第二，最重要的问题是，Harberger 公式在概念上不适合估量边际超额负担。Harberger 公式正确地估量了不能使用总额税的成本，然而，征税的目的是用于公共支出。为了计算增加额外税收的超额负担，应该比较经济从增税前的均衡到增税用于公共支出后的均衡两者之间效用和税收的变化。而 Harberger 公式比较的是未扭曲的均衡和一个假设的补偿性均衡。第三，尽管 Browning 计算了当税收减少劳动供给产生的福利损失，他假定税收增加不会减少税基。

Stuart 认为，所有这些问题都可以在一个简单的一般均衡框架下解决。且一般均衡方法能够提供政府支出的类型和其他政策或结构参数影响边际超额负担的信息。Stuart 构建了一个简单的两部门一般均衡模型，用于估量美国税收的 MCF，他研究了 MCF 如何随政府支出类型或其他结构参数变化而变化。

Ballard 等（1985）建立一个多部门动态 CGE 模型用于估量美国税收的边际福利成本，他们在模型中细致地说明了将美国的主要税种嵌入模型中的方法，并估量了美国所有税收的边际福利成本和主要税种的边际福利成本。相对于 Stuart 的两部门一般均衡模型，Ballard 等（1985）使用的模型嵌入更多实际经济信息，他们的研究结论也更加丰富。但由于模型的复杂性，很难对 MCF 的估量结果的影响因素进行分析。Fullerton 和 Henderson（1989）运用同一个模型分析美国资本税的边际福利成本，与 Ballard 等（1985）使用平均税率计算边际福利成本不同的是，他们使用的是边际税率。

Browning（1987）对局部均衡分析方法进行了完善，并分析了非线性的劳动所得税的情况。他认为，尽管在同等条件下，一般均衡方法比局部均衡方法更受欢迎，但局部均衡方法具有容易理解的优点；他还认为，局部均衡和一般均衡方法估计上差别，都可以归结到对关键参数的不同假设上，重要的可能不是发展更精致的方法去产生更好的估计结果的问题，而是对关键参数进行经验性的研究以缩小参数的范围。

这期间，还有一些学者分析了影响 MCF 的许多因素，对于进一步深入界定 MCF 的概念内涵，具有重要意义。Wildasin（1984）运用局部均衡分析方法分析了公共支出与消费和闲暇存在互补或替代关系时 MCF 的估量方法。他认为，公共支出的福利评估应考虑增加公共产品供给对被征税的商品的影响。Usher（1986）将避税引入对 MCF 的分析。

### （三）MCF 理论的完善和发展

#### 1. MCF 概念的澄清

由于 MCF 涉及的几个概念都有与之相似的概念，早期的一些研究没有很清楚地界定 MCF，再加上研究 MCF 运用的方法不同，出现各种不同的定义方法，且定量研究的结果存在较大差异。20 世纪 90 年代，一些经济学家开始对此前关于 MCF 的研究进行综合，逐步明晰了 MCF 的概念，对 MCF 的概念才有了比较一致的认识。

Triest（1990）指出了价格基数的选择对于 MCF 的计算和应用的重要性，他指出，由于项目成本收益评估通常用当期消费者价格计算，MCF 仅依赖于未补偿价格弹性，而超额负担依赖于补偿价格弹性。超额负担通常以未扭曲价格定义，如果用边际超额负担计算 MCF，就会产生价格指数问题。

Fullerton（1991）指出了 Stuart（1984），Ballard 等（1985）和 Browning（1987）三者概念上的差异。他指出，在计算福利方面，Stuart（1984）使用的是消费者剩余（Consumer Surplus，CS），Ballard 等（1985）和 Browning（1987）使用的是等价性确定量（Equivalent Variation，EV）。不过 CS 和 EV 在税率的边际变化上是等价的，三者真正的差别在计算政府税收变化上，Stuart（1984）和 Ballard 等（1985）在计算税收时使用的是平均税率，而 Browning（1987）使用的是边际税率。他还指出，Browning（1987）比较的是劳动所得税和总额税相比时的扭曲效应，而没有考虑税收的收入效应。

Ballard（1990）运用 Musgrave（1959）的概念，区分了研究 MCF 的两种不同分析方法，即 differential - incidence 分析和 balanced - budget 分析。在 differential - incidence 分析中，税收总量保持不变，这种方法比较的是扭曲税和总额税，由于两种税收有同样的收入效应，结果只反映扭曲税的替代效应，使用这种方法主要依赖于被征税商品的补偿性需求弹性；在 balanced - budget 分析中，政府通过扭曲税为公共物品融资，政府支出水平和扭曲税水平都发生改变，这种方法主要依赖于被征税商品的未补偿性需求弹性。

Ballard 和 Fullerton（1992）进一步进行了详细的研究，认为 Pigou，Haberger 和 Browning 采用的是 differential - incidence 分析，这种方法主要关注的是税收的结构，而不是税收的水平，它估量在给定的政府支出水平下税收的效率，这种方法一般不适合用于政府支出是否应该增加的成本收益分析。但如果边际公共项目是总额转移支付，或者政府提供的公共品与私人品或现金是高度可替代的，这种方法估量的 MCF 用于对这些项目的评估是合理的。Stiglitz 和 Dasgupta（1971）、Diamond 和 Mirrlees（1971）、Atkinson 和 Stern（1974）采用的是 balanced－budget 分析，这种方法计算的是将税收作为新增政府支出筹资的效应，这种方法更适合用于 MCF 的估量。

Browning，Gronberg 和 Liu（2000）通过复杂的数学推理，认为这两种方法其实是等价的，都可以用于对公共支出的成本收益评估，关键要理解政府支出的效益在这两种方法下如何估量。differential－incidence 分析采用的是税前价格，政府支出的效益如果以税前价格衡量，则该方法也可用于公共支出成本收益评估。balanced－budget 分析采用的是当前价格，政府支出的效益如果以当前价格衡量，则该方法可用于公共支出成本收益评估。一般而言，政府支出的效益都是以当前价格衡量的，所以对于成本收益分析，采用 balanced－budget 分析是比较恰当的。

2. MCF 分析方法的发展

Browning（1976，1987）的局部均衡模型存在技术上的缺陷。比如，增加税收会影响劳动和资本的供给，改变劳动和资本的相对比率，进而改变资本和劳动的相对价格。运用局部均衡模型分析 MCF，要假定要素价格不变，会产生误差。而 Ballard（1985）等使用的 CGE 模型由于模型本身的复杂性，不利于分析 MCF 和关键参数之间的关系。

Mayshar（1991）建立了一个一般均衡分析模型用于研究 MCF，试图解决这一问题。他在模型中假定效用函数是弱可分的（Weakly Separable），公共物品不会影响消费与闲暇。他着重分析了如何处理边际公共支出效应的影响，认为不应该把它归结到增加税收的边际成本中去，而应该把它归结到收益方面。

Snow 和 Warren（1996）建立了一个效用函数更一般的一般均衡分析模型用于研究 MCF，并对以前的研究进行了综合。Sandmo（1998）和 Dahlby（1998）将 Snow 和 Warren（1996）的模型扩展到多人模型，分析了收入分配对 MCF 的影响。

3. 关于 MCF 作用的争议

Kaplow（1996）认为，假如劳动者通过劳动所得税支付额外的税收，这些税收用于公共支出，如果每个劳动者从相应的公共支出中得到的收益的价值，恰好等于他支付的税收，即新增的公共物品在分配上是中性的，那么税收并没有改变纳税人的劳动收益，此时，扭曲税对劳动供给没有影响，通常的 Samuelson 法则能被用于衡量公共物品的支出，公共项目的评估只需要收益成本比率大于 1 即可，不需要因为税收的扭曲效应而改变。如果新增的公共物品在分配上不是中性的，公共物品的分配体现了分配收益（即因社会变得更加公平，社会福利提高），可以抵销扭曲成本。

Browning 和 Liu（1998）认为，Kaplow（1996）对于税收扭曲的定义是不恰当的，Kaplow 将税收不会影响劳动供给与税收无扭曲等价起来，目的就是证明公共物品能通过更高的收入税融资同时不影响劳动供给。正如我们不能说如果消费者在有垄断企业生产的条件下的福利高于没有产品供给的情况，就可以说垄断没有福利损失。劳动供给在税收增加的条件下不变，并不能说明税收没有扭曲，有没有扭曲应该同总额税相比。

Ng（2000）认为，Kaplow（1996）提出了在税收的数量分析中的一个被忽视的方面，既税收的分配效应。应该既考虑公共支出和税收的激励效应，又考虑公共支出与税收的分配效应。但他没有发展出一个分析框架。

Slemrod 和 Yitzhaki（2001）提出，MCF 概念需要补充一个与公共支出成本相对应的公共支出收益概念，即公共项目边际收益（Marginal Benefit from Public Projects，简称 MBP），公共支出的产出效应、公共物品对私人产品的影响都应该归到 MBP 中去，MCF 集中反映税收的效应。实际上是 Mayshar（1991）的思路的延续，也是对 Ng（2000）思想的模型化。

Gahvari（2006）运用机制设计的方法（Mechanism Design Approach）分析了劳动所得税，解释和阐明 Kaplow 的结论，证明使用 MBP 这一概念对于 MCF 的意义。

#### 4. 公共项目的生产成本与 MCF

Liu Liqun（2004）分析了税率变动影响公共项目的生产成本时的 MCF。他认为，税率的变动会影响生产要素的价格，进而会影响政府公共项目的生产成本，在计算 MCF 时需要考虑这种效应。

Liu 将 MCF 引进公共项目的成本收益分析，用于衡量公共部门投入的机会成本，即公共支出的影子价格包含净财政收入部分和私人收入部分。净财政收入部分是指当政府增加一单位额外投入时，政府对净财政收入增加的要求。私人收入部分反映当公共支出增加一单位额外投入时，由于一般均衡效应，投入价格变动导致的私人收入增加。Liu 证明净财政收入应该乘以政府的 MCF，以反映财政收入的社会机会成本。

## 第二节　国外前沿文献

从税收超额负担的前沿理论来看，一方面，税收超额负担的局限有所突破，税收分析体系本身更加的完整和丰富；另一方面，其研究范围早已不局限税负本身的测算以及财政和税收政策的制定与决策，而是更多地与国际自由贸易、经济增长、寻租理论等相结合，外延进一步拓宽。因此，本部分将就其内涵和外延两部分的发展介绍国际前沿的研究成果。

## 一、税收分析体系的深化完整——MCF 理论的前沿

随着对 MCF 研究的深入，越来越多的问题被引入到分析中。包括税收的收入分配效应对 MCF 的影响、税收的其他成本对 MCF 的影响、国债的 MCF、MCF 在分析政府间财税关系中的作用等。这方面的理论虽然取得了一定的进展，但还不完善，这里对目前研究在这些方面取得的研究成果做一些简要的介绍。

### （一）考虑分配权重的 MCF

每个社会都关注税制对分配的影响，政府使用扭曲税主要是出于对分配公平的关注，如果不关注收入分配，政府可以使用总额税。一般认为，由穷人负担的税收的社会福利成本更高，从社会的角度来看，向富人征收一单位税收的成本要高于向穷人征收一单位税收的成本。因此在估量 MCF 时需要考虑分配效应。Slemrod 和 Yitzhaki（2001）研究了考虑分配权重的 MCF 计算方法。

### （二）将税收的其他成本包含进 MCF

税收不仅会产生福利成本，在税收的征收过程中还有税收的管理成本、服从成本、避税成本和逃税成本，这些成本都会提高 MCF，目前几乎所有的对 MCF 的定量分析的文献都只考虑到税收的福利成本。Slemrod（1996）给出了一个全面计算 MCF 的分析模型。

将税收的避税成本引入 MCF 的分析已经有较多的文献，Feldstein 在这方面作出了突出的贡献。Feldstein（1999）将避税的成本引入税收的成本分析，通过局部均衡模型计算，认为在美国，政府每增加 1 美元税收，居民减少的福利约为 3 美元，远远高于通常仅考虑税收对工作时间和劳动参与的影响时计算的 MCF①。在方法上，Feldstein 也作出了突出贡献。研究个人收入所得税的福利损失的传统方法，将注意力集中在所得税税率对劳动供给和资本积累的影响上。Feldstein 指出，所得税的福利成本要远高于通常的估计，因为传统框架没有考虑劳动者通过改变报酬形式（例如，个人所得税提高导致雇主提供更好的工作条件取代现金支付）和消费结构（例如，个人所得税提高导致劳动者消费更多在计税时可以扣除的项目）的避税效应。虽然报酬形式和消费结构的变动不能直接测量，增加对可抵扣项目的消费的福利损失也很不容易计算。关键是要认识到所得税不会改变闲暇和税收优惠项目的相对价格。Feldstein 证明，应税收入对税后净收益份额的补偿性弹性（Compensated Elasticity Taxable Income with Respect to the Net－of－tax Share）提供了所有需要评估

---

① Ng（2000）认为，如果高税收导致人们在一些社会鼓励消费的项目上花费更多，如慈善捐助和健康保险等，不会产生超额损失，而 Feldstein（1997）在计算行为反应弹性时将此类项目包含在内，高估了税收的福利成本。

所得税福利损失的信息。

Feldstein 的研究中的关键概念——应税收入对税后净收益份额的补偿性弹性，受到经济学家的极大重视，很多经济学家对此进行了细致的分析和定量研究，Saez，Slemrod 和 Giertz（2009）对这方面的研究文献进行了综述。

### （三）各种市场条件下的 MCF

经典的 MCF 研究，都假设完全市场条件，但实际经济中，市场不完善的情况是很常见的，在这些条件下，MCF 和完全市场条件相比具有哪些特征，一些经济学家进行了这方面的研究。

Browning（1994）考虑了各种非税扭曲（Non - Tax Wedge）对 MCF 的影响，认为非税扭曲除本身会产生福利成本外，还会增加税收的福利成本，并计算了几种非税扭曲条件下税收的 MCF。

Freebairn（1995）分析了工资黏性和非自愿失业条件下（Sticky Wages and Involuntary Unemployment）工资税的 MCF。Freebairn 认为，在工资黏性和非自愿失业条件下，MCF 的决定因素是黏性工资对税率增加的反应（the Response of Sticky Wages to a Tax Increase）、劳动需求弹性（Elasticity of Demand for Labor）和失业率（Unemployment Gap）；而通常的 MCF 分析模型集中在劳动供给弹性上。

Lockwood（2003）分析了不完全竞争条件下的 MCF 和最优商品供给。Lockwood 使用一般均衡条件下的 Bertrand and Cournot 竞争均衡模型，由于在这种模型中，生产者不会随便改变产出，通常的想法，即市场竞争不完全的程度越高，MCF 的值越大，公共品的最优供给越低，并不是完全正确的。

Allgood 和 Snow（2005）还考虑了存在人力资本积累条件下税收的 MCF。Allgood 和 Snow 建立了一个包含内生人力资本和物理资本投资的完全预期的代际迭代模型（A Perfect Foresight，Overlapping Generations Model with Endogenous Human and Physical Capital Investment），在这个框架下计算税收和公共支出的边际变动的福利成本（Welfare Costs for Marginal Reforms of Taxation and Public Spending）。研究发现，福利成本一般低于人力资本和物理资本固定的静态模型。静态模型结果偏高主要是因为在静态模型中人力资本固定，福利成本主要是从更低的有效劳动供给中的税收漏出（Welfare cost of predominantly tax leakage from lower effective labor supply）。但在动态模型中，时间在教育和劳动间的再分配让有效劳动不变（Rellocating time between education and labor can leave effctive labor supply unchanged），即税收可能增加人们的教育时间从而提高人力资本。因此，人力资本的调整对于边际福利成本有重要的缓解作用（Adjustments in human capital have an important mitigating influence on marginal welfare costs）。

这些研究拓展了 MCF 的研究范围，对于理解各种条件下税收的效率具有很大的贡献，很多研究沿着他们的思路进一步深入下去。

### （四）国债的 MCF

政府通过发行国债筹集资金，虽然最终还是要靠税收偿还，但这种方式和直接通过税收筹集资金相比有自身的特征，产生的经济效应同直接通过税收相比也有所不同。Dahlby（2003，2008）对国债的 MCF 进行了初步的探索性研究。

国债通过财富效应和扭曲税效应两种途径产生额外成本。所谓国债的财富效应，是指国债降低了私人储蓄和长期的资本存量，即通常所说的国债的“挤出效应”，导致后代的福利损失，但发行国债时的当代人会从国债的发行中获得福利。所谓国债的扭曲税效应，是指政府未来需要增加扭曲税偿还国债的本金和利息，扭曲税会产生福利损失。由于目前对国债的挤出效应还存在一些争议，所以关于国债的 MCF 的进一步研究有赖于对国债的挤出效应的研究。

### （五）MCF 和政府间财税关系

Dahlby（2005，2008）在这方面进行了开创性的研究。运用 MCF 从一个新的角度对政府间财税关系进行了重新思考。

很多国家不同层级的政府都有征税权，不同层级的政府征收的税收的 MCF 是不一样的。从理论上讲，只有当一个国家内各级政府征收的税收的 MCF 都相等时，税收的成本才达到最小化。MCF 的理论对政府间财税关系的重要贡献是澄清了一些习惯使用的说法，对政府间财税关系进行了具有经济学意义的重新定义。

首先分析政府财税的垂直不平衡关系。传统的垂直财政不平衡的定义是指政府支出责任与可获得的税收之间的不匹配，这种定义只具有账户意义，缺乏规范理论的基础，一个层级的政府的收入应该等于支出没有任何经济理论的基础。要衡量某一层级政府的税收和支出是过高还是过低，需要依赖于经济学的概念。在任何资源配置的经济模型里，资源分配最优的标准是边际成本与边际收益的比较，而不是收入与支出的比较。运用 MCF 的概念可对政府财税的垂直不平衡关系进行重新定义：如果不同层级的政府征收的税收的边际成本不相等，则存在财政垂直不平衡。这个定义提供了衡量某一级的政府税收是否过高还是过低的效率标准。政府资源配置的效率要求各级政府的 MCF 相等。

其次分析政府财税的水平不平衡关系。运用 MCF 的概念可对政府财税的水平不平衡关系进行重新定义，政府财税的水平不平衡是指同一层级的不同政府有不同的 MCF。如果税源比较充分、MCF 较低的政府，对税源不足、MCF 较高的政府转移财政收入，则在全国范围内可以提高资源分配的效率。从这个意义上讲，发达地区的政府对落后地区进行扶助除了符合公平的原则外，还符合经济学意义上的效率原则。

## 二、税收超额负担的外缘延伸——多领域交叉融合

### （一）税收超额负担与国际贸易竞争

Xu（2016）将超额税负引入双边贸易、两国和两个混合市场模型，即每个国家的一个国有企业与国内外私营企业同时竞争，发现私有化和自由贸易协定的福利效应取决于税收超额负担的影子成本，没有自由贸易协定的私有化会降低社会福利，而有自由贸易协定的私有化在影子成本低（高）的情况下改善（减少）社会福利。然后引入了一个 FTA 协调博弈，并证明国有化是一个子博弈完美纳什均衡；没有 FTA 时，当影子成本较低时，国有化会降低福利；有 FTA 时，当影子成本较高时，国有化会提高福利。最后，文章发现，私有化政策可以发挥承诺机制的作用，鼓励各方达成自由贸易协定，从而在影子成本较低的情况下改善国内和全球的福利。

Jen – Yao Lee 等人（2017）在一个混合寡头垄断的环境中，研究在战略性税收补贴政策存在的情况下，外国竞争和美国税收超额负担将如何影响私有化政策。文章证明了在存在外国竞争对手的税收超额负担情况下，产出补贴加上进口关税和部分私有化可以改善社会福利。然而，如果税收超额负担的规模相对较大，政府可能会转而使用生产税、关税政策和部分私有化来改善社会福利。

### （二）税收超额负担与寻租理论扩展

Doron Klunover 等人（2014）将税收超额负担引入寻租理论，指出当寻租者获得应纳税收入时，因为租金耗散，寻租的社会成本与税收超额负担之间存在着相互依赖关系。当闲暇并非劣质时，寻租增加了风险中性下的税收超额负担。文章还得到了在风险厌恶情况下寻租增加税收超额负担的原因：当寻租者可以获得应税收入时，寻租的社会成本比仅从竞争模型推断出来的要高，因为寻租者的税收超额负担增加了。

### （三）税收超额负担与监管工具选择

Leal，Mariel 和 Garcia 等人（2018）研究考虑了古诺市场中的税收超额负担和消费者友好型企业的双寡头垄断模型，并检验了可交易许可证和排放税之间的环境政策组合。研究表明，排放税可能是多余的，当税收超额负担和消费者友好程度都很低时，政策组合就会退化。然而，当税收超额负担重时，交易许可政策与税收待遇是有效的，为提高福利，而存在一个消费者友好型企业。最后，当对消费者友好程度足够高时，一个对消费者友好的公司在生产中具有强烈的进取心，因此，即使在税收不增加的情况下，可交易的许可证政策也是有效的。因此，监管工具的混合对效率至关重要。文章的分析表明，企业的社会

责任倡议和政府的税收超额负担可以在环境政策的设计和执行中发挥重要作用。

## 第三节　国内前沿文献

从国内文献的沿革来看，在早期，学者多聚焦于当时央地分权中存在的问题以及具体税种中不规范、不完善的方面，应用税收超额负担理论对于税制设计规划思路。此后，更多学者聚焦于税负过重问题，应用不同模型对于税收超额负担进行定量研究，从而为我国税制改革进一步提出政策建议。以下将分为税收超额负担的理论分析和定量研究两个方面加以介绍。

### 一、税收超额负担的理论分析

早期文献为税收超额负担提供了定位，指明了这一工具可以为税制研究中的何种方面服务。例如陈波和邢丽（1998）在梳理国际税收超额负担理论发展脉络的基础上，提出应重视税收超额负担在评价税收效率中的地位，并应进一步研究税收超额负担的成因、经济影响和定量分析，从而进一步补充我国财政理论体系。胡彦炜（1998）认为税收超额负担是客观存在的，构成经济成本的一部分。忽视额外负担，税收的经济成本就得不到全面、准确的反映，只有将税收超额负担置于效率中研究才有实际意义。

许建国（1999）认为尽管税收公平和效率原则定义了好的税收应该符合税收超额负担最小以及符合社会公平准则，但上述“定义”实际上隐含着两个假设前提：（1）政府的税收收入是既定的，它与税收的效率、公平目标基本不存在矛盾；（2）征税成本因素可以从税收优化的衡量标准中抽象掉。而中外经济发展正是在这些前提中存在很大差异，因此只有把税收工具的选择与征收成本的评价结合在一起，优化税收理论才能够对发展中国家产生有益指导。该文献的贡献在于为最优税制的研究提供了一个框范性的约束，即在引入税收超额负担研究税制优化的同时，也需要考虑到当前发展目标，要从该理论的逻辑前提加以把握，不能超越当前的法制条件和征管能力。

郝春红（2001）分析了不同税种的税收超额负担，单从效率角度出发提出了几点基本结论：对所有商品征相同的税（尽管也有超额负担），为此应扩大增值税的范围；除极端情况（需求价格弹性和供给弹性为零）外，对任何商品课税都会产生超额负担；应增强绿色税收意识，在流转环节应开征矫正外部经济效应的税种；企业所得税以经济利润为计税依据比以会计利润为基础调整的应纳税所得额作为计税依据对资本筹资结构的扭曲程度要小等。王智勇（2001）则从流动性角度研究供给与需求弹性对经济效率产生的影响，流动性有助于增强某一商品或要素的弹性，从而流动性越大所造成的效率损失也越大，这些文献进一步从应用性角度丰富补充了税收超额负担理论。

## 二、税收超额负担的定量研究

汪昊（2007）利用巴罗的税收平滑模型，分析了我国1995～2006年税收超额负担变化态势，宏观税率增长至2.09倍，而税收的超额负担上升至15.27倍，税收超额负担的增长速度远远快于宏观税负的增长速度，税收对经济的扭曲日益加大。据此，作者建议我国在未来应该选择税收平滑路径，使我国的宏观税负保持在现有的水平上而不再出现大幅上升，通过“存量”调整和优化来减少超额负担，增加经济效率，促进经济发展，带来更多的税收收入和增长，从而有更大的财力去进一步优化税制，形成我国税制优化的良性循环。

欧阳华生和刘明等（2010）通过构建可计算一般均衡模型（CGE）测算我国2007年的超额税收负担以及减税政策的福利收益。作者借鉴Musgrave（1959）提出的differential分析方法估算税收超额负担，并得出以下几个结论：一是我国税收超额负担总体处于较高水平，每征收1单位税收，产生0.4单位的超额负担。二是使用CGE模型，在储蓄弹性系数为0.4、劳动弹性系数为0.15时，测算了我国主要税种的超额负担情况。发现增值税造成的超额负担绝对规模最大，企业所得税的总超额负担最大，每单位企业所得税的平均超额负担也远高于其他税种。三是作者对营业税、增值税和企业所得税由于税率差别造成的税收超额负担进行测算，发现企业所得税由于税率差别产生的超额负担最高，相对规模达到0.167，所得税所导致的每单位税收超额负担要高于流转税。但总体而言，实施差别税率所造成的福利损失并不大。根据上面得出的三个结论，作者认为我国税收的超额负担主要由税率水平决定，采取直接降低企业所得税税率办法，所带来的平均社会福利收益较高，降低税收超额负担的效果明显要好于降低流转税税率效果。因此，从提高经济运行效率的角度出发，应当优先考虑降低企业所得税水平。在多种促进经济增长的政策中，减税是重要政策。欧阳华生和刘明等（2010）研究的创新点在于不仅测算了我国总体税收超额负担，也测算了我国主要税种的超额负担和同一税种下的差别税率的超额负担。同时得到了差别税率对福利损失的影响较小，而同一税种产生的超额负担主要是由税率水平决定的。这一结论为我国改革时设置税率水平提供了理论指导。

覃毅（2013）基于Cobb－Douglas效用函数的消费者行为最优化推导了希克斯需求曲线及其价格弹性，提出了具有可操作性的超额负担计算公式。在此基础上，测算了6.5万户城镇居民对食品、服装、家庭设备用品、交通通信等四类商品的补偿性需求价格弹性和所缴增值税的超额负担，并根据人口规模推算出全国城镇居民在消费这四类商品时由于征收增值税而产生的超额负担，2010年达到140多亿元，其变化明显超过了税收本身的增长速度。同时，根据“反弹性法则”，通过计算四类商品所在行业的实际所征税率并与需求弹性比照发现，实际操作中的商品课税结构在一定程度上避免了按统一税率可能产生的更大的超额负担，具有效率上的合理性。

欧阳华生和刘明等（2010）以及覃毅（2013）侧重对我国税收超额负担的测算，汪昊（2007）侧重对我国税收超额负担发展趋势的说明。这三篇有关税收超额负担的文章都认为我国应保持宏观税负水平不变，甚至降低税负水平的结论，这也为我国目前的减税降费改革提供了理论支持。

## 文献索引

[1] LEVHARI D, SHESHINSKI E. Lifetime excess burden of a tax [J]. Journal of Political Economy, 1972, 80 (1): 139 - 147.

[2] RAMSEY F P. A contribution to the theory of taxation [J]. The Economic Journal, 1927, 37 (145): 47 - 61.

[3] FELDSTEIN M. The effect of taxes on efficiency and growth [R]. National Bureau of Economic Research, 2006.

[4] CORLETT W J, HAGUE D C. Complementarity and the excess burden of taxation [J]. The Review of Economic Studies, 1953, 21 (1): 21 - 30.

[5] ZERBE R O. Efficiency in law and economics [R]. Edward Elgar Publishing, 2014.

[6] HARBERGER A C. The incidence of the corporation income tax [J]. Journal of Political economy, 1962, 70 (3): 215 - 240.

[7] MIRRLEES J A. An exploration in the theory of optimum income taxation [J]. The review of economic studies, 1971, 38 (2): 175 - 208.

[8] BAUMOL W J, BRADFORD D F. Optimal departures from marginal cost pricing [J]. The American Economic Review, 1970, 60 (3): 265 - 283.

[9] FELDSTEIN M. The effect of taxes on efficiency and growth [R]. National Bureau of Economic Research, 2006.

[10] SCULLY G W. Tax rates, tax revenues and economic growth [M]. National Center for Policy Analysis, 1991.

[11] SCULLY G W. The "growth tax" in the United States [J]. Public Choice, 1995, 85 (1 - 2): 71 - 80.

[12] KAHANA N, KLUNOVER D. Rent seeking and the excess burden of taxation [J]. European Journal of Political Economy, 2014, 35: 158 - 167.

[13] LEE J Y, WANG L F S. Foreign competition and optimal privatization with excess burden of taxation [J]. Journal of Economics, 2018, 125 (2): 189 - 204.

[14] LEAL M, GARCIA A, LEE S H. Excess burden of taxation and environmental policy mix with a consumer - friendly firm [J]. The Japanese Economic Review, 2019, 70 (4): 517 - 536.

[15] MAYSHAR J. On measures of excess burden and their application [J]. Journal of Public Economics, 1990, Vol. 43, 263 - 289.

[16] XU L, LEE S H, WANG L F S. Free trade agreements and privatization policy with an excess burden of taxation [J]. Japan and the World Economy, 2016, 37: 55 – 64.

[17] 覃毅. 我国现行增值税的超额负担——兼论税制结构效率 [J]. 经济学动态, 2013 (03): 36 – 41.

[18] 汪昊. 我国税收超额负担变化、原因与对策——基于税收平滑模型的分析 [J]. 财贸经济. 2007 (05): 61 – 67.

[19] 欧阳华生, 刘明, 余宇新. 我国税制税收超额负担定量研究: 基于 CGE 模型框架的分析 [J]. 财贸经济. 2010 (1): 63 – 67.

[20] 马拴友. 宏观税负、投资与经济增长: 中国最优税率的估计 [J]. 世界经济. 2001 (09): 41 – 46.

[21] 金戈. 经济增长中的最优税收与公共支出结构 [J]. 经济研究. 2010 (11): 36 – 47.

[22] 宋文新, 姚绍学. 拉弗曲线的拓展与最优宏观税负 [J]. 财政研究. 2003 (11): 15 – 18.

[23] 骆永民, 樊丽民. 宏观税负约束下的间接税比重与城乡收入差距 [J]. 经济研究. 2019 (11): 37 – 53.

[24] 许建国. 中国经济发展中的税收优化目标与改革思路 [J]. 管理世界, 1999 (06): 3 – 5.

[25] 陈波, 邢丽. 应深入研究我国税收超额负担问题 [J]. 财政研究, 1998 (12): 3 – 5.

[26] 胡彦炜. 关于税收超额负担问题的理论思考 [J]. 税务研究, 1998 (07): 3 – 5.

[27] 刘明. 中国公共资金边际成本 [M]. 中国税务出版社, 2016.

[28] 郝春虹. 税收超额负担分析 [J]. 税务与经济. 2001 (03): 8 – 11.

[29] 和淑萍. 西方经济学中的消费者剩余问题研究 [J]. 哈尔滨商业大学学报 (社会科学版). 2008 (02): 111 – 114.

[30] 陈波. 应深入研究我国税收超额负担问题 [J]. 财政研究. 1998 (01): 29 – 32.

[31] 江涌, 周瑾. 哈伯格三角形理论述评 [J]. 经济学动态, 2003 (07): 73 – 76.

[32] 张淑静. 我国税收成本现状及优化研究 [D]. 首都经济贸易大学, 2008.

[33] 王君菊. 五莲县国税收入与经济增长相关性研究 [D]. 中国海洋大学, 2011.

第三章

# 最优税收

最优税收理论作为税收学理论中最重要的理论之一，研究如何完善税制以达到最优，实现效率与公平的统一。一般而言，最优税收理论主要围绕三个问题展开研究：一是最优所得税理论，假定税收是以所得税为基础，确定所得税的最优累进或累退的程度以实现兼顾公平与效率目标；二是最优商品税理论，试图在效率与公平原则的基础上寻找出最优商品税制设计；三是最优混合税理论，研究直接税与间接税的合理搭配问题。第三章将主要梳理最优税制的经典文献，同时介绍关于该理论的国内外的前沿研究。

如何完善税制是经济学家关注的一个重点领域。经济学家围绕税收原则的探讨发展出一批优秀的成果，如 Edgeworth 以公平为主的税收规则、Ramsay 以效率为主的税收规则、Mirrlees 兼顾效率与公平的最优税收理论等。

本章从经典文献入手，全面介绍最优税收理论的发展脉络及主流研究话题。接着通过精选近十年内的多篇国外前沿文献并展开述评，期望向读者展示最优税收领域的国外前沿问题。最后基于国外前沿文献的热点话题，通过对国内前沿文献的述评补充了具有中国特色的最优税收理论研究。

## 第一节　经典文献

最优税收理论作为税收理论中最重要的理论之一，许多学者一直致力于研究如何修改最优税收的制度以达到最优，以实现效率与公平的统一。最优税收理论的产生与福利经济学的发展息息相关。在福利经济学中，“最优”表示为一种“帕累托最优”的状态，即市场配置效率最优。19 世纪末，新古典主义经济学家如 Marshall、Edgeworth、Pareto 等人均认为市场自身能够进行自我调节从而有效地实现资源配置。从福利经济学的角度出发，最优税收理论总体上研究的是如何设计税制才能使得征税造成的额外负担最小。

福利经济学认为在不存在市场失灵的情况下，市场自发调节机制能使供求均衡，商品的边际收入等于其边际成本。在这种条件下，市场供需量完全由价格决定，各种生产要素以及资源能够得到充分利用并达到有效配置，最终实现生产与交换的均衡。

不过市场失灵是普遍存在的，资源配置效率并不能达到最优，这就需要政府介入市场干预。从效率的角度看，政府课税并不符合最优原则，因为税收楔子（Tax Wedge）的存在，市场供需之间的均衡点偏移，对厂商愿意提供的生产数量与消费者所愿意支付的消费数量产生差异，侵蚀了剩余，进而影响了双方的行为，导致效率损失。此外，由于政府与纳税人之间信息不对称以及政府税收征管能力受限等原因，税收的最优原则是不可能实现的。只有极少数情况下税收才可能不会干预市场机制，如一次总量税（Lump－Sum Tax）。综上所述，在大多数情况下，税收的最优原则难以实现——即纯粹的最优原则在税收制度设计中难以得到保证。

20 世纪 70 年代初，西方经济学界再次对财政收入产生浓厚的兴趣，此时次优原则融合到税制设计中，加之 Mirrlees、Diamond、Feldstein、Stern 等著名学者认为税收还需要考虑公平问题。他们认为只有将资源配置效率与收入分配公平综合考虑，得出的税率水平才是最合适的税制。

此后的最优税收理论基于一定的假设前提展开讨论，假设包括：①完全竞争市场：厂商在竞争市场中生产，利润分配给消费者；没有外部性；作为价格接受者的消费者根据其效用函数，最大化效用进行行为选择。②税收工具能完全被使用：如果是商品税，所有的商品都能被课税；如果是所得税，那么所有收入均能被完全观测到。这些假设使得学者更容易在处理最优税收理论上进行探讨、简化并估计一次总量税的影响，从而能从标准福利经济学的角度考虑最优税。

从理论内容而言，郭庆旺、匡小平（2001）认为最优税收理论研究了三个问题：一是假定税收是以所得税为基础，那么如何确定所得税的最优累进或累退程度以实现兼顾公平与效率目标（即最优所得税理论）；二是在效率与公平原则的基础上寻找出最优商品税制设计（即最优商品税理论）；三是直接税与间接税的合理搭配问题（即最优混合税理论）。

## 一、最优所得税理论

最优所得税理论最早可以追溯到1897年，英国经济学家Edgeworth在研究社会福利最大化时，以税收收入为约束条件，并根据收入的边际效用递减规律，每个居民最后一单位收入的边际效用相等才能求出最优解，此时需要居民的可支配收入相等才能得到福利最大化。因而Edgeworth建议通过累进所得税对富人征收，最高税率可以达到100%，这样达到了公平，满足了最大化社会福利，这样的累进所得税制才是最优税收。Edgeworth的最优税收模型认为收入的均等化便是满足社会福利最大化的最优税收，这也标志着最优所得税理论的诞生。

此后学者进行了多番研究与探讨，Vickrey（1968）对最优所得税问题进行了探讨，认为Edgeworth的模型存在缺陷，其认为如采用Edgeworth提出的税收制度会对那些努力工作的劳动者产生消极影响，而向高收入者征收高额累进税会产生效率损失。为解决这一问题，其通过数学模型分析了税收对劳动者努力的反激励效应，采用功利主义的社会福利模型，运用广为流行的欧拉定理试图解决这些问题，但是由于问题过于繁杂，并没有得出最优解。尽管如此，在某种意义上说，Vickrey的研究思路是现代化最优税收的出发点。

20世纪70年代是最优税收理论得以发展的高峰期，Mirrlees、Diamond、Stern等经济学家在Ramsay的基础上进行了深入的探讨与扩展，形成了许多优秀的文献。

Mirrlees成功地给出了最优所得税解，其提出的最优所得税模型较为完整且具有现实意义。Mirrlees研究的最优所得税问题是非线性的，也是最优所得税理论中的主要部分。Mirrlees（1971，1985）中包含了最优所得税理论的最主要成果，他在Vickrey的最优所得税模型基础上，基于委托—代理理论，在信息不对称条件下研究最优政策理论。通过一定的设置，将税收原则引入模型，兼顾公平与效率，运用数理和计量工具，根据复杂的数学原理与求解方法。在完成假设的基础上求解并得出结论，边际税率应在0～1之间，对于低收入人群边际税率可以适当降低，对于中等收入人群边际税率可以适当提高，对于最高收入的人群边际税率为0。此外，其认为最优税率是近似线性的，且支持所得税为负数的提案，也就是说对于低收入家庭可以得到政府补贴。此后，他的学生在Mirrlees模型的基础上针对边际税率不断下降的问题做了进一步探究，得出了“倒U形”的边际税率曲线，即最优的边际税率必须在0与1之间，且最高收入者与最低收入者边际税率均为0，这些都被归入到Mirrlees模型中。Mirrlees的最优所得税理论综合考虑了效率、公平以及政府收入等因素，所求出的解在求解过程中运用了巧妙的假设、复杂的模型、高深的数理等得出结果，其结论不仅对税收理论有重要的贡献，而且对于信息经济学的发展也做出了重要的贡献。

Stern（1976）根据劳动供给函数、税收收入等提出了最优线性所得税模型，他认为劳动者关于闲暇时间的分配、收入公平问题的关注程度以及当地政府对财政收入水平的注重程度都会影响最优所得税税率，并以这些为约束条件。其采用Bergson－Samuelson福利函数最大化为目标函数，补充了两个假设条件：静态经济模型；不考虑资本以及个人在闲暇与劳动之间的分配，个人效用函数以常替代弹性CES形式表示。经过复杂的数理推导，得出所得税税率的最优解。研究发现线性所得税最优边际税率随着闲暇与消费之间的替代弹性的减小而增加，随着政府收入的需求以及对公平的关注程度而增加。也就是说当闲暇与消费之间的替代弹性趋于0时，最优所得税税率将接近100%。个人对收入分配公平的关注度增加，最优所得税税率应随之增加。Stern对最优所得税制的设计具有一定的指导意义。

这些最优所得税理论研究大都认为高的所得税累进税率会降低效率而且并不能降低收入不公现象，因而可以采用较低累进所得税实现收入再分配目标。但是对具体税率数值并没有得到统一的结论，这一方面与目标函数形式相关；另一方面还与劳动的供给弹性密不可分。对于劳动供给弹性的数值又存在很大的分歧，导致有些学者主张采用较高累进程度的税率结构，有些学者主张较为平缓的累进税率结构。

## 二、最优商品税理论

最优商品税理论产生于20世纪20年代，是英国经济学家Ramsey最早提出的理论。在此之前，有关最优商品税问题的探讨在于假设政府只能使用唯一的税收工具即商品税作为收入来源，那么如何进行设计才能使得纳税人税负最小？传统的观点认为对所有商品统一征收单一税率是最优的，因为差别税率会扭曲价格，单一税率并不影响相对价格。直到Ramsay（1927）重新考虑了Edgeworth模型，从效率的角度对最优商品税进行了初步的理论探讨，通过严格的数学证明得出了一个富有创意的答案：最优商品税应为差别税率，每种商品税率的大小应与该商品的供需价格弹性成反比。其公式如下：

$$\frac{t_1}{1/\varepsilon_1 + 1/\rho_1} = \cdots = \frac{t_n}{1/\varepsilon_n + 1/\rho_n}$$

其中，$t_n$ 表示第 $n$ 种商品的税率，$\varepsilon_n$ 表示第 $n$ 种商品的需求价格弹性，$\rho_n$ 表示第 $n$ 种商品的供给价格弹性。该公式的基本含义是政府应该对市场上价格弹性低的商品征收较高的从价税，而对价格弹性高的商品征收较低的商品税，从而使得商品税所造成的扭曲最小化。这一公式被称为 Ramsay 法则，也就是说在现实生活中，应该对生活必需品征收较高税收，而对奢侈品等价格弹性大的少征税或者不征税。这样征税后，消费者对于每一种商品的消费量将等比减少。因此，从某种意义上来说，Ramsay 法则是忽视公平而注重效率原则的。

经过 30 多年后，许多经济学家认识到 Ramsay 法则的重要性，对其展开了一系列的探讨，最优商品税理论也主要是针对 Ramsay 法则进行拓展，比较重要的文献包括 Mirrlees 和 Diamond 合作于 1971 年发表的《最优税收和公共生产 Ⅰ：生产的有效性》和《最优税收和公共生产 Ⅱ：税收规则》，提出了 Diamond – Mirrlees 公式。还有 Baumol 和 Bradford 合作研究得出逆弹性法则，Corlett 和 Hague 将闲暇作为商品考虑得出了 Corlett – Hague 法则等等。这些讨论在深度与广度上突破了 Ramsay 模型的限制，使最优商品税理论形成了体系。

首先，Corlett 和 Hague（1953）研究了政府应该如何对商品征税以获得收入。在 Ramsay 基础上，考虑商品之间的相关性，补充假设只有一个消费者，且消费者没有储蓄，没有跨期决策。研究得出政府应该对与闲暇呈现出互补关系的商品课以重税，而对与闲暇呈现出替代关系的商品课以轻税。如可以对游艇等与闲暇存在互补关系的商品征收较高的从价税，而对工作服等与闲暇存在替代关系的商品征收较低的从价税，这样能最小化征税所造成的超额税负。

其次，Baumol 和 Bradford（1970）发表的《边际成本定价的最优偏离》中，对 Ramsay 法则在极端条件下进行了延伸。将 Ramsay 模型的一般均衡分析变成了局部均衡分析，这就排除了商品之间需求与价格的相互影响，将商品自身的需求弹性与税率联系起来，得出结论：对各种商品征税的税率应与该商品的需求价格弹性成反比，对需求价格弹性高的商品征收较低税，对于需求价格弹性低的商品征收较高税。一般而言，需求价格弹性大的商品都是些奢侈品，而弹性小的都是生活必需品，这也是历史上政府对如烟酒等需求弹性低的物品课以重税所做出的理论解释。然而鲍莫尔与布莱德福特的这一模型考虑的是一人经济，因而只考虑了效率而没有考虑公平原则。

之后，Mirrlees 和 Diamond 在进行税收理论研究中发现了 Ramsay 法则的缺点，并提出了现代化的商品税收理论，这一理论体现了公平与效率的双重目标，此后的最优商品税理论都是在他们模型的基础上发展的。1971 年，他们在 AER 上合作发表了两篇论文，将公平原则引入 Ramsay 法则，修改了假设条件，假设每个家庭的效应函数是不同的，采用折中的福利函数作为目标函数，从而能够体现税收公平原则。得出结论：在进行税制设计时，应对贫困家庭消费的商品征收较轻的税收，集中税收收入于奢侈品上，这也有利于提高资源分配效率。他们认为若政府征税能力不受限制，那么能够对所有企业征收 100% 的纯利润税，则只征收拉氏商品税就能够保证生产效率，不再征收其他扭曲经济的税收如所得税、中间商品税、关税、投入品税等；如果政府征税能力有限而无法做到征收100%纯利润税的话，最好的税制结构应是直接对最终消费者征税，这能保证经济仍处于生产可能性曲线上。

在此之后，最优商品税理论的研究都在Mirrlees和Diamond模型的基础上进行发展。Stern（1987）指出税制的设计需要兼顾效率与公平，于是提出了考虑分配的Ramsay法则，认为对于高收入人群偏好的商品无论其价格弹性的高低都应该征收高税，而对于低收入阶层人群偏好的商品无论其价格弹性低与否都应征收较低税率，尽管这样也会带来效率的损失，但这是基于公平原则对Ramsay法则的一个修正设计方法。公平与效率原则既是矛盾的又是统一的，在进行最优税收设计时应同时考虑这两方面。最优商品税的一个明显特点是把公平与效率两个目标都纳入目标函数即社会福利函数中，以此设计出最优的兼顾公平与效率的商品税制结构。

## 三、最优混合税理论

最早，Hicks（1939）基于序数福利经济学的方法，论证了直接税和间接税在税收中性方面的优缺点。试图说明所得税与商品税如何设计才能使消费者福利损失最小化，最后得出直接税课税优于间接税的结论。之后Morag（1959）指出了希克斯结论的局限性，当政府征税不再以一定数额为主要任务，而是根据调节收入分配而变动，那么这种情况下，间接税优于直接税。然而这两种理论都属于局部均衡分析，只考虑了税收对价格以及消费的影响，而忽视了生产成本的变化。

Atkinson和Stiglitz（1976）对最优混合税理论进行了探讨，在效率与公平不同的侧重点下商品税与所得税的搭配设计组合进行了讨论，研究发现：如果注重公平原则，则增加来自高收入阶层人群消费的商品税率；如果考虑效率，将所得税引入进行税制设计，由于所得税对收入分配的影响是直接且易察觉的，而商品税的影响是间接且不易察觉，此时最优税收结构应该是这两者的混合组合。政府设计所得税时如果仅设置单一税率，加之起征额，税率按照功利主义的社会福利函数进行优化；同时不同收入人群的差异仅来自于个人能力的不同，商品之间相互独立，即需求仅与商品本身价格相关，需求价格弹性是固定不变的常数，在这些条件得以满足下，单一税率的所得税既能满足效率原则又能满足公平的再分配原则，此时单一的商品税税率是最优的，不应该再征收有差别税率的商品税。当这些条件不完全具备下，单一商品税税率不再是最优，而有差别的商品税税率才是最合适的，税率结构不仅取决于需求价格弹性，而且还与该商品是否为低收入人群或是高收入人群所大量消费相关。

Alm（1996）认为在设计税收制度时，不能忽视纳税人的遵从成本、征税人的征管成本以及其他的一些制度因素。他的研究认为最优商品税应是对不同的商品征收有差别的统一比例税率；最优所得税应统一征收税率，扩大税基，规范可扣除标准；最优混合税则是采用比较低的边际税率，同时征收商品税与所得税，两者配合使用互相弥补各自缺陷。Alm 把最优税收视角拓宽，考虑了政府局限性以及税收政策执行过程中的问题等，将最优税收分析拉回到现实。但不足的是其考虑因素中的制度因素只是简单涉及并未深入探讨。

## 四、最优税收理论的经典实证分析

Ahmad 与 Stern（1981）基于商品与闲暇的弱分离性的假设条件，使用印度税收数据，将税率、需求函数以及价格弹性建立矩阵进行计算，研究税制改革以及间接税与其他税之间关系。之后越来越多的学者运用印度数据进行实证分析，Ray（1986a）采用印度城镇家庭预算数据，运用线性支出系统模型（Linear Expenditure System）以及受限的非线性偏好（Restricted Non – Linear Preferences System）对两种需求函数进行实证分析，研究发现这两种需求函数在有关最优税率与不平等分配之间的关系得出了不同的结果。Ray（1986b）在上述文章的基础上，用非线性恩格尔曲线估计了印度商品税的再分配效应，发现单个商品税税种对收入分配效应的作用有限，需要与其他税种工具如直接税、一次性转移支付等配合使用才能改变贫困人群的购买力，提高收入再分配的效果。同样，Murty 和 Ray（1987）运用印度国家数据，发现最优商品税并不是单一的税率，应该将奢侈品与一般必需品区分对待；同时还发现工资率的变化会影响最优税率，工资率下降会普遍降低最优税率绝对值。Srinivasan（1989）对印度的商品税作了考察，对多人经济中的最优商品税做了一系列的估计；研究证实了最优商品税与该商品自身的价格弹性负相关，与其在个人预算中的占比相关，如果目标函数是最小化穷人税负，那么除了鱼肉鸡蛋与糖之外的产品都应进行补贴。

Deaton（1977）提出了依赖加总变量数值结果，因而得出的结果适用于单一家庭经济和多个家庭之间的经济形式，并通过英国 1972 年数据进行实证分析得出在既定税收收入的约束条件下，如果对住房以及私人机动车征收高税率，公平原则可以通过提供食物补贴加以体现与改善。Dodgson（1980）选取英国数据，同样使用线性支出系统模型 LES 以及补偿方差测算在不同收入阶层人群中税收成本以评价英国间接税设置的效率与公平性效果，研究发现消费者剩余损失测算方法的不同会对研究结论产生显著不同的结果。在实际应用中最优税收设计兼顾公平与效率原则后，最优税收还与消费者效应函数、支出函数等其他因素相关。Sah（1983）同样用 LES 支出模型以及英国数据检验间接税的收入分配效果，发现间接税的分配效果很低，也就是说英国间接税制公平原则在实际应用上效果较差。Ebrahimi 和 Heady（1988）运用英国 1981 年的家庭支出调查数据，将可以观察到的人口特点纳入了标准分析，研究发现单一税率并不是最优，最优税率与家庭效用函数相关。

# 第二节 国外前沿文献

2009年由Mankiw等合作的《Optimal Taxation in Theory and Practice》发表于《Journal of Economic Perspectives》，这篇具有一定综述性质的文章是基于过去近几十年的关于最优税收理论发展及实际税收政策的差别，探讨了税收理论与税收政策之间的联系和不同。他们在肯定了Ramsey（1927）和Mirrlees（1971）的基础工作上，总结了近几十年来最优税收理论提出的八条经验：第一，最优边际税率表取决于能力的分布；第二，最佳边际税率表可能对高收入群体下降；第三，具有一次总付的扁平化税率可能接近最优；第四，最优再分配的范围随着工资不平等而增加；第五，税收应取决于个体特征及其收入；第六，只应向最终商品征税，通常应统一征税；第七，至少在考虑预期的范围内，资本收益应免税；第八，在随机动态经济中，最佳税收政策要求提高复杂性。

这篇文章特点在于并没有局限于经典文献中按类型分类讨论不同的最优税收，而是结合近几十年最优税收理论的发展动态，纵向对比了理论研究者提出的假设理论与经验研究者根据实际税收政策得出的实证结论的不同。当然，文章在介绍各分支经验时采用的实例基本是OECD国家的经验，其税制和劳动力供给水平和中国都存在不同程度的差别。

结合本篇文章和其他国外前沿文献，可将关于最优税收的研究前沿主题大致分为以下几类。

## 一、关于高收入者边际税率的讨论

Mirrlees（1971）模型的结论之一是0最高边际税率具有最优性，该结论认为正的边际税率对个人的努力产生不利影响，即可能产生效率成本。如果对超过一定数额的任何收入的收入者的边际税率降低为0，则并避免了效率成本，会促进高收入者的积极性。但是，这个结果被称为“醒目的和有争议”的结论（Tuomala，1990）。

Saez（2001）认为为了解决高收入最优税率问题，无边界分配比有边界分配更受关注。若没有最高收入者，最高边际利率为零的直觉就不再适用，接近收入分配最高点的边际率就可能是正数，甚至很大。Saez（2001）在Diamond（1998）的工作的基础上，进行了数值模拟，并得出结论：中等收入和高收入者之间的边际税率应提高，而且在高收入人群中不应低于50%，甚至可能高达80%。这和Tuomala（1990）之间的主要区别似乎在于关于能力分布形状的基本假设。具体来说，Tuomala假设对数正态分布，而Diamond和Saez则认为帕雷托分布可以更好地描述右尾，且比起高对数正态分布其右尾更粗。

估计能力分布是具有一定的挑战性。例如，当 Saez（2001）从观察到的收入分配中得出能力分布时，这需要对最优税收文献领域之外的许多主题做出假设。即使能力分布的形状已知，其他不确定性仍然存在。例如使用哪种社会福利函数更为恰当，或者不平等问题应引起多少关注，这些都是无法用数据回答的定性研究问题。

此外，个人效用函数的特征可能会影响最佳所得税率的模式。Dahan 和 Strawczynski（2000）研究了边际税率对收入效应的重要性。他们认为，凹效用降低了高收入时的最优税率，即使对于帕累托工资分配，边际税率可能也在下降。Judd 和 Su（2006），Kaplow（2008c）和 Weinzierl（2009）等人研究了人际间异质性基于能力以外的维度的影响，例如对消费和休闲的偏好。他们发现加入异质性的其他维度往往会降低重新分配的最佳范围。最后，相关的弹性对于最优边际税率也至关重要。虽然最优税收模拟通常假设统一的弹性，Feldstein（1995）估计了高收入者应税收入在税率方面具有较大的弹性；相对应地，Gruber 和 Saez（2002）估计出了较小的弹性，但他们的估计也都支持弹性随着收入增加而增加的假说。

## 二、最优税收应考虑个体差异化特征

Mirrlees（1971）指出，税制设计的核心困难是税务机关缺乏掌握有关个人能力的信息。他认为税务机关会将收入作为能力的唯一指标，但他认识到可以使用更多指标来判断纳税人的背景和纳税能力。例如其智商、学历、住址、年龄或肤色。

Akerlof（1978）表明，这些其他指标在理论上和经验上都是潜在重要的。他使用“标签”一词来描述取决于个人特征，并证明使用标签可能会改善基于收入的税制。他还建议标签在美国现行政策中扮演重要角色，并列举了针对老年人、残疾人、儿童和其他群体的公共支出计划。当然，既然是标签，就存在作弊的动机，决策者必须使这种作弊的成本非常高。

与此同时，加标签具有管理成本，尽管起初可能很小，但随着使用许多标签的系统变得更加复杂，其管理成本可能会迅速增加。

Alesina 等（2011）考虑了取决于性别的税收，而 Mankiw 和 Weinzierl（2010）则考虑了与身高有关的税收。在前者中，标签的价值主要来自性别之间的劳动力供应弹性差异。在后者中，它来自身高之间的能力水平差异（以工资为代表）。尽管 Akerlof（1978）着重于使用标签来减轻贫困，但这些最新研究强调了标签在研究最优税收问题中的作用更为广泛。标签不仅可以识别贫困者，它们还向决策者提供有关劳动力供应弹性或未观察到的能力分布的其他信息。

## 三、在随机动态经济中考虑最优税收

在考虑静态最优税收问题时，研究者主要考虑纳税人能力分布的形状。在动态环境中，个人的能力会随着时间而变化。这意味着一个人在任何时候的能力只是该人在整个生命周期中的一部分。如果要在动态环境中有效地重新估计税收政策，则税收政策必须具有前瞻性。

税收应对动态环境挑战的最有力方法是使个人在任何给定年份的税收成为该人收入历史的函数。历史依赖使税制可以做两件事：首先，它可以将一个人不断发展的收入路径与该人在生命周期中的位置结合起来，作为一个人在能力分布中的位置的信号。其次，它可以设计复杂的税收，包括收入来源之间的相互依存关系。为了充分利用历史信息，动态环境中的最佳税收方法将依赖对劳动收入和资本收入的协调。

最优资本税在劳动收入变化中具有递归性，但不一定是正数。Kocherlakota 和 Narayana（2005）指出，在完全意识到个人真实能力之前，个人的预期资本税应为零。该动态最优税收的结果与资本税不应获取过多税收收入相一致。考虑到劳动力水平，则劳动收入低的家庭面临正的资本税，劳动收入高的家庭得到其资本收入的补贴。

Vickrey（1939）曾提出的使用整个生命周期中的平均收入作为征税基础的提议，而 Golosov 和 Tsyvinski（2006）认为应该对伤残保险等（含其他社会保险计划）进行资产评估进而考虑征税。其认为资产评估可防止个人在最佳状态下不主张这些利益，因为他们实际上就是为了自身持久的消费能力，而从早年起便重视储蓄。

# 第三节 国内前沿文献

国内学者关于最优税收研究大致分为早期和中后期两个阶段。早期的研究模式可概括为引入西方最优税收理论后，关于能否应用于中国税制下的讨论。中后期的研究模式又大致分为以下三类：第一，结合马克思政治经济学的最优税收理论；第二，运用一般均衡分析最优税收；第三，讨论最优税收与经济增长之间的关系。

## 一、逐步引入最优税收理论

平新乔（2000）和闫威（2002）是比较早地系统地梳理了最优税收理论的发展过程。以闫威（2002）为例，该文章首先指出税收应遵循公平原则和效率原则，然后介绍了从公平原则出发的埃奇沃斯规则和从效率原则出发的拉姆齐规则，接着介绍了兼顾效率与公平的米尔利斯最优税收理论。闫威（2002）是一篇综述类的文章，介绍了最优税收领域的主要发展阶段和主流经济理论的代表人物。由于该文章发表较早，除了介绍了模型的数理公式外，还缺少一定的实证类经验分析。同样，平新乔（2000）分上、下两篇文章定性地介绍了国外最优税收理论，上篇介绍了从效率角度出发的 Ramsey 规则，下篇指出 Ramsey 规则的不足，进而对 Mirrlees 和 Diamond 兼顾公平与效率的改进理论进行介绍。平新乔（2000）围绕效率、公平与信息讨论了西方关于最优税收的两条原则。通过研究 Diamond 和 Mirrlees（1971）的文章，讨论第一原则："税收原则"，当对行为的观察是不完美时，一般来说就需要对交易进行征税。指出其讨论的内容把 Ramsey Rule 从"一个家庭"的情形推广到不同的家庭共存于一种经济中的情形。通过研究 Ramsey Rule 讨论第二原则："非税原则"（The No - Tax Principle），即当人们对一组商品中不同商品之间的偏好是独立于私人变量时，则关于该组商品的相对价格就不应该被税收扭曲。

卿定文和朱锡平（2006）在引入西方最优税收理论时，补充介绍了兰姆斯规则和"逆弹性原则"。兰姆斯在严格的假定条件下推导出了一个模型，认为政府为了保证开支对商品和劳务征税后，消费者对每一种产品的实际消费应等比例减少，然后以税收的形式将这一减下来的资源上缴给政府，可以最大限度地降低税收对经济效率所产生的破坏程度。鲍莫尔和布莱德福德则提出逆弹性规则，认为在最优商品税体系中，对各种商品征税应与应税商品的需求弹性成反比，即所谓的"逆弹性原则"。

## 二、最优税收理论在中国应用的建议和思考

吴俊培和张青（2003）从市场经济税制评价的一般标准出发，考察了最优商品税和最优所得税的微观理论模型及在中国应用的可能；并分析了在理性预期条件下，税收宏观负担的合理界限，以及评价了当时中国税收的总体负担对资源配置和经济运行产生的影响。该篇文章在介绍西方经典最优税收理论的基础之上，结合当时中国国情提出了一定的政策建议。从最优商品税的角度建议：第一，降低增值税税率；第二，对出口商品实行零税率；第三，对关税税率进行结构调整；第四，取消农业税；第五，开征燃油税。从最优个人所得税的角度：第一，边际税率过高不可取；第二，采用建立个人所得税与社会保障收支的关联制度；第三，边际税率的高低要考虑劳动力供给弹性的影响。从企业所得税的角度：建议应以国家产业政策和竞争战略为主线，废除根据所有制不同而实行的差别负担政策，通过规范税前扣除、提高折旧率、放宽 R&D 的列支标准和取消计税工资等措施，鼓励资本流向西部地区、环保和高新技术等产业。

黄剑雄（2004）结合我国的基本国情，从所得税的功能及其税率设计、税收政策目标、假设条件、政策改革等方面分析了最优税收理论对我国税制设计的启示：第一，建议

重新认识所得税的公平功能 ，并且重新探讨累进性所得税制的合理性；第二，建议税制改革应综合考虑效率与公平两大目标；第三，在借鉴最优税收理论进行税制设计时，在公平和效率的选择方面要与西方国家有所差别。从模型设定上，即用于度量公平和效率的社会福利函数在选择形式上的区别。

杨斌（2005）根据原著对西方最优税收理论以及最新进展进行系统评论、分析。指出西方最优税收理论的结论均存在严格假定条件，它们是在严格假定条件下的推论，离开了假定的条件，结论就不成立。其进一步指出最优税收理论的所有结论或定理不能直接作为一个国家进行具体税制改革实践的指导思想。

## 三、结合马克思政治经济学的最优税收理论

一些国内学者也将最优税收理论与马克思政治经济学相结合，并做出一定的理论性贡献。刘玉龙（2002）在对西方最优税收理论进行评析的基础上，利用马克思的剩余价值理论和再生产理论来研究我国的最优税收理论：第一，以马克思的剩余价值理论为依据，指出政府的社会管理活动是一种非生产性的活动，从而政府本身的活动只能是对剩余价值的消耗，而其不会创造任何价值和使用价值。第二，将马克思的实现再生产的平衡条件具体化，把资本的有机构成、社会的平均税前利润率、经济的增长速度和两大部类之间的比例关系引入到模型中，研究了单一产品时、两种产品时的税率确定问题。得出税率的确定受到资本的有机构成、社会的平均税前利润率、经济的增长速度和两大部类之间的比例关系的影响。第三，分别研究了单一产品时、两种产品时的统一税率的确定以及两种产品时的差别税率，其认为税率的确定照样要受到资本的有机构成、社会的平均税前利润率、经济的增长速度和两大部类之间的比例关系的影响。

刘玉龙（2017）借鉴西方最优税收理论的研究逻辑和研究方法，将最优化方法应用于马克思的扩大再生产平衡公式，以构建劳动价值论视角下的最优税收理论分析框架。该文章先从理论上分析了劳动价值论视角下的效率标准，并提出可以将引入税收因素的社会再生产平衡公式作为目标函数，讨论在实现了公平目标的前提下，应当如何设置税率才能保证扩大再生产顺利进行所需要的均衡条件。在此基础上，该文章又推导了引入税收因素后的社会再生产平衡公式。

## 四、运用一般均衡分析最优税收

白重恩和马琳（2015）研究了在一个有政府激励和政府干预的两部门一般均衡模型中，通过分析政府与市场之间的动态博弈过程，分析了政府干预经济的动机和税收政策对产业结构的作用。从理论上解释了我国工业产值占比高而服务业产值占比低的不平等增长

现象。该研究通过设置模型和推导并求解模型，结论解释了我国工业产值占比一直较高而服务业产值占比较低的现象，指出了政府干预与该现象之间的内在联系，并据此给出三条政策建议：第一，应弱化政府追求 GDP 的激励，使政府更多地关注整体社会福利；第二，不断改善我国经济的投入产出结构，估计促进发展生产性服务业；第三，调整各产业间的税负和补贴力度，使其变得更加合理平衡。总体来说，文章在 Ramsey 问题下设定模型并求解，这种将最优税收与求解一般均衡的问题相结合在国内文献中还比较稀缺。

金成晓和张东敏（2016）在一个两部门经济中，采用参数化和数值模拟的方法，探讨了在不同目标设定下，公共支出结构对最优税收选择及其经济效应的影响。文章指出在经济增长率最大化条件下，最优资本所得税与最优劳动所得税均等于公共支出占正规部门产出大小。值得留意的是，文中在参数取值方面，尽可能使用了中国实际数据和经典文献中对中国经济相关参数的测算值。选取有效的参数值对文章结论的稳健性很有帮助。

汪浩（2009）通过一般均衡模型讨论最优流转税的特点及其带来的“超额负担”。流转税作为我国最重要的税种，文章的结论对于综合研究我国税收体系的发展方向有一定参考价值。

## 五、最优税收与经济增长

金戈（2013）将最优税收与经济增长的理论研究的三条研究主线做了一份研究综述：第一条主线，以 Chamley 模型为核心，在公共支出外生的情形中研究最优线性税收与经济增长；第二条主线，以 Barro 模型为代表，在公共支出内生的经济增长模型中考察最优公共支出与最优线性税收；第三条主线，以 GKT 模型为核心，重点研究动态最优非线性税收问题。文章沿着上述三条理论研究主线，对最优税收与经济增长领域的浩瀚文献进行系统梳理与评述，并在此基础上对未来的可能研究方向进行展望。这篇文章是中文文献中对本领域研究的一份综述性文章，很具体地介绍了该领域文献的发展分支。

邹恒甫和龚六堂（2005）使用了在财政分权框架下研究政府最优税收的动态模型。文章分析了中央政府税收，中央政府对地方政府的转移支付和地方政府税收的最优选择。文章中模型采用的均衡分析框架，可以推广到完全动态的框架，此时地方政府的最优行为受到的约束是消费者的动态约束方程和地方政府的预算约束，中央政府的最优行为是在消费者和地方政府的动态最优条件和中央政府的预算约束下得到的。当然文章最末也指出，本文没有考虑休闲，即如果把休闲引入消费者的效用函数和将劳动引入私人的生产函数，就可以区分资本收入税和劳动收入税，这样模型的框架更具有一般性，结论会更丰富。

王麒麟（2011）将消费性公共支出内生到家庭的效用函数中，在一个 DGE 框架下求解竞争性均衡问题，以此来考察生产性公共支出和税收对经济增长的影响。结论表明，生产性支出具有正的产出效应；生产性支出对家庭私人消费、公共消费的影响取决于政府设定的平滑税率。这篇文章只将消费性公共支出作内生处理，生产性公共支出仍保留外生性，进而从政府生产性公共支出的角度来解读政府财政政策对经济增长的影响，同时也考虑税收的作用。文章着重强调了两点：第一，家庭同时选择私人消费与消费性公共支出序列，经济处于均衡时即可求得最优的消费性公共支出，这样做的好处是给政府一个参照，由市场决定的消费性公共支出比政府来定的支出更加科学。第二，内生消费性公共支出以后，财政支出结构与生产性公共支出相关联，二者存在一个“倒 U 形”曲线的关系，这为政府制定财政政策提供了一个新的视角。文章在计量建模上引入生产性公共支出与税收的交互项，目的在于分析是否存在一个最优税收，使得它在生产性公共支出对经济增长的传导机制中发挥作用 。

## 文献索引


[1] PIGOU A C. The effect of reparations on the ratio of international interchange [J]. The Economic Journal, 1932, 42 (168): 532 - 543.

[2] VICKREY W, SHARP C H. Congestion charges and welfare [J]. Journal of Transport Economics and Policy, 1968: 107 - 125.

[3] MIRRLEES J A. An exploration in the theory of optimum income taxation [J]. The review of economic studies, 1971, 38 (2): 175 - 208.

[4] STERN N H. On the specification of models of optimum income taxation [J]. Journal of Public economics, 1976, 6 (1 - 2): 123 - 162.

[5] ATKINSON A B, STERN N H. Pigou, taxation and public goods [J]. The Review of economic studies, 1974, 41 (1): 119 - 128.

[6] RAMSEY F P. A contribution to the theory of taxation [J]. The Economic Journal, 1927, 37 (145): 47 - 61.

[7] CORLETT W J, HAGUE D C. Complementarity and the excess burden of taxation [J]. The Review of Economic Studies, 1953, 21 (1): 21 - 30.

[8] BAUMOL W J, BRADFORD D F. Optimal departures from marginal cost pricing [J]. The American Economic Review, 1970, 60 (3): 265 - 283.

[9] HICKS J R. The foundations of welfare economics [J]. The Economic Journal, 1939, 49 (196): 696 - 712.

[10] MORAG A. Is the "economic efficiency" of taxation important? [J]. The Economic Journal, 1959, 69 (273): 87 - 94.

[11] ATKINSON A B, STIGLITZ J E. The design of tax structure: Direct versus indirect taxation [J]. Journal of public Economics, 1976, 6 (1 - 2): 55 - 75.

[12] ALM J. What is an "optimal" tax system? [J]. National tax journal, 1996: 117 - 133.

[13] COLEMAN II W J. Welfare and optimum dynamic taxation of consumption and income [J]. Journal of

Public Economics, 2000, 76 (1): 1-39.

[14] SØRENSEN P B. The theory of optimal taxation: What is the policy relevance? [J]. International Tax and Public Finance, 2007, 14 (4): 383-406.

[15] DEATON A. Equity, efficiency, and the structure of indirect taxation [J]. Journal of Public Economics, 1977, 8 (3): 299-312.

[16] RAY R. Sensitivity of "optimal" commodity tax rates to alternative demand functional forms: An econometric case study of India [J]. Journal of Public Economics, 1986, 31 (2): 253-268.

[17] MURTY M N, RAY R. Sensitivity of optimal commodity taxes to relaxing leisure/goods separability and to the wage rate [J]. Economics Letters, 1987, 24 (3): 273-277.

[18] EBRAHIMI A, HEADY C. Tax design and household composition [J]. The Economic Journal, 1988, 98 (390): 83-96.

[19] SRINIVASAN P V. Redistributive impact of "optimal" commodity taxes: Evidence from Indian data [J]. Economics Letters, 1989, 30 (4): 385-388.

[20] AHMAD E, STERN N. On the evaluation of indirect tax systems: An application to India [R]. 1981.

[21] DODGSON J S. Social welfare functions, income distribution and welfare weights in the United Kingdom [J]. The Manchester School, 1980, 48 (1): 1-16.

[22] SAH R K. How much redistribution is possible through commodity taxes? [J]. Journal of Public Economics, 1983, 20 (1): 89-101.

[23] DAHAN M, STRAWCZYNSKI M. Optimal income taxation: An example with a U-shaped pattern of optimal marginal tax rates: Comment [J]. American Economic Review, 2000, 90 (3): 681-686.

[24] SAEZ E. Using elasticities to derive optimal income tax rates [J]. The review of economic studies, 2001, 68 (1): 205-229.

[25] MANKIW N G, WEINZIERL M, YAGAN D. Optimal taxation in theory and practice [J]. Journal of Economic Perspectives, 2009, 23 (4): 147-174.

[26] MANKIW N G, WEINZIERL M. The optimal taxation of height: A case study of utilitarian income redistribution [J]. American Economic Journal: Economic Policy, 2010, 2 (1): 155-176.

[27] TUOMALA M. Optimal income tax and redistribution [J]. OUP Catalogue, 1990.

[28] DAHAN M, STRAWCZYNSKI M. Optimal income taxation: An example with a U-shaped pattern of optimal marginal tax rates: Comment [J]. American Economic Review, 2000, 90 (3): 681-686.

[29] JUDD K, SU C L. Optimal income taxation with multidimensional taxpayer types [J]. 2006.

[30] KAPLOW L. Optimal policy with heterogeneous preferences [J]. The BE Journal of Economic Analysis & Policy, 2008, 8 (1).

[31] LOCKWOOD B B, WEINZIERL M C. De gustibus non est taxandum: theory and evidence on preference heterogeneity and redistribution [M]. National Bureau of Economic Research, 2012.

[32] FELDSTEIN M. The effect of marginal tax rates on taxable income: A panel study of the 1986 Tax Reform Act [J]. Journal of Political Economy, 1995, 103 (3): 551-572.

[33] GRUBER J, SAEZ E. The elasticity of taxable income: Evidence and implications [J]. Journal of public Economics, 2002, 84 (1): 1 - 32.

[34] AKERLOF G A. The economics of "tagging" as applied to the optimal income tax, welfare programs, and manpower planning [J]. The American economic review, 1978, 68 (1): 8 - 19.

[35] ALESINA A, ICHINO A, KARABARBOUNIS L. Gender - based taxation and the division of family chores [J]. American Economic Journal: Economic Policy, 2011, 3 (2): 1 - 40.

[36] KOCHERLAKOTA N R. Zero expected wealth taxes: A Mirrlees approach to dynamic optimal taxation [J]. Econometrica, 2005, 73 (5): 1587 - 1621.

[37] VICKREY W. Averaging of income for income - tax purposes [J]. Journal of Political Economy, 1939, 47 (3): 379 - 397.

[38] GOLOSOV M, TSYVINSKI A. Designing optimal disability insurance: A case for asset testing [J]. Journal of political Economy, 2006, 114 (2): 257 - 279.

[39] 刘玉龙. 最优税收理论分析框架: 基于劳动价值论的视角 [J]. 财贸经济, 2017, 38 (09): 18 - 30.

[40] 金成晓, 张东敏. 公共支出结构, 最优税收与经济增长 [J]. 吉林大学社会科学学报, 2016, 56 (5): 17 - 24.

[41] 白重恩, 马琳. 政府干预、最优税收与结构调整 [J]. 税务研究, 2015 (06): 46 - 50.

[42] 金戈. 最优税收与经济增长: 一个文献综述 [J]. 经济研究, 2013, 48 (07): 143 - 155.

[43] 王麒麟. 生产性公共支出、最优税收与经济增长 [J]. 数量经济技术经济研究, 2011, 28 (05): 21 - 36.

[44] 汪浩. 最优流转税与超额负担 [J]. 南开经济研究, 2009 (02): 29 - 41.

[45] 卿定文, 朱锡平. 最优税收理论及其政策含义 [J]. 经济评论, 2006 (04): 84 - 89.

[46] 邹恒甫, 龚六堂. 多级政府下的最优税收和政府转移支付 [J]. 经济学动态, 2005 (11): 37 - 43.

[47] 杨斌. 对西方最优税收理论之实践价值的质疑 [J]. 管理世界, 2005 (08): 23 - 32.

[48] 黄剑雄. 西方最优税收理论的发展及其政策启示 [J]. 财贸经济, 2004 (02): 86 - 88.

[49] 吴俊培, 张青. 我国税制改革的优化路径——最优税收理论模型及政策分析 [J]. 税务研究, 2003 (05): 7 - 13.

[50] 闫威. 公平、效率与最优税收理论 [J]. 财经科学, 2002 (06): 6 - 10.

[51] 刘玉龙. 最优课税问题研究——劳动价值论的观点 [D]. 厦门大学, 2002.

[52] 平新乔. 最优税收理论及其政策含义 (上) ——效率、公平与信息 [J]. 涉外税务, 2000 (11): 5 - 10.

[53] 平新乔. 最优税收理论及其政策含义 (下) ——效率、公平与信息 [J]. 涉外税务, 2000 (12): 10 - 13.

第四章

# 货物和劳务税

货物和劳务税的历史非常悠久。近现代以来，货物和劳务税在广大发展中国家及部分资本主义发达国家一直占有重要地位。在发达国家，资本主义制度确立及其以后较长时间内货物和劳务税始终占据主导地位，第二次世界大战后资本主义国家才普遍建立起所得税制度并逐渐超过货物和劳务税。在广大发展中国家货物和劳务税几乎一直是发展中国家税收制度中的主体税种。

我国实行“双主体”的税制结构，尽管经过历次改革，两类税制的具体税种数量和税收收入相对比重有所变化，但从分税制改革以来的数据看，货物和劳务税的比重几乎都维持在50%以上。货物和劳务税对我国税制的重要意义不言而喻。第四章将主要梳理货物和劳务税的经典文献，同时介绍关于该理论的国内外的前沿研究。

货物和劳务税是依据征税客体区分的一类税收，从课税环节来看又可将其称为流转税，从税收归宿的角度看则大部分属于间接税的范畴。货物和劳务税的计税依据既可以是流转额的总额或增值额，也可以是商品的数量。征税范围上也具有选择性，既可以对一般商品征收也可以对选择性商品征收，相应的货物和劳务税的纳税环节也可以针对商品流通的环节，选择多环节征税或单环节征税。根据货物和劳务税的税制要素，可以将其进一步分为周转税、增值税、零售（销售）税和消费税等不同类型（见表4－1）。

**表4－1　　货物和劳务税主要类型**

<table>
<tr><th>税类</th><th>类型</th><th>税种</th><th>全额</th><th>增值额</th><th>多环节</th><th>生产</th><th>批发</th><th>零售</th><th>进出口</th></tr>
<tr><td rowspan="7">货物和劳务税</td><td>选择性货物和劳务税</td><td>消费税</td><td>√</td><td></td><td></td><td colspan="3">选择一个环节</td><td></td></tr>
<tr><td rowspan="6">一般性货物和劳务税</td><td>生产税</td><td>√</td><td></td><td></td><td>√</td><td></td><td></td><td></td></tr>
<tr><td>批发税</td><td>√</td><td></td><td></td><td></td><td>√</td><td></td><td></td></tr>
<tr><td>零售税</td><td>√</td><td></td><td></td><td></td><td></td><td>√</td><td></td></tr>
<tr><td>关税</td><td>√</td><td></td><td></td><td></td><td></td><td></td><td>√</td></tr>
<tr><td>周转税</td><td>√</td><td></td><td>√</td><td colspan="4" rowspan="2">全部环节</td></tr>
<tr><td>增值税</td><td></td><td>√</td><td>√</td></tr>
</table>

从具体税种来看，消费税主要针对特定商品的特定环节征收，因此通常体现的是政府的政策目的。周转税和增值税都是对一般商品的多环节进行征税，但是周转税是对全额征税，会造成重复征税的问题，而增值税主要针对商品和劳务的增值额，有利于克服重复征税，相对具有税收中性的优点。零售（销售）税也是对商品和劳务的全额征税但选择单一环节征收，在经济效果上与增值税相当，因此增值税和零售（销售）税成为各国对货物和劳务税的主要选择。

围绕货物和劳务税的研究，本章节将从经典文献、国外前沿文献和国内前沿文献三个部分展开介绍。首先，在经典文献部分，比较成体系的研究讨论的是最优商品税理论及货物和劳务税的税收归宿问题。其次，在国外前沿文献部分，我们将介绍学者对销售和使用税以及增值税等的研究，主要聚焦于这些税种对消费行为或政府行为的影响，或税收制度设计的相关问题。最后，在国内前沿文献部分，近期关于货物和劳务税的研究主要集中在税收与政府行为、税收与税收归宿等问题上；而从分税种的角度来看，依赖增值税改革形成的准自然实验，国内学者主要研究了增值税的各种宏观和微观经济效应，对消费税的研究则较多地考察了消费税对消费行为和环境保护的影响。在此基础上，学者们为货物和劳务税的改革提出了建议。

# 第一节　经典文献

货物和劳务税的历史较为悠久，早期关于货物和劳务税的研究关注到了一些经济学问题，但是总的来看，比较成体系的研究主要在于对最优商品税理论及货物和劳务税税收归宿问题的探讨。

## 一、最优商品税理论

有学者认为税制优化理论按照发展顺序、基本思想和政策主张形成了最具代表性的三大流派：最优税收理论、供给学派的税制优化理论和公共选择学派的税制优化理论。三者构成西方税制优化理论发展的主线①。最优税收理论或者说最适课税理论是对税收原则理论的细化和综合，具体包括了最优商品税理论、最优所得税理论和最优税制结构理论。最优商品税理论可以认为是货物和劳务税的重要理论，包括拉姆齐法则、克里特—黑格尔法则等内容。

针对税率结构问题，通常从效率角度分析，认为一般性货物和劳务税要优于选择性货物和劳务税，但从公平角度分析，一般性货物和劳务税不可避免地会涉及一般生活必需品，因此在实践中货物和劳务税种通常不会设置统一的税率。如果暂时不考虑分配问题，只针对不同需求弹性的商品课税，拉姆齐对税率问题做出了经典的回答（Ramsey，1927）。拉姆齐法则研究的是政府在个人效用受损最小的条件下征收一定数额税收的问题。拉姆齐法则要求商品税率的设定保证在课税后不改变人们对各类商品的消费比例结构。Baumol 和 D. Bradford（1970）进一步研究推导出“逆弹性法则”公式，认为当各商品需求相互独立时，对各种商品课征的各自税率必须与各种商品的价格弹性成反比。拉姆齐法则简洁明确，但存在的问题也很明显。克里特和黑格尔的研究做出了进一步的贡献。克里特—黑格尔法则认为为了实现效率损失的最小化，应该对与闲暇互补性较强的商品课以重税。这一原则可以矫正所得税的扭曲，并且也可以与拉姆齐法则相一致②。斯特恩将拉姆齐法则修正后的结论表述为一种商品的分配特征值越高，则税收引起的该商品的补偿需求的减少比例应该越低（Stern，1987）。

然而在公共选择学派看来，最优税收问题与财政立宪是紧密相连的，规则的制定尤为

---

① 王雍君. 税制优化原理［M］. 中国财政经济出版社，1995.

② 郝春虹. 税收经济学［M］. 南开大学出版社，2007.

重要。Holcombe（2002）沿用最优商品税的理论对拉姆齐法则的实际运用提出批评。他通过考虑税率制定的政治成本和政治市场的非完全竞争性，认为对所有商品适用统一税率的财政立宪更为有效。Lohmann 和 Weiss（2002）运用当选的政策制定者取代社会计划者，认为选举竞争形成了当选者偏离拉姆齐法则的政策激励，因此提高税制的透明度是最主要的问题。公共选择学派偏离了福利经济学的基础，很大程度上不承认社会福利的存在而认为政府目标是在效率损失的约束条件下最大化收入，其中会存在“委托—代理”的问题（Hillman，2003）。

总的来看，最适课税理论是纯粹规范的理论体系，既没有预测真实世界的税收制度，也没有说明税制出现的原因。而公共选择学派则更多考虑了现实制度和政治背景的问题。考虑到税收的征管成本和个人道德可能发生的偏差，现实中税收制度的设计显然更加复杂。最优课税理论寻求的帕累托最优更多代表一个社会对税制的理想追求。理论与现实的差距也使得成果丰硕的最适课税理论在实际运用中确实遇到了普适性的问题，其研究者有的转向其他领域，有的偏向实证或更实际的研究（Arnott，1994）。

## 二、货物和劳务税的累退性问题

税收对收入再分配的影响是各国学者研究的重点。货物和劳务税的纳税额与纳税主体可以无关，这虽然符合市场经济的原则，但是也可以发现以相对收入的平均税率而言，高收入群体承担的货物和劳务税税负低于低收入群体，即货物和劳务税不利于缩减贫富差距。纳税人的税负随收入的增加而变小被称为税收的累退性，税负累退性不符合量能课税的原则。这种累退性也被认为是货物和劳务税最严重的缺陷。

### （一）累退性的基本认识

具体而言，货物和劳务税的累退性主要包括年度累退性和终身累退性两个方面。Pechman（1985）较早的研究发现美国的货物和劳务税制度具有很强的年度累退性。但由于年度框架下的研究受到诸多因素干扰，学者开始探索从其他路径展开研究。Fullerton 和 Rogers（1991）将可计算的一般均衡扩展到考虑多期消费的情况，为研究终身累退性提供方法。Poterba（1989）、Metcalf（1993，1997）、Feenberg et al.（1996）在永久收入假说的基础上进行销售税的累退性研究，发现永久收入下货物和劳务税的累退性有所降低但仍然存在。对此，Warren（2008）指出在缺乏完美资本市场的前提下不存在最优的跨期消费，因而以此为前提构建的终身累退性研究显得不切实际。终身累退性还假设存在不纳税的消费和遗产。如果不纳税的收入弹性较大，那么应纳税消费会与收入反向变动，从而增加累退性程度。Menchik 和 David（1982）认为如果普遍征收的消费税不对遗产征税也会增加累退性，但是对遗产征税又会产生重复征税，扭曲经济行为。Carlson 和 Patrick

(1989)的研究则认为年度累退性和终身累退性的差异主要在个人不同年龄段的收入差距。个人的收入基本呈现“倒U形”，而消费的变动通常小于收入变动，因此在退休前消费率会下降，但老年时医疗养老等方面的支出会上升。

当然也有研究对货物和劳务税的累退性持怀疑态度。Decoster et al.（2010）认为尽管增值税对收入是累退的，但其对消费是累进的，尤其是在对一国征收消费税的情况下。此外，如果储蓄一直不用来消费，也不会构成社会福利的差异，因而不存在累退性的说法。Jenkins（2006）根据多米尼加共和国在1999年的增值税调查结果发现，增值税非但不是累退的反而是累进的。其他学者则从别的角度认为货物和劳务税累退性的问题并不重要。Boadway et al.（1994）认为在存在逃税的情况下，货物和劳务税可以发挥调节收入分配的功能，即便是具有累退性的增值税也可以通过良好的筹集财政收入的功能为收入再分配提供资金。Boadway和Pestieau（1999）的研究也认为货物和劳务税是反避税的有效手段。Saez（2004）从长期和短期两个视角分析货物和劳务税的收入分配功能，认为从短期看货物和劳务税可以作为累进所得税的有效补充工具促进收入再分配公平。

### （二）衡量累退性

在衡量税收的累退（进）性方面，国外学者提出了不同的方法。彭海艳和伍晓蓉（2008）将其分为“古典累进性测量方法”和“现代累进性测算方法”。古典累进性测量方法旨在衡量税收随着收入变化而变化的情况，分析不同收入个体或群体的累退性。如果平均税率随收入的上升而下降则该税种是累退的。其中Pigou（1928）提出平均税率累进性（ARP）和边际税率累进性（MRP）两种测度方法；Slitor（1948）则提出运用边际税率和有效税率的差异比上净收入测算税种累进性；Musgrave和Thin（1948）进一步提出应纳税额累进性和剩余收入累进性。现代累进性测算方法测量的则是税收累进性的单一综合指标。Suit（1977）以税收分布集中指数（S指数）来表示税收累进性，该指数小于零则该税种是累退的，反之是累进的。Kakwani（1977）认为平均税率是影响税收累进性的重要因素，个别税种累进性的加权平均是税收的总体累进性，权重则是个别税种各自的平均税率与总体平均税率的比值，Kakwani累进系数指标（K指数）等于根据税收分布集中曲线计算的税收集中系数与根据税前收入洛伦兹曲线计算的基尼系数的差异，并指出税收收入分配作用受税前收入分配、平均税率和税收累进性影响。

而在衡量税收的收入再分配方面，Dalton（1920）用偏差均值、基尼均差和基尼系数来衡量收入分配的不公平性（D指数）。Musgrave和Thin（1948）提出通过比较税前税后收入不平等系数的绝对值和相对值（MT指数）来衡量税收的收入再分配效应。Atkinson（1970）指出基尼系数对中等收入阶层的收入变化敏感而忽视了两端人群的收入变化，因此借鉴不确定性决策中的风险衡量方法，以实际收入分配与完全平等收入分配两种情况下社会福利的差值来衡量社会收入分配，建立了阿特金森指数（Atkinson指数）。戴平生

（2014）对上述常见的分析指标进行了评价。总的来看，MT 指数在税收累进性的强度方面可以看成 K 指数的改进形式，而 D 指数在社会福利的方面是一个测度累进性的更好的指标。但是 S 指数、K 指数、D 指数和 MT 指数四类指数在累进性的判断上是一致的。李时宇和郭庆旺（2014）对国外更多的累进性测度指标进行了介绍。

### （三）弥补累退性

采用货物和劳务税的国家为缓解累退性带来的分配不公平问题采取了诸多措施。一种措施是对食品、医疗等基本生活产品和劳务，以及特殊行业实行优惠政策。但是，Ballard 和 Goulder（1984）认为货物和劳务税的低税率会严重地降低税收效率。Ballard，Scholz 和 Shoven（1993）研究也认为为基本生活用品设置的低税率对货物和劳务税的累退性改进极其有限。另一种措施是设置免税额或针对低收入家庭实施退税。Fullerton 和 Rogers（1993）研究认为提高免税额，增进低收入者福利的方式不会降低税收效率。但是为了保持税收收入中性就要提高税率，可能加大中高收入群体间的累退性。Becker 和 Tomes（1979，1986）却认为教育等人力资本投资使得收入具有代际遗传性，因此教育的低税率或许在某种程度上加重了累退性。与反对派观点对应的，政府公共支出也被认为是改善货物和劳务税收入再分配效果的有力工具，可以将转移支付手段与以上措施结合使用。

# 第二节　国外前沿文献

西方发达国家目前大都建立起了以所得税等直接税种为主体的税制结构，相应地关于所得税等税种的研究显得更加丰富，而关于货物和劳务税的研究相对有限。国外近期货物和劳务税的研究主要围绕销售和使用税以及增值税。前者聚焦于其对消费行为的影响，包括税收“凸显性”的研究；后者关注增值税的有效性及对政府规模和政府行为的影响。

## 一、销售税及其影响

关于销售税和消费行为关系的研究，一方面体现在销售税对消费者决策的影响；另一方面体现在销售税政策效果的评估。其中，税收对纳税人或负税人的易见程度也被称作税收的“凸显性”。总的来看，近期的研究不仅是从数据上量化销售税的经济效应，而且重视从微观主体的角度分析经济效果产生的原因。

### （一）税收“凸显性”与消费行为

Chetty et al.（2009）较早地研究了税收凸显性的理论和证据①。他们设计了两个策略，首先在一家杂货店进行实地试验，发现贴出包含税收的价签会减少该商品约8%的需求，其次通过观察发现在价签中公开地增加税收会比在收银时增加税收减少更多的酒精消费。为此他们搭建了一个理论框架，推导的结果表明一项税收的经济归宿取决于它的法定归宿，即使一项政策不诱导改变行为，也会造成效率的损失。这实际上也是对拉姆齐法则等最优商品税理论的再探讨。传统理论假设的是经济人对税收的反应与对价格的反应是一样的，但是税收制度在实践中复杂而不透明，很多证据表明人们对一些激励并不在意。Chetty 等人的研究就表明大多数消费者熟悉商品税率等问题，但当他们做消费决策时，容易忘记考虑销售税，凸显性是消费者在稳定状态下对税收反应的核心要素。他们的研究充分考虑了行为理论，譬如霍索恩效应（Hawthorne effect）对实验的影响，提出的福利分析方法也突破了既有的框架，不再依赖于一些特定的模型。这篇文献对优化税制和市场规则有积极意义，但是有必要将其研究推广到多市场的一般均衡状态。

Yuqing Zheng et al.（2013）则具体地研究了对食物和饮料征收销售税或消费税的问题。他们开发了一个理论框架来检验销售或消费税变化对食物和饮料需求可能产生的影响，详细考虑了以下情形：消费者的税收知识不足；有时对销售税不敏感；对销售税的变化不知情；因为使用食物券而没有支付销售税。他们进行了模拟，以评估需求的销售税弹性应该从需求的价格弹性向下调整多少，并量化了使用消费税作为反肥胖政策的优势（即所说的肥胖税）。他们的研究同样发现税收对商品需求的影响很大程度上取决消费者的主观因素。但在两种税收上，如果消费税完全传递给消费者，其对商品需求的影响几乎可以与价格的变动相比较，而销售税达不到这样的效果。他们还发现消费者对于销售税和消费税的学习率很低，因此这类税收在长期的影响可能与短期无异。为抵制肥胖，则可以取消对饮料的补贴，或者采用包含税价价款的货架价签。

### （二）销售税政策效果评估

Agarwal et al.（2017）以销售免税期（STHs）政策为准自然实验，研究了短期税收刺激政策对消费行为的影响。在销售免税期，服装、鞋子和学校用品等商品将免于征收州销售税。作者采用双重差分方法进行了实证分析，结果发现对这些商品的消费出现了显著的增加，而且这种增长不会通过在免税期前后减少支出而抵消。作者巧妙地利用了两个互补的数据集：消费者支出调查（CEX Diary）和信用卡交易记录，后者有助于消除测量误差，

---

① 其研究实际上也基于既有文献（工作论文），可参考：Liebman 和 Zeckhauser（2004）；Amy N. Finkelstein（2007）；Tomer Blumkin，Bradley J. Ruffle 和 Yosi Ganun（2008）；Bernheim 和 Rangel（2009）.

补足居民消费的全貌。此前关于销售免税期效果的研究大多关注的是对政府收入的影响，譬如 Cole（2009b）识别了免税期对州销售和使用税收入的减弱，却未发现免税期前后居民消费的变化。针对免税期前后的变化，作者合理地检验了季节性因素的干扰，并在此基础上详细地探讨了免税期前中后消费增加的原因，具体考虑了跨期替代弹性（IES）、数据窗口大小、媒体宣传作用和居民的心理补偿等问题。其结果表明这样的刺激政策不会只对特定的人群有利，短暂减少货物和劳务税收的政策也会刺激对相关商品的需求。总的来说，这篇文献完善了税收刺激政策对消费行为的研究，为设计制度和建立效应评估方法提供了参考。

### （三）销售税与税收竞争

州或地区的边界会使得销售业的税收待遇不连续，而销售税的税率差异可能导致消费者的跨界消费和公司向低税地搬迁，进一步地导致城镇根据距离州边界的近似连续函数来调整当地的税收。Agrawal（2015）研究了税收的“梯度”，即税收竞争的空间问题。在纳什博弈中，州税较低的边界一侧地方税率会更高。地方税收将从最近的高税收边界减少并从低税收边界增加。Agrawal 利用从州边界开车的时间和所有地方销售税税率，研究发现，低州税边界一侧的地方税率要高出 1.25 个百分点，州税率差异减少了 3/4 以上。从最近的高税州出发，每增加 10 分钟的开车时间，就会使一个小镇的当地税率降低 6%。实际上，关于税收竞争的研究可以追溯到 Tiebout（1956）关于公共支出的纯理论。国外学者研究了各级政府进行税收竞争的博弈并估算了地方政府间税收政策的反应函数，例如 Jacobs（2010）等人运用美国各州 26 年的面板数据分析了区域之间的销售税竞争，大多数结果表明税收竞争表现为政策互补性（Coughlin et al.，2007；Leprince et al.，2007）。当然，也有文献得出相反结论或者混合结果（Rork，2003；Chirinko & Wilson，2017）。在 Agrawal（2015）的另一篇文献中，其对不同维度的销售税竞争分析得更加清晰，具体地包括横向、纵向和对角线向三个层面。但是，我国税权高度集中，在我国进行相关研究必须充分考虑中国的实情。

## 二、增值税及其影响

增值税自从 1968 年第一次被引入法国，至今已经有超过 167 个国家采用了不同形式的增值税。虽然各国对增值税的财政汲取能力有目共睹，但是仍然有许多学者对增值税表示担忧，这也在一定程度上造成一些国家至今不选择开征增值税，正如 Barro（2011）[①] 所言，增值税的政治危险就在于它在提高税收方面过于有效。围绕相关争议，国外学者主要研究了增值税在税收方面的有效性，并进一步探讨了增值税对政府的影响。

---

① Barro, Robert, 2011. “Robin Hood Can't Lead Us Out of the Debt Hole.” The Wall Street Journal, July 27.

### （一）增值税的有效性研究

增值税筹集财政收入的功能如何，除了从收入变化上进行国际比较（Ebrill et al.，2001），也有学者从增值税制度的设计本身探讨其有效性。越来越多的文献认为，理解信息流是有效税收的核心。如果政府不能完美地识别交易，不同的税收形式之间将出现显著的差异（Slemrod，2008）。第三方报告、书面记录和举报人被认为在促进税收执行方面发挥了重要作用（Kopczuk 和 Slemrod 2006；Kleven et al.，2009；Kumler et al.，2013）。一般认为，增值税可以通过产生公司间交易的书面记录来促进税收执行，但长期以来几乎没有学者提供相关的证据。为此，Dina Pomeranz（2015）验证了增值税的威慑力（Deterrence）和自我执行能力。通过对智利40多万家企业进行两项随机试验，分析了第三方信息在增值税执行中的作用，发现宣布额外的监控措施，对有书面记录的交易影响较小，显示了书面记录预防性的威慑作用，这导致了增值税链条强有力的执行效果。如果将逃税考虑在内，增值税与其他同等形式的税收之间的显著差异就表现了出来。这篇文献以企业的视角研究税收遵从，减少了观测样本的成本，并且将研究置于发展中国家的背景下，更有助于解释逃、避税问题。

Keen 和 Mintz（2004）研究的则是增值税的流转额起征点问题。增值税的起征点问题充满争议，但没有引起足够的学术重视。这篇文献假设企业的规模不发生变化，建立了一套识别增值税最佳起征点的简单规则，将选择增值税起征点最重要的因素认定为维持三者的平衡：增加财政收入，降低行政和遵循成本，以及弱化起征点上下对企业产生的扭曲。当然，这些因素不是选择增值税起征点唯一需要考虑的问题。在文献最后，作者也对此进行了回应：增值税的最优起征点需要与最优审计方案和所得税制度相协调；它也可能使得企业在与其他主体交易时产生一种互动效果，使得企业免于登记成为增值税主体；再次，文献关注的是起征点的效率方面，而没有充分考虑其分配效应，如前文所反映过的，人们对货物和劳务税的分配效应实际上非常关注。这些以及其他因素都值得进一步关注，它们在一定程度上影响着增值税制度的效果好坏。

Giesecke 和 Nhi（2010）建立了一个可以同时考虑多生产者和差异化免税政策的增值税模型。他们的框架模拟了税务机构实施增值税制度的一系列复杂问题。特别地，他们对商品使用者和多生产企业的多重税率、多重豁免、多重可返还程度进行了建模。他们利用这个模型分析了简化越南增值税制度对宏观经济、产业和分配效果的影响，发现如果简化税率并取消随意的豁免，会增加总体福利，但会产生不利的分配效应。通过将水稻和大米排除在简化计划之外，可以大大改善不利的分配效应，而对总福利收益的成本很小。他们建立的实际上是一种可计算一般均衡模型（CGE）。通过这篇文献我们可以认识到CGE模型在衡量增值税这类复杂税种方面的优势：有助于在数据库中正确地表现增值税的支付情况，以准确衡量其分配效应；同时它允许模型的税收理论去解决税务部门实施的增值税制度的全部细节。但是这篇文献没有关注可能的税收计算失误。

### （二）增值税与政府行为

反对观点通常认为增值税增长过快，将会影响州或地方政府的税收权，其“印钞机”效果还会导致政府规模的扩大（Gravelle，2011；Holtz - Eakin，2011；Keen 和 Lockwood，2006，2010）。Dongwon et al.（2013）检验了增值税会扩大政府规模的观点，同时研究了其对社会福利的影响。他们建立了一个简单的模型，假设政府通过公共支出和税收寻求选举支持，以此区分了影响政府规模的供给侧和需求侧因素。但分析显示增值税对政府的扩张只有些微的影响，并分析了两个因素：增值税对其他税源的替代；公共产品需求的低价格弹性。他们认为需求侧变化对政府规模的影响更加显著，从而反转了因果关系的方向。他们通过 29 个 OECD 国家 38 年的数据验证了自己的假设。研究结果表明，政府支出需求对社会税收结构有显著影响。如果使用广义的税收成本概念，引入增值税会增加社会福利，因为它降低了合规成本、寻租机会和效率成本。因此，20 世纪增值税被大规模的应用应该被理解为一种集体选择，以适应不断增长的公共支出需求。

在美国，州和地方政府长期以来都担心联邦增值税会严重限制他们对销售税的依赖。但是联邦增值税可能会通过收入、相对价格和资产价值的变化，对其他来源的收入和支出产生更大的影响。为了提供预算效果的合理范围，Jim Nunns 和 Eric Toder（2017）同时研究了一个窄税基的增值税和一个具有综合税基的增值税。他们设定了一个税率以便两种增值税都能以相同的幅度减少联邦赤字，对于这两个税基，他们考察了两个假设下联邦增值税的影响：一是消费者价格的提高完全反映了增值税；二是消费者价格不会改变。他们分析了保持联邦、州和地方收入来源和转移计划设计不变的所有影响，以及政府提供的商品和服务的实际水平。研究发现联邦增值税会改善州和地方的财政状况。但他们的研究也存在一定的不足，譬如他们没有考虑任何其他可能的联邦收入或支出变化，也没有考虑州和地方政府可能做出的立法反应，更没有考虑宏观经济的影响和家庭消费模式的变化。此外，虽然其估算反映了各州收入来源和支出类别组成的差异，但没有反映各州之间在收入来源和支出类别内的重要差异。

也有文献利用国际税制变革具体地模拟了用增值税代替零售税可能产生的影响。Smart 和 Bird（2009）关注到加拿大的几个省用增值税取代了他们的零售税，以此为对照估计了这种税收替代对这些省份商业投资的影响。与标准投资理论相一致的是，他们的研究发现，至少在短期内，税制改革导致了机械设备投资的显著增加。并认为在美国实行类似零售税的州进行这样的改革，也可能会导致资本存量的大幅增加。他们同时讨论了零售税（RST）、总收入税（GRT）、商品服务税（GST）和统一销售税（HST）的相关问题。总的来看，各国实行的货物和劳务税制度存在一定的区别，哪种制度更优则存在着不同的讨论，后续对货物和劳务税的研究需要具体地考虑不同国家的实际情况。

# 第三节 国内前沿文献

在我国，货物和劳务税主要包括增值税、营业税、消费税和车辆购置税等税种。货物和劳务税在我国的地位非常突出，尤其是增值税已经成为我国第一大税种，在筹集财政收入、调节资源配置等方面发挥着重要作用。与此相应的，国内关于货物和劳务税的研究比较丰富。从货物和劳务税整体来看，近期研究主要集中在税收与政府行为、税收与税收归宿等问题上；而从分税种角度来看，依赖增值税改革形成的准自然实验，国内学者主要研究了增值税的各种宏观和微观经济效应，对消费税的研究则较多地考察了消费税对消费行为和环境保护的影响。同时，学者们为货物和劳务税的进一步改革提出了意见。

## 一、货物和劳务税与政府行为

货物和劳务税与政府行为的研究大致可以从三个方面加以理解。一方面，货物和劳务税通常具有宽税基等特征，从而很容易成为政府汲取财政收入的有效工具，这可能造成政府规模的扩张；另一方面，货物和劳务税的生产地原则或消费地原则会导致税收转移或者说税源背离的问题，客观上造成了地方政府间的税收竞争；再一方面，增值税在我国属于共享税，税收分成或留成问题可能对地方政府产生激励，导致效率扭曲等问题。

### （一）货物和劳务税与政府规模扩张

增值税“印钞机”的效果很早就得到了国内外学者的关注，正是增值税的收入效应很可能导致政府规模的扩张，大量的实证研究也证明了相关的论断。国外研究主要论证的是税率提升与政府规模扩大的正相关性，转型以来，国内学者的研究也主要聚焦在增值税对政府税收收入的影响①②。王莹等（2014）从政府规模扩张的视角，以欧盟和中国为代表

① 关于税收收入能力的估算。杨元伟（1996a，1996b）较早地对税收收入能力估算体系进行了介绍。王文清和梁富山（2016）认为尚没有确定所有税种收入能力的成熟的科学的估算方法，国内增值税税收收入能力和税收努力研究处于基础方法和理论模型初期。他们利用某省国税局年度经济税收数据，建立随机边界模型研究国内增值税税收收入能力，发现国内增值税税收收入能力的平均增速与同期 GDP 平均增速保持同步，略低于实际税收平均增速。

② 吕冰洋和郭庆旺（2011）尝试解释了我国税收高速增长的源泉。他们认为间接税制放大了纳税人的纳税能力，并分析了生产型增值税的税收放大器作用，认为其作用主要通过垂直专业化分工的发展、工业化步伐加快和经济结构变动三条途径实现，而营业税与增值税并存造成的重复征税也导致了税收迅速增长，同时还存在消费税和增值税的重复征税机制。另外，我国人口红利、技术模仿红利、工业化和城市化红利的集中释放也促使了货物和劳务税等间接税的高速增长。

分别验证了在税率提高和税率不变两种情况下增值税与政府规模之间的关联关系。具体地，针对中国的情况，这篇文献选择了增值税税收收入的增长速度作为主要研究对象，选取了财政支出/GDP 的增长速度作为衡量政府规模扩张的主要指标。实证结果表明增值税是导致政府规模扩张的重要因素之一，并存在加速效果。文献指出中国在增值税改革过程中应该依托国情并审慎进行利弊分析，防范增值税对政府规模扩张的助推作用。增值税改革需兼顾政府、企业和民众三方的利益。

### （二）货物和劳务税与税源背离问题

增值税虽然具有良好的敛财效应，但是在征管过程中由于征收原则等因素可能造成不同层级政府间的行为异化。譬如在生产地原则下，增值税税收存在由消费地向征收地转移的现象，形成税源背离的问题。生产地征收原则会促使地方政府过度重视招商引资和投资建设，从而使得地方支出呈现出生产偏向却忽视了社会建设（付敏杰，2016）。我国税源背离的相关研究多集中在案例分析及统计测算上，但是比较缺乏对税源背离影响因素的探讨。何炜和雷根强（2018）采用空间动态面板模型，从人口负担、社会性支出负担和财政自给率三个角度对财政压力与增值税税收转移的关系进行了检验。研究发现，我国增值税税收存在由财政压力大的地区向财政压力相对较小的地区转移的现象。其中，社会性支出负担对税收转入存在负向强化，财政自给率对税收转入存在正向强化。文献还对税收分成机制进行了探索，针对四种常见分成基数方案，发现以人口为分成基数的方案不仅更符合流转税在流通中征收的性质、更符合税收“中性”的要求，也更有利于地区间财政压力的分担和区域的协调发展。

### （三）货物和劳务税税收分成与影响

增值税的生产地原则会激励地方政府扩大投资进行竞争，而增值税留成则决定了这种激励的大小。基于政府间财政关系的视角，杨龙见等（2019）从理论和经验两个方面研究了地方政府增值税留成对企业层面产能利用率的影响。研究发现，地方政府税收留成越多，企业产能利用率越低；企业负债是增值税留成影响企业产能利用率的一个重要传导机制。该文把对微观企业行为的分析置于政府间财政关系中，系统分析了增值税分成的设计对企业产能利用率的影响，从理论上阐述了现行的增值税留成如何经由地方政府激励影响企业产能利用率，弥补了从多级政府行为的税收关系角度剖析产能过剩的研究的不足，也为当前财税供给侧结构改革提供了抓手和改革方向。增值税税负和税源的不匹配是地方政府行为激励异化的主要因素，财税体制改革应当关注税收分成下地方政府激励对微观经济行为可能造成的影响，消除政府间财政关系对微观企业带来的负面效应①。

## 二、货物和劳务税与税收归宿

从税负转嫁的角度分析，货物和劳务税大多属于间接税，税负可以由纳税人转移给实际负税人。税负转嫁不仅仅涉及税收负担本身的变化问题，而且涉及政府税收政策的透明度和有效性。确定一种税收或公共项目的真实归宿是公共经济学最困难也是最重要的任务之一（A. B. Atkinson 和 J. E. Stiglitz，1980）。国内学者早期对此问题的研究多是从整体税制结构出发，随着计量技术的发展，我国学者主要基于货物和劳务税与居民消费支出数据，采用不同指标对货物和劳务税的税收归宿情况进行了测量分析，得到较为一致的结论。

### （一）常见衡量指标

国内学者在衡量货物和劳务税的税收归宿方面，主要使用前文介绍的测算指标。聂海峰和刘怡（2010a，2010b）使用人均可支配收入衡量家庭支付能力，从税负占收入的比例变化和税前税后收入的基尼系数对比，这两个角度研究了城镇居民的税收负担，并用 S 指数衡量税收累进性并考察了增值税转型对家庭税负的影响。聂海峰和岳希明（2012）则建立了税收转嫁模型，通过计算城乡居民之间和不同收入阶层之间同税种的税收负担率，考察了货物和劳务税等间接税对收入分配差距的影响，并运用基尼系数、S 指数和广义熵指标衡量累退性。刘成龙和王周飞（2014）通过计算 2001 ~ 2012 年我国城镇居民的税前基尼系数、税后基尼系数、税负集中率、MT 指数和 K 指数，结合平均税率考察了该时期货物和劳务税的累退性和收入再分配效应。孟莹莹（2014）用税前税后基尼系数、税收集中系数、K 指数和平均税率以及平均税率弹性和累进性弹性，测量了货物和劳务税的总体累进性和收入再分配效应，并具体计算了烟酒、燃油税对收入再分配的贡献。汪昊和娄峰（2017a）在测度财政再分配效应时也采用 MT 指数，但是进一步地将 MT 指数分解成了纵向公平和横向公平指标。

### （二）其他衡量方法

也有学者从福利角度研究了货物和劳务税的归宿问题。王剑锋（2004）采用流转税待

---

① 与增值税税源背离和税收留成问题相关的，税收竞争也是税收学研究的一个重要课题。我国对于区域税收竞争的研究时间较短，早期研究集中在国际税收竞争方面，近几十年才有学者转向国内税收竞争的研究。但税收竞争不局限在货物和劳务税层面。研究可参考：葛夕良（2005）；沈坤荣和付文林（2006）；贾康等（2007）；靳万军等（2007）；李永友和沈坤荣（2008）；郭杰和李涛（2009）；吴强（2009）；付文林和耿强（2011）；刘蓉（2012）；钱学锋等（2012）；邓子基和唐文倩（2012）；汪冲（2012）；李建军（2013）；龙小宁等（2014）；刘穷志（2017）；唐飞鹏（2017）等。

遇模型，按消费项目测算了不同税种的支出占居民收入的比重，以此判断各流转税税种对收入分配的作用。平新乔和梁爽（2009）计算了各个收入阶层的家庭年平均支出和由于征收营业税和增值税引起的补偿性效应、等价效应，以及相应的福利变化率，通过增值税和营业税对不同阶层的福利影响考察其收入分配作用。刘怡和聂海峰（2009）则通过投入产出表测度了增值税对社会福利的影响，认为随着城镇居民增值税负下降，累退性反而增强。何辉（2015）通过计算增值税的税前税后基尼系数和税前税后人均收入，考察了增值税的收入再分配效应，并将以上计算指标带入到“森福利效应函数”中，进一步分析了其公平分配社会福利的作用。

还有学者直接构造计量方程研究货物和劳务税的归宿问题。薛刚（2012）借鉴边际有效税率的方法衡量居民部分税收负担变动的趋势，并以基尼系数为因变量，以各税种占税收总收入的比重为自变量，用最小二乘法做回归分析，以其系数衡量收入再分配作用。杨杨等（2012）以库兹涅茨比例的对数为因变量，以各流转税占税收收入比重的对数为自变量构建回归方程，通过分析流转税对库兹涅茨比率的影响系数得出其累退性。其他方法：李绍荣和耿莹（2005）、郭庆旺和吕冰洋（2011）通过实证分析税收对要素分配的影响，发现流转税会降低劳动分配份额，而对资本分配份额影响不明显，从而衡量了资本所有者和劳动所有者的收入分配差距。杨森平和周敏（2011）根据消费支出数据与消费税税率反推出不同收入阶层的居民负担的货物和劳务税，以计算出的税收负担作为衡量城乡收入再分配的指标。赵颖和王丽亚（2013）采用微观模拟法，通过法定税率和消费支出规模计算不同收入阶层家庭平均负担的流转税，以税收负担衡量消费税的累进性。

### （三）主要研究结论

从国内研究的实证结果看，货物和劳务税总体上是累退的。其中增值税的累退性基本取得共识，而对于营业税和消费税的累进性存在争议。譬如杨森平和周敏（2011）、赵颖和王丽亚（2013）以及岳希明等（2014）学者的研究表明我国的税制整体是累退的，其中增值税和营业税的累退性严重，消费税为累进的。但是刘怡和聂海峰（2009）的研究却认为增值税和消费税是累退的，营业税是累进的，其2010年的研究又显示从年度收入看货物和劳务税都是累退的，但是从终身收入的角度来看货物和劳务税的累退性下降。刘成龙和王周飞（2014）的研究也认为增值税和消费税是累退的，营业税是累进的。刘穷志（2011）则认为增值税、营业税和消费税都具有累退性。除此以外，平新乔和梁爽（2009）认为增值税和营业税都会对社会福利产生负面影响；何辉（2015）认为增值税不但具有收入再分配的负效应也具有福利负效应；夏晶和李波（2012）发现增值税对城镇居民收入再分配起到逆向调节作用，且汽车消费税最具公平性；孟莹莹（2014）的分析结果亦显示我国消费税发挥着税收收入再分配职能，其中调节功能最强的是汽车消费税，而卷烟和白酒消费税是累退的。

国内学者的研究结论存在差异，既与使用的测算方法和数据资料有关，也与其所含的经济假设有关，譬如与税收归宿相关的税收转嫁形式，究竟是前转、后转，还是混转，会影响货物和劳务税的最终归宿（汪昊和娄峰，2017b）。柳光强和张馨予（2015）指出国内研究主要集中在一个或几个独立的点上，而关于初次分配、再分配和收入分配秩序形成的三角困局经常被忽视，最终导致税收调节收入分配的工具在现实中缺乏协同效应。除此以外，代际传承、城乡差距等问题有必要得到国内学者的进一步关注。

## 三、税制改革及其经济效应

随着经济形势的变化和发展，我国经济体制经历着漫长的变革，税收制度作为其中重要的组成部分也伴随着改革。税制改革不断衍生出新的研究问题，同时也为政策研究提供了准自然实验。以税制改革为依托，国内学者形成了大量的成果，主要体现在不同视域层面的税收经济效应研究上。本小节主要围绕消费税和增值税展开说明，其中关于增值税的研究尤为丰富。

### （一）消费税改革及其经济效应

消费税几乎处在我国第三大税种的位置。从我国的定位上看，消费税是增值税的有益补充，主要针对特定商品征税，发挥着“寓禁于征”的效果，在环境保护税施行以前，也在一定程度上发挥着限制污染和能耗的作用。但是，消费税在调节居民消费结构、引导居民消费行为和矫正负外部性等方面并没有发挥其应有的功能和作用（贾康和张晓云，2014）。因此更多的消费税研究开始尝试对这些问题做出回答，以进一步激发消费税的积极经济效应。

在消费税对居民消费行为的影响方面，陈力朋等（2016）基于行为经济学的视角，以卷烟、白酒和化妆品消费为例，采用情景模拟的组间实验和 Ordered Probit 模型，实证分析了消费税“凸显性”对居民消费行为的影响。税收“凸显性”可以理解为税收对纳税人（或负税人）的易见程度。目前国内学者直接就税收“凸显性”对居民消费行为影响问题而进行的相关研究相对匮乏。文献不仅完善了对“凸显性”的研究，还采用了较少见的情景模拟的组间实验设计，通过实验问卷进行实验数据的采集。研究发现在消费税“凸显性”较高的情境下，居民减少烟、酒和化妆品消费的行为倾向会更高，这说明在现实社会经济生活中，消费税“凸显性”会影响居民的消费行为决策。

关于消费税的节能效应的研究，高艳荣和刘怡（2018）以石油消耗为例，通过建立 VAR 模型，分析了我国成品油消费税对石油消耗的节约效应。其结果显示：成品油消费税的增长具有抑制石油消费量增长和促进单位 GDP 石油消耗下降的效应，但这两种效应的释放需要一段时间的积累，具有一定的时滞性。我国学者的实证检验大多以国内消费税总收入为自变量，分析对能耗的影响，该文直接选取成品油消费税和石油消耗作为研究变量，研究更具针对性和准确性。刘明慧和王静茹（2020）则通过构建非线性门槛模型，运用我国省级面板数据，实证分析了消费税、经济增长与绿色投资的逻辑关联性。在三者关系的研究上，国内外学者往往侧重于税收与绿色投资、经济增长和绿色投资的单边方面，这篇文献却将经济增长作为消费税影响绿色投资的传导中介，系统考察了不同经济增长水平下消费税对绿色投资影响的非线性效应。发现消费税对绿色投资的影响效应受不同的外部因素制约，消费税对绿色投资存在显著的经济增长双门槛效应。

税率和征税环节是消费税改革的主要内容和难点。苏国灿等（2016）研究了消费税税率和征收环节改革对社会福利的影响。发现烟、酒和成品油的消费税税率远低于其最优税率；将烟、酒和成品油的征税环节由生产向批发和零售环节转移有助于抑制烟和酒等从价税率商品的消费，并增加消费税的税收收入。研究认为消费税的改革效果与政策实施环境息息相关，应建立相应的配套制度，如价税联动、价税分离和税收征管改革，以保证改革效果的充分释放。总的来看，较之西方国家对消费税较为丰富且成体系的研究，我国消费税的研究存在研究方法较为单一、以定性研究为主，定量研究较少等问题。后续研究可以更多地从定量的角度探究消费税改革的重要问题，并关注其对社会福利等影响。

### （二）增值税改革及其经济效应

我国增值税税种自 1979 年试运行至今已有 40 余年的历史，伴随不同的经济发展阶段，其主要经历了价内税转为价外税、生产型转为消费型、营业税改征增值税、简并税率档位和降低税率等改革阶段（刘植才，2018）。增值税改革影响深远，基于增值税改革形成的准自然实验，我国学者从不同层面研究了其不同的经济效果。大致可以分成宏观和微观两个层面①。

#### 1. 宏观经济效应

宏观层面的研究主要包括增值税改革对总需求和总供给、居民福利和收入分配（第二小节已经涉及）、价格水平、就业水平、资源配置等问题的影响。总的来看，大部分研究表明增值税转型能够消除重复征税因素，有利于社会和各行业加大投资，促进宏观经济持续稳定增长；而“营改增”具有结构性减税效应，可以提高资源配置效率，有利于产业结构优化，通过带动投资、消费和净出口的增长来促进 GDP 增长②。

---

① 除本小节所列内容外，国内研究也检验了增值税出口退税对出口增长的影响（陈平和黄健梅，2003），基于行业数据也有类似发现（谢建国和陈莉莉，2008）。出口退税作为宏观调控的政策工具，会因国内外经济条件的变化而调整，其政策调整往往受短期因素影响，从而政策时效在短期内更加显著（刘穷志，2005）。

② 刘磊，张永强. 增值税减税政策对宏观经济的影响——基于可计算一般均衡模型的分析［J］. 财政研究，2019（08）：99－110.

针对增值税转型改革，大多文献假设中国是处在劳动充分就业和资本充分使用的新古典主义框架下，有学者认识到这个转型同时会扭曲资本与劳动相对价格，产生资本对劳动的替代效应，对就业造成负面影响。陈烨等（2010）考虑了中国的特殊国情、要素市场和宏观经济形势，设置了一个凯恩斯和剩余劳动力状况下的宏观闭合的 CGE 模型，在此框架下模拟增值税转型对宏观经济与就业的政策效应。其研究认为，增值税转型对于实际 GDP 的刺激非常有限，却可能造成庞大的新增失业。并认为在中国国情下，无歧视减税政策比增值税转型更优选。

樊勇和王蔚（2012）运用 1995 ~ 2010 年的全国城乡居民面板数据，基于微观模拟还原法全面考察增值税对城乡居民收入分配的影响。他们计算居民内部及城乡之间的增值税税负归宿，通过 Suit 指数论证增值税的累退性，并比较 MT 指数发现，增值税加剧了城镇居民收入分配差距的扩大。此外，他们将我国现行 13% 的低税率换算成 17% 的单一基本税率，发现现行多档税率对居民收入分配的效率损失要少于单一税率。为充分发挥增值税对城乡居民的收入分配效应，他们提出应继续推进以减税为目标的增值税制度改革，增加对农村地区、中低收入者的财政转移支付力度的建议。

刘柏惠（2015）则采用投入产出价格模型，揭示了试点行业由征收营业税改为增值税时对相关产业和消费者税收负担的影响途径，测算了“营改增”对生产者价格和消费者价格的影响幅度。结果显示，改革几乎使所有产业的生产者价格出现了向下的浮动，同时也使消费者价格向下浮动。全覆盖的税率归并方案将最大程度降低通胀率，其次为全覆盖 + 简易征收方案，最后是单一税率方案。这些结论对于税制改革的整体推进，以及宏观政策制定都具有重要意义。但是这篇文献使用的是 2007 年投入产出表，至增值税改革时我国投入产出结构可能已发生一定变化。我们可以基于新的投入产出表对该文的研究进行必要的数据更新，其结论的精度和政策意义可能更强。

蒋为（2016）构建了有效增值税税率差异影响生产率分布与资源误置的理论模型，利用 1998 ~ 2007 年中国制造业企业数据，检验了有效增值税税率差异对制造业生产率离散程度与资源误置的影响。该篇文献主要考虑到了两个重要问题：一是在名义税率外检验有效税率的作用；二是研究了增值税作为政府税收与财政政策的一种重要工具，其对市场资源配置的作用。该篇文献的主要结论是有效增值税税率差异是导致中国制造业生产率离散与资源误置的重要原因，而增值税转型改革促使了行业有效增值税税率差异的下降，提升了资源配置效率。此外该文对生产率损失的产生机制和资源误置的维度差异进行了检验。

樊勇、席晓宇和陈飘飘（2017）利用我国 2005 ~ 2015 年地级市的面板数据，采用双重差分模型全面考察了增值税转型和“营改增”两次改革对地区资本及资本有机构成的影响。樊勇等研究发现，增值税转型后固定资本投入增加，可变资本投入相对减少，资本有机构成进一步提高；而“营改增”后，固定资本和可变资本投入均有增长，但资本有机构成相对下降。但当前“营改增”尚未形成更完整的经验数据，因此该文对资本、资本有机构成影响无法作进一步的检验和评估，在分析“营改增”对资本、资本有机构成影响方面不够完善。

2. 微观经济效应

微观层面的研究主要包括增值税改革对企业绩效、企业投资、企业利润、企业现金流、信用融资、政府税收收入（第一小节已经涉及）等问题的影响。理论上增值税是中性的税收，税负完全由消费者负担，不会对企业等微观主体产生影响。但是由于税制缺陷和税收征管强度等问题，增值税对微观主体的经济效果也逐渐得到学者的认识和实证的检验。

申广军等（2016）欲探究减税对宏观经济的影响，他们利用增值税转型改革的政策冲击，基于微观数据考察增值税税率变化对企业绩效和行为的影响，为理解减税对宏观经济的作用提供了微观基础。研究发现减税既可以提升短期总需求，还可以在长期内改善供给效率。具体而言，降低增值税有效税率短期内会刺激企业的固定资产投资，同时可以提升供给效率。此外，该文对减税的异质性影响进行了详实的研究，考察了减税对不同所有制、地区以及出口/内销企业影响的差异，为制定更具针对性的结构性税收政策提供了实证基础。

在增值税改革对企业投资的影响问题上，既有研究多局限于探讨增值税转型对企业投资的整体影响，而集团控制是影响投资的重要因素，集团公司与独立公司投资行为存在差异，增值税转型对这两类企业的影响也可能存在差别。倪婷婷和王跃堂（2016）以沪深两市 A 股上市公司为样本，研究了集团控制对增值税转型与企业固定资产投资关系的影响。研究发现增值税转型背景下集团公司的固定资产投资规模显著高于独立公司。其中融资约束是影响集团公司与独立公司投资行为的主要因素。增值税转型中集团公司的过度投资显著高于独立公司。这篇文献丰富了增值税转型与企业行为及企业投资动因的相关研究。

从企业财务角度研究增值税影响企业利润的文献也比较匮乏。岳树民和陈博天（2020）利用“营改增”所具有的自然实验性质，选取全国上市公司的面板数据，采用双重差分模型，从企业财务的角度实证检验了增值税对企业利润的挤出效应。研究发现：增值税对企业利润存在挤出效应，企业没能全部转嫁税负，负担了部分税款；增值税虽然不计入利润表，但仍可以影响企业的营业收入；增值税通过影响企业的销售价格，进而挤出企业利润，是增值税影响企业利润的一个微观渠道。这篇文献从价外税的原理和抵扣制度的角度分析了企业强烈感受税负的原因。指出在无法真正实现“价税分离”的情况下，我国增值税政策的制定需要考虑这一因素的影响。

3. 对新一轮改革的认识

我国自 2017 年起开始实行新一轮的增值税改革，主要包括简并税率档位和降低税率、实行增值税留抵退税、提高小微企业增值税起征点等措施。樊勇和李昊楠（2019）从增值税法定税率、增值税行业税率、增值税企业缴纳率与增值税实际税负四类口径考察了我国增值税改革的减税效果，有利于厘清我们对增值税改革效果口径的认识和对改革方向的判断。针对新一轮改革的研究，则聚焦于简并税率和实行留抵退税产生的效果。

刘柏惠等（2019）认为增值税多档税率会导致中间投入价格的扭曲，由此造成的资源误置会带来全要素生产率损失。他们建立了包括劳动、资本、中间投入的三要素理论框架，利用2007～2012年全国税收调查数据测算了多档税率对全要素生产率的直接影响和间接影响。结果表明不同的税率简并方案都能提升生产率，而单一标准税率方案具有明显优势。多档税率造成的扭曲还会传递到产品市场和资本市场，导致额外的生产率损失。梁俊娇等（2018）认为税率简并是后“营改增”时代增值税改革的一大核心问题。他们结合现有研究和国外经验，设计税率简并方案，再通过投入产出表分析法，测算了各增值税税率简并方案对我国各行业增值税税负以及增值税收入的影响。在主要考虑“一档标准税率+一档优惠税率，同时对出口实行零税率”模式的假设下，认为综合考虑国家的财政收入约束和制造业发展需要，比较之下“10%+6%”① 的方案可能较好。刘磊和张永强（2019）通过构建全国多部门可计算一般均衡模型，模拟分析了2019年实施的增值税减税政策对宏观经济及各行业的影响，认为其对实际GDP、居民收入、居民消费、社会福利、总投资及进出口贸易的增长均有积极的影响，同时对通货膨胀影响不大，但会导致政府收入和政府消费有所下降。

也有文献从微观层面研究了减税政策对企业的影响。增值税税率影响企业的逻辑与其他税种存在较大差异。刘行和叶康涛（2018）依据我国2017年的减税改革和事件研究方法发现，增值税税率降低的企业在［0，1］事件窗口期的股东财富平均增长了约0.3%。同时实证分析了增值税税率影响企业价值的两条路径“价格效应”与“税负效应”，并识别了“税负效应”的具体来源和区分产权性质后的结果。这篇文献提供了增值税税率价值效应的经验证据，并系统揭示了增值税税率价值效应的具体来源以及各来源的相对重要性。汤泽涛和汤玉刚（2020）则以2018年减税政策为背景，利用港股上市企业为样本，进行双重差分实验，研究了增值税减税对企业价值影响的因果关系。结果表明增值税减税会使得企业价值增加，但议价能力不同的企业从减税中捕获的利益不同。这篇文献在一定程度上解释了普惠式政策性减税背景下企业“获得感”存在巨大差异的原因，有助于改进减税策略，实施精准减税。但该文所采用的政策效应评估方法基于资本市场的短期反应，可能无法有效剥离长期内增值税减税的效应。而资产市场的价格反应虽能体现出减税政策的综合效应，但无法分离出不同的传导机制。

2018年财政部、国家税务总局对部分行业的企业增值税在2017年期末增值税进项留抵税额予以部分退还，掀开了我国留抵税额退税政策改革的新篇章。关于留抵退税制度的研究集中在微观层面。卢雄标等（2018）分析了增值税留抵税额的分布及其影响。研究发

① 适用16%税率的行业适用税率降至10%；适用10%税率和6%税率的行业税率保持不变。

现，留抵税额在不同制造业之间存在显著的差异，且在不同程度上提高了企业的成本，并对企业的盈利水平和现金流造成不利的影响。建议建立全行业的留抵退税制度、简并税率、逐步取消“营改增”过渡政策、打通小规模纳税人与一般纳税人的抵扣链条。何杨等（2019）则选取留抵退税政策范围内的A股上市公司为研究样本，基于多元回归和双重差分模型，探究了国家增值税留抵退税的政策对试点企业的企业价值产生影响，以及相应的影响机制。发现增值税留抵退税政策通过降低企业资本成本以及增加企业当期现金流促进了研发投入，进而对企业价值有积极支持作用。这篇文献首先运用大样本验证文章的基本假设，再用小样本准确识别政策效果，极大限度地利用了可得数据。解洪涛等（2019）还检验了增值税留抵、企业现金流与融资成本上升的关系。

除此以外，甘犁等（2019）基于中国小微企业调查（CMES）数据库，测算了增值税起征点调整后，受惠小微企业数量与税收优惠规模，并评估起征点调整对就业和经济发展的影响。发现增值税起征点由月销售额3万元提到10万元，约有94.7%的小微企业不用缴纳增值税。提高起征点还可以新增就业，且其成本低于固定资产投资拉动就业的成本，新增就业人口将创造大量财富。但是起征点提高后，临界值附近税负不公平问题加剧。对此他们建议将增值税起征点改为免征额，不仅会缓解起征点附近税负不公平问题，而且把月销售额大于10万元的小微企业纳入减税体系，有利于完善小微企业普惠性税收减免政策。中国小微企业调查（CMES）数据库提供了小微企业相关数据，以小微企业为研究对象，是对现有税收政策与企业行为研究的重要补充。

高培勇（2015）认为，按照十八届三中全会《决议》以及《财税体制改革总体方案》要求，未来十年税制改革规划的重点之一就是在规划税制改革时，应该重点研究税制在促进社会公平和结构优化中的功能与作用，尽可能采用具体的量化指标，如促进社会公平方面，要明确税制改革后基尼系数应该下降多少，不同税种应该各自承担多少比例等。从国内近期的研究来看，国内学者对货物和劳务税每次改革及每项制度效应的研究也确实愈发的细致和深入，并更多地考虑到我国当前的实际情况。这为我们后续的研究提供了良好的参考和借鉴。

樊勇（2019）在回顾我国增值税改革（减税）历程的基础上，发现当前的增值税改革取得了保证财政收入稳定增长、减税降负效果显著，营商环境不断优化、促进进出口贸易健康发展、推动我国经济结构持续优化的成效。他通过我国增值税法定税率的排名、货物和劳务税结构、货物和劳务税占GDP比重这三个指标比较分析我国增值税的宏观税负，认为从世界范围来看，我国增值税法定税率处于中等偏下水平，增值税改革使我国法定税率逐步下降；在货物和劳务税结构方面，由于特别消费税征税范围的不同，我国一般消费税占比相较于OECD国家更高，特别消费税水平占比较低，货物和劳务税内部结构有待优化；在货物和劳务税占GDP比重方面，我国货物和劳务税占GDP比重处于中等偏下水平，未来还应进一步保持宏观税负稳定。为继续深化增值税改革，他提出简并增值税税率、完善增值税抵扣范围、扩大留抵改退税的范围及适用条件、优化增值税零税率及免税制度设计、加强以增值税抵扣凭证为核心的税收征管、推进相关配套措施的改革等建议。

## 文献索引


[1] PIGOU A C. Public finance [M]. Macmillan, 1928.

[2] PECHMAN J A. Who paid the taxes, 1966 –85? [M]. Brookings Institution Press, 1985.

[3] POTERBA J M. Who bears the lifetime tax burden? [J]. 1993.

[4] POTERBA J M. Lifetime incidence and the distributional burden of excise taxes [J]. Working papers, 1989, 79 (79): 325 –330.

[5] METCALF G E. The national sales tax: Who bears the burden? [M]. Cato Institute, 1997.

[6] FEENBERG D R, MITRUSI A, POTERBA J M. Distributional effects of adopting a national retail sales tax [M]. National Bureau of Economic Research, Inc, 2000.

[7] WARREN N. A review of studies on the distributional impact of consumption taxes in OECD countries [J]. 2008.

[8] MENCHIK P L, DAVID M. Income distribution, lifetime savings, and bequests [J]. The American economic review, 1983, 73 (4): 672 –690.

[9] CARLSON G N, PATRICK M K. Addressing the regressivity of the value – added tax [J]. National Tax Journal, 1989, 42 (3): 339 –351.

[10] JENKINS G P, JENKINS H P, KUO C Y. Is the value added tax naturally progressive? [J]. Available at SSRN 897677, 2006.

[11] DECOSTER A, LOUGHREY J, O'DONOGHUE C, et al., Incidence and welfare effects of indirect taxes [J]. European Measures of Income and Poverty: Lessons for the US' International Policy Exchange Series, 2009.

[12] BOADWAY R, MARCHAND M, PESTIEAU P. Towards a theory of the direct – indirect tax mix [J]. Journal of Public Economics, 1994, 55 (1): 71 –88.

[13] SAEZ E. Direct or indirect tax instruments for redistribution: short – run versus long – run [J]. Journal of Public Economics, 2004, 88 (3 –4): 503 –518.

[14] SLITOR R E. The measurement of progressivity and built – in flexibility [J]. The Quarterly Journal of Economics, 1948, 62 (2): 309 –313.

[15] MUSGRAVE R A, THIN T. Income tax progression, 1929 –48 [J]. Journal of political Economy, 1948, 56 (6): 498 –514.

[16] SUITS D B. Measurement of tax progressivity [J]. The American Economic Review, 1977, 67 (4): 747 –752.

[17] KAKWANI N C. Measurement of tax progressivity: An international comparison [J]. The Economic Journal, 1977, 87 (345): 71 –80.

[18] DALTON H. The measurement of the inequality of incomes [J]. The Economic Journal, 1920, 30

(119): 348 - 361.

[19] ATKINSON A B. On the measurement of inequality [J]. Journal of economic theory, 1970, 2 (3): 244 - 263.

[20] BALLARD C, GOULDER L. Consumption taxes, consumer foresight and welfare [J]. New Developments in Applied General Equilibrium Analysis. North - Holland, Amsterdam, 1985.

[21] BALLARD C, SCHOLZ J K, SHOVEN J B. The value - added tax: A general equilibrium look at its efficiency and incidence [J]. Nber Chapters, 1987.

[22] FULLERTON D, ROGERS D L. Who bears the lifetime tax burden? [M]. Washington, DC: Brookings Institution, 1993.

[23] BECKER G S, TOMES N. An equilibrium theory of the distribution of income and intergenerational mobility [J]. Journal of political Economy, 1979, 87 (6): 1153 - 1189.

[24] BECKER G S, TOMES N. Human capital and the rise and fall of families [J]. Journal of labor economics, 1986, 4 (3, Part 2): S1 - S39.

[25] CHETTY R, LOONEY A, KROFT K. Salience and taxation: Theory and evidence [J]. American economic review, 2009, 99 (4): 1145 - 1177.

[26] ZHENG Y, MCLAUGHLIN E W, KAISER H M. Taxing food and beverages: Theory, evidence, and policy [J]. American Journal of Agricultural Economics, 2013, 95 (3): 705 - 723.

[27] BERNHEIM B D, RANGEL A. Beyond revealed preference: Choice - Theoretic foundations for behavioral welfare economics [J]. The Quarterly Journal of Economics, 2009, 124 (1): 51 - 104.

[28] AGARWAL S, MARWELL N, MCGRANAHAN L. Consumption responses to temporary tax incentives: Evidence from state sales tax holidays [J]. American Economic Journal: Economic Policy, 2017, 9 (4): 1 - 27.

[29] COLE A J. The fiscal impact of sales tax holidays [J]. University of Michigan, 2009.

[30] AGRAWAL D R. The tax gradient: Spatial aspects of fiscal competition [J]. American Economic Journal: Economic Policy, 2015, 7 (2): 1 - 29.

[31] TIEBOUT C M. A pure theory of local expenditures [J]. Journal of political economy, 1956, 64 (5): 416 - 424.

[32] JACOBS J P A M, LIGTHART J E, VRIJBURG H. Consumption tax competition among governments: Evidence from the United States [J]. International Tax and Public Finance, 2010, 17 (3): 271 - 294.

[33] LEPRINCE M, MADIES T, PATY S. Business tax interactions among local governments: An empirical analysis of the French case [J]. Journal of Regional Science, 2007, 47 (3): 603 - 621.

[34] COUGHLIN C C, GARRETT T A, HERNÁNDEZ - MURILLO R. Spatial dependence in models of state fiscal policy convergence [J]. Public Finance Review, 2007, 35 (3): 361 - 384.

[35] RORK J C. Coveting thy neighbors' taxation [J]. National Tax Journal, 2003: 775 - 787.

[36] CHIRINKO B, WILSON D. Tax competition among US states: Racing to the bottom or riding on a seesaw? [C]. Federal Reserve Bank of San Francisco, 2007.

[37] AGRAWAL D R. Local fiscal competition: An application to sales taxation with multiple federations

[J]. Journal of Urban Economics, 2016, 91: 122-138.

[38] EBRILL L P, KEEN M, BODIN J P, et al. The modern VAT [M]. International Monetary Fund, 2001.

[39] SLEMROD J. Does it matter who writes the check to the government? The Economics of Tax Remittance [J]. National Tax Journal, 2008, 61 (2): 251-275.

[40] KOPCZUK, WOJCIECH, AND JOEL SLEMROD. Putting firms into optimal tax theory [J]. American Economic Review, 2006, 96 (2): 130-134.

[41] KLEVEN H, KREINER C T, SAEZ E. Why can modern governments tax so much? An agency model of firms as fiscal intermediaries [J]. National Bureau of Economic Research Working Paper 2009, 15218.

[42] KUMLER T, VERHOOGEN E, FRÍAS J A. Enlisting employees in improving payroll-tax compliance: Evidence from Mexico [R]. National Bureau of Economic Research, 2013.

[43] POMERANZ D. No taxation without information: Deterrence and self-enforcement in the value added tax [J]. American Economic Review, 2015, 105 (8): 2539-2569.

[44] KEEN M, MINTZ J. The optimal threshold for a value-added tax [J]. Journal of Public Economics, 2004, 88 (3-4): 559-576.

[45] GIESECKE J A, NHI T H. Modelling value-added tax in the presence of multi-production and differentiated exemptions [J]. Journal of Asian Economics, 2010, 21 (2): 156-173.

[46] THIELE S. Increase of the value added tax (VAT): Budget-and Welfare-Effects for consumers [J]. Jahrbucher fur Nationalokonomie und Statistik, 2010, 230 (1): 115-130.

[47] GRAVELLE J G. The distributional case against a VAT [J]. Tax Analyst, 2011: 102-111.

[48] HOLTZ-EAKIN D. The case against VAT [J]. The VAT Reader, 2011, 96.

[49] KEEN M, LOCKWOOD B. Is the VAT a money machine? [J]. National Tax Journal, 2006, 59 (4), 905-928.

[50] KEEN M, LOCKWOOD B. The value added tax: Its causes and consequences [J]. Journal of Development Economics, 2010, 92 (2), 138-151.

[51] LEE D, KIM D, BORCHERDING T E. Tax structure and government spending: Does the value-added tax increase the size of government? [J]. National Tax Journal, 2013, 66 (3): 541-570.

[52] NUNNS J, TODER E. Effects of a federal value-added tax on State and Local Government Budgets [J]. National Tax Journal, 2017, 70 (3): 515-548.

[53] SMART M, BIRD R M. The impact on investment of replacing a retail sales tax with a value-added tax: Evidence from Canadian experience [J]. National Tax Journal, 2009: 591-609.

[54] 亨瑞·J. 艾伦，威廉姆·G. 盖尔. 美国税制改革的经济影响 [M]. 中国人民大学出版社，2001.

[55] A. B. 阿特金森，J. E. 斯蒂格里茨. 公共经济学 [M]. 上海人民出版社，1994.

[56] 王雍君. 税制优化原理 [M]. 中国财政经济出版社，1995.

[57] 郝春虹. 税收经济学 [M]. 南开大学出版社，2007.

[58] 于洪. 中国税负归宿研究 [M]. 上海财经大学出版社，2004.

[59] 安体富，孙玉栋．中国税收负担与税收政策研究［M］．中国税务出版社，2006.

[60] 樊勇．增值税制度效应的经济学分析［M］．清华大学出版社，2018.

[61] 杨元伟．关于税收收入能力的估算体系（上）［J］．中国税务，1996（10）：18－21.

[62] 杨元伟．关于税收收入能力的估算体系（下）［J］．中国税务，1996（11）：12－15.

[63] 王文清，梁富山．国内增值税税收收入能力与税收努力量化研究［J］．财政研究，2016（07）：101－112.

[64] 吕冰洋，郭庆旺．中国税收高速增长的源泉：税收能力和税收努力框架下的解释［J］．中国社会科学，2011，2：76－90.

[65] 王莹，范琦，冯经纶．增值税与政府规模扩张的实证分析［J］．财贸经济，2014（11）：23－30.

[66] 付敏杰．分税制二十年：演进脉络与改革方向［J］．社会学研究，2016（5）：215－240.

[67] 何炜，雷根强．财政压力、税收转移与增值税分成机制探索［J］．财贸经济，2018，39（08）：5－20.

[68] 杨龙见，李世刚，刘盛宇，尹恒．增值税留成会影响企业产能利用率吗？［J］．经济学（季刊），2019，18（04）：1397－1418.

[69] 葛夕良．国内税收竞争研究［M］．北京：中国财政经济出版社，2005.

[70] 沈坤荣，付文林．税收竞争、地区博弈及其增长绩效［J］．经济研究，2006（06）：16－26.

[71] 贾康，阎坤，鄢晓发．总部经济、地区间税收竞争与税收转移［J］．税务研究，2007（02）：12－17.

[72] 靳万军．关于区域税收与税源背离问题的初步思考［J］．税务研究，2007（01）：26－32.

[73] 李永友，沈坤荣．辖区间竞争、策略性财政政策与 FDI 增长绩效的区域特征［J］．经济研究，2008（05）：58－69.

[74] 吴强．税收竞争理论综述［J］．经济评论，2009（05）：153－160.

[75] 郭杰，李涛．中国地方政府间税收竞争研究——基于中国省级面板数据的经验证据［J］．管理世界，2009（11）：54－64.

[76] 付文林，耿强．税收竞争、经济集聚与地区投资行为［J］．经济学（季刊），2011，10（04）：1329－1348.

[77] 钱学锋，黄玖立，黄云湖．地方政府对集聚租征税了吗？——基于中国地级市企业微观数据的经验研究［J］．管理世界，2012（02）：19－29.

[78] 汪冲．资本集聚、税收互动与纵向税收竞争［J］．经济学（季刊），2012，11（01）：19－38.

[79] 邓子基，唐文倩．我国地方政府间税收横向竞争策略：基于省际面板数据的经验分析［J］．税务研究，2012（07）：34－38.

[80] 刘蓉．政府垄断与税收竞争［M］．北京：经济科学出版社，2012.

[81] 李建军．税收背离与地区间财力差异［J］．经济评论，2013（04）：108－115＋134.

[82] 龙小宁，朱艳丽，蔡伟贤，李少民．基于空间计量模型的中国县级政府间税收竞争的实证分析［J］．经济研究，2014，49（08）：41－53.

[83] 刘穷志．税收竞争、资本外流与投资环境改善——经济增长与收入公平分配并行路径研究

[J]. 经济研究, 2017, 52 (03): 61 – 75.

[84] 唐飞鹏. 地方税收竞争、企业利润与门槛效应 [J]. 中国工业经济, 2017 (07): 99 – 117.

[85] 彭海艳, 伍晓蓉. 税收累进性测量方法之比较 [J]. 统计与决策, 2008, 20: 48 – 50.

[86] 戴平生. 税收累进性测度的改进: 方法、比较和应用 [J]. 数量经济技术经济研究, 2014, 2: 148 – 159.

[87] 李时宇, 郭庆旺. 税收对居民收入分配的影响: 文献综述 [J]. 财经问题研究, 2014 (01): 20 – 28.

[88] 聂海峰, 刘怡. 城镇居民的间接税负担: 基于投入产出表的估算 [J]. 经济研究, 2010, 7: 31 – 42.

[89] 聂海峰, 刘怡. 城镇居民间接税负担的演变 [J]. 经济学 (季刊), 2010, 7: 1385 – 1401.

[90] 岳希明, 张斌, 徐静. 中国税制的收入分配效应测度 [J]. 中国社会科学, 2014, 6: 96 – 117.

[91] 刘成龙, 王周飞. 基于收入分配效应视角的税制结构优化研究 [J]. 税务研究, 2014, 6: 15 – 22.

[92] 孟莹莹. 消费税收入再分配的实证分析 [ [J]. 统计与决策, 2014, 8: 95 – 98.

[93] 汪昊, 娄峰. 中国财政再分配效应测算 [J]. 经济研究, 2017 (01): 105 – 120.

[94] 王剑锋. 流转税影响个人收入分配调节的分析研究——以我国城镇居民支出结构为考察基础 [J]. 财经研究, 2004, 7: 14 – 25.

[95] 平新乔, 梁爽. 增值税与营业税的福利效应研究 [J]. 经济研究, 2009, 9: 66 – 80.

[96] 刘怡, 聂海峰. 增值税和营业税对收入分配的不同影响研究 [J]. 财贸经济, 2009, 6: 63 – 68.

[97] 何辉. 增值税的收入分配与福利效应实证分析 [J]. 税务研究, 2015, 1: 62 – 66.

[98] 薛刚. 优化我国间接税收入分配功能的政策探析 [J]. 税务研究, 2012, 2: 82 – 85.

[99] 杨杨, 杜剑, 束磊. 我国间接税与收入分配公平关系的实证分析 [J]. 税务研究, 2012, 2: 66 – 72.

[100] 李绍荣, 耿莹. 中国的税收结构、经济增长与收入分配 [J]. 经济研究, 2005 (05): 118 – 126.

[101] 郭庆旺, 吕冰洋. 论税收对要素收入分配的影响 [J]. 经济研究, 2011, 46 (06): 16 – 30.

[102] 杨森平, 周敏. 调节城乡收入差距的税收政策研究——基于我国间接税视角 [J]. 财政研究, 2011, 7: 72 – 74.

[103] 赵颖, 王丽亚. 增值税扩围对城镇居民收入分配影响分析 [J]. 财贸研究, 2013, 1: 86 – 94.

[104] 夏晶, 李波. 影响中国城镇居民收入分配的税收制度研究——基于增值税的实证分析 [J]. 税收经济研究, 2012, 2: 58 – 63.

[105] 汪昊, 娄峰. 中国间接税归宿: 作用机制与税负测算 [J]. 世界经济, 2017 (09): 125 – 148.

[106] 柳光强, 张馨予. 收入分配三角困局与税收调节职能优化 [J]. 财政研究, 2015 (05):

89 - 92.

[107] 聂海峰，岳希明．间接税归宿对城乡居民收入分配影响研究 [J]．经济学（季刊），2013，12 (01)：287 - 312.

[108] 张楠，刘蓉，卢盛峰．间接税亲贫性与代内归宿——穷人从减税中获益了吗？[J]．金融研究，2019 (06)：76 - 93.

[109] 陈力朋，郑玉洁，徐建斌．消费税凸显性对居民消费行为的影响——基于情景模拟的一项实证研究 [J]．财贸经济，2016 (07)：34 - 49.

[110] 刘华，陈力朋，周琦深．税收凸显性对卷烟消费行为的影响——基于情景模拟的实证研究 [J]．税务研究，2016 (10)：40 - 44.

[111] 高艳荣，刘怡．我国消费税节能效应研究——以石油消耗为例 [J]．税务研究，2018 (12)：93 - 100.

[112] 刘明慧，王静茹．消费税、经济增长与绿色投资——基于我国30个省份面板数据的动态门槛效应研究 [J]．税务研究，2020 (01)：57 - 63.

[113] 苏国灿，童锦治，黄克珑．我国消费税税率与征税环节的改革及其福利效应分析——以烟、酒和成品油为例 [J]．财政研究，2016 (09)：19 - 29.

[114] 邓力平，王智烜．增值税的效应理论及实证研究：前沿与启示 [J]．税务研究，2013 (10)：3 - 8.

[115] 刘植才．我国增值税制度回顾与展望 [J]．税务研究，2018 (10)：31 - 38.

[116] 陈平，黄健梅．我国出口退税效应分析：理论与实证 [J]．管理世界，2003 (12)：26 - 32.

[117] 谢建国，陈莉莉．出口退税与中国的工业制成品出口：一个基于长期均衡的经验分析 [J]．世界经济，2008 (05)：5 - 14.

[118] 刘穷志．出口退税与中国的出口激励政策 [J]．世界经济，2005 (06)：39 - 45.

[119] 陈烨，张欣，寇恩惠，刘明．增值税转型对就业负面影响的 CGE 模拟分析 [J]．经济研究，2010，45 (09)：29 - 42.

[120] 刘柏惠．增值税改革物价效应的度量和预测——基于投入产出表的分析 [J]．财贸经济，2015 (10)：59 - 72.

[121] 蒋为．增值税扭曲、生产率分布与资源误置 [J]．世界经济，2016，39 (05)：54 - 77.

[122] 陈晓光．增值税有效税率差异与效率损失——兼议对“营改增”的启示 [J]．中国社会科学，2013 (08)：67 - 84 + 205 - 206.

[123] 申广军，陈斌开，杨汝岱．减税能否提振中国经济？——基于中国增值税改革的实证研究 [J]．经济研究，2016，51 (11)：70 - 82.

[124] 倪婷婷，王跃堂．增值税转型、集团控制与企业投资 [J]．金融研究，2016 (01)：160 - 175.

[125] 岳树民，陈博天．增值税影响企业利润和营业收入的实证分析 [J]．税务研究，2020 (07)：5 - 11.

[126] 樊勇，李昊楠．对我国增值税改革减税效果的基本认识——兼议衡量增值税税负变动的口径 [J]．税务研究，2019 (07)：12 - 18.

［127］樊勇，李昊楠．资本有机构成变动与马克思利润率下降理论的再检验——以“营改增”为背景的实证［J］．财政研究，2019（03）：47－62.

［128］樊勇．增值税抵扣制度对行业增值税税负影响的实证研究［J］．财贸经济，2012（01）：34－41.

［129］樊勇，王蔚．增值税与城乡居民收入分配的关联度：1995～2010年［J］．改革，2012（11）：68－74.

［130］樊勇，席晓宇，陈飘飘．增值税改革、资本和资本有机构成：基于马克思主义政治经济学的视角［J］．经济理论与经济管理，2017（10）：32－44.

［131］樊勇．进一步深化增值税改革［J］．财政科学，2019（10）：69－76.

［132］刘柏惠，寇恩惠，杨龙见．增值税多档税率、资源误置与全要素生产率损失［J］．经济研究，2019，54（05）：113－128.

［133］梁俊娇，李想，王怡璞．增值税税率简并方案的设想、测算与分析——基于投入产出表分析法［J］．税务研究，2018（10）：45－52.

［134］刘磊，张永强．增值税减税政策对宏观经济的影响——基于可计算一般均衡模型的分析［J］．财政研究，2019（08）：99－110.

［135］刘行，叶康涛．增值税税率对企业价值的影响：来自股票市场反应的证据［J］．管理世界，2018，34（11）：12－24.

［136］汤泽涛，汤玉刚．增值税减税、议价能力与企业价值——来自港股市场的经验证据［J］．财政研究，2020（04）：115－128.

［137］卢雄标，童锦治，苏国灿．制造业增值税留抵税额的分布、影响及政策建议——基于A省制造业企业调查数据的分析［J］．税务研究，2018（11）：53－59.

［138］何杨，邓粞元，朱云轩．增值税留抵退税政策对企业价值的影响研究——基于我国上市公司的实证分析［J］．财政研究，2019（05）：104－117.

［139］解洪涛，张建顺，王伟域．增值税进项留抵、现金流挤占与企业融资成本上升——基于2015税源调查数据的实证检验［J］．中央财经大学学报，2019（09）：3－12.

［140］甘犁，秦芳，吴雨．小微企业增值税起征点提高实施效果评估——来自中国小微企业调查（CMES）数据的分析［J］．管理世界，2019，35（11）：80－88＋231－232.

［141］高培勇．党领导经济工作新理念新思想新战略的集中体现［J］．财贸经济，2015（12）：5－8.

［142］高培勇．在“接地气”中实现中国经济学的创新［J］．经济研究，2015，50（12）：27－28.

第五章

# 所得税

所得税是指所有以所得额为课税对象的总称，包括个人所得税和企业所得税两大部分。在我国企业所得税指的是对我国境内的企业和其他取得收入的组织的生产经营所得和其他所得征收的一种税。个人所得税是征税机关与自然人之间在个人所得税的征纳与管理过程中所发生的社会关系的法律规范的总称。所得税被视为收入再分配的一种有效方式，是政府稳定经济的重要工具。第四章将主要梳理所得税的经典文献，同时介绍关于该理论的国内外的前沿研究。

所得税是指所有以所得额为课税对象的总称，属于直接税的范畴，遵循“量能课税”原则，并且具有累进性，因而所得税也被视为收入再分配的一种有效方式。且在累进的所得税制下，所得税税收收入具有较大的弹性，是政府稳定经济的重要工具。

本章节主要围绕企业所得税和个人所得税的经典文献、国外前沿文献和国内前沿文献三个部分进行介绍。在经典文献部分主要介绍前期西方学者对企业所得税与企业投资和融资的关系的探讨以及个人所得税与劳动供给、储蓄和最优个人所得税模型的研究。国外前沿文献部分在企业所得税方面将主要介绍近年来西方学者在企业所得税与企业投资和价值两方面的主要研究进展；个人所得税方面将主要介绍最优个人所得税的发展和应用以及个人所得税对居民消费的影响。最后，在国内前沿文献部分，主要包括最优个人所得税模型在中国的发展和近年来企业所得税和个人所得税改革的研究成果。

## 第一节 经典文献

前期对于企业所得税的研究主要集中在所得税对企业投资和企业融资的影响。对于个人所得税的经典文献研究主要集中在其对劳动供给、储蓄的影响以及所得税最优设定理论三个方面。

### 一、企业所得税

我国企业所得税发展起步晚，关于企业所得税的经典文献主要来自西方学者的研究。西方学者前期对于企业所得税的研究主要集中在企业所得税与企业投资和企业融资两方面。

#### （一）企业所得税与企业投资

投资是企业重要的经营活动，学者们在前期比较关注企业所得税对投资的影响。Jorgenson（1963）发现，通过影响资本使用者的成本，投资者会在企业投资成本和银行资金成本之间进行权衡选择，税收最终会影响公司的投资决策。

大部分学者认为降低企业所得税可以促进企业投资，因为提高税收会增加企业成本，降低企业投资的能力和动力（Cummins 和 Hassett，1992）。Hall Jorgenson（1967）利用美国 1929～1963 年的数据，研究了战后美国三次税制改革对于企业投资的影响。研究发现税收激励政策（加速折旧和投资信贷优惠等）实施后，美国全产业投资增长率得到明显提高，其中制造业净投资增长了 79%，非制造业净投资增长了 150%。Marsden（1983）从

20个国家的经济增长数据中选择了经验数据用于研究税收缺失和经济增长并得出结论：低税负对经济增长、投资增长有正效应，而高税负则会产生阻碍作用。Cummins，Hassett和Hubbard（1996）利用投资理论模型研究全球14个代表性国家税收与企业固定资产投资决策的关系，发现85.7%的企业投资受到企业所得税增加的抑制。

在讨论企业所得税与投资的过程中，随着外部科技的迅速发展，学者们将投资的内容细化，将目光聚焦到企业所得税对创新投入的影响。各国基本都对高新技术企业给予了税收优惠政策，如资产加计扣除、亏损弥补等政策。因此，学者对此类政策的实施效果进行评估，对当前政策制定者提供参考建议，此方向实证研究较多，多采用各类模型进行验证分析。早期学者采取如边际有效税率（Ruggeri和Fougère，1997）、生产结构模型（Bernstein，1986；Shah，1995）、价格弹性模型（Dagenais等，1997）等研究税收优惠的激励效应。

对于企业所得税优惠政策与研发投入影响的效果，学术界没有达成统一的意见。部分学者认为影响研发的因素众多，所得税税收优惠政策达不到预期的效果。Mansfield和Switzer（1985）的研究表明，直接的税收优惠给R&D支出带来的影响较小，税收优惠政策仅仅使R&D支出增加了2%，但是造成了政府财政收入30%～40%的损失。Mansfield（1986）通过调查加拿大20世纪80年代企业数据，认为研发税收激励政策的效果不显著。Estache和Caspar（1995）认为过多的优惠政策会导致税制扭曲，反而不利于企业研发投入。但是也有学者提出了不同的观点，拉索（1999）强调税收对技术进步具有重要影响，建议降低对企业征收所得税，以促进企业进行技术创新，进而带动经济效率的提高和福利的改进。David等（2000）认为，知识创新具备高风险性及不确定性，需要运用税收优惠激励企业研发创新。

### （二）企业所得税与企业融资

企业所得税不仅会影响企业投资的相关决策，同样也会影响企业的融资行为。企业融资主要有三种选择：动用留存收益、借款和发行股份。学者们在研究企业所得税对企业融资影响时，重点关注税收对新资本筹集的投资的影响。国外文献以完全市场经济为背景，研究各国家所得税税制对公司股权资本成本的影响，发现企业所得税是影响公司股权资本成本和债务成本的重要因素①。

1963年，美国经济学家Modigliani和Miller提出MM公司税模型，该理论认为在相同的投资回报率下，由于债务成本（利息）在税前支付，而股权成本（利润）在税后支付，因此增加债务规模会减少应纳税所得额，从而使公司所适用的所得税税率等级降低，即在

---

① 李桂萍，刘薇．企业所得税改革对公司股权资本成本的影响分析［J］．财政研究，2014（12）：62－67.

财务风险一定的条件下，公司债务发行越多，边际税率减少得越大，公司所适用的所得税税率越低，故公司所得税作为公司债务政策的内生变量，直接影响公司负债的规模（MacKie - Mason，1990）。在 MM 理论下，在同等条件下企业会优先采用债务融资而不是股权融资的形式。

但是债务税盾效应是否显著有效，理论界并没有得出一致的结论。如 Davis（1987）、Fischer 等（1989）等研究发现企业债务税盾效应不显著或弱显著，DeAngelo & Masulis（1980）认为利息抵税只是公司减少纳税的一种方式，非债务税盾的应用，也可以使公司减少纳税，而维持负债规模不变（或降低），非债务税盾和债务利息之间存在相互替代关系。而且公司税收条款、法定税率通过债务利息节约的公司有效税率，对股权资本成本产生影响。但是，Mackie（1990）则发现企业税盾与负债比例呈显著正相关。M. Long 和 I. Malitz①（1985），Ashton（1991），Lally（1992）和 Monkhouse（1994）分别根据英国、新西兰和澳大利亚等国的税收制度研究了税收对公司财务政策选择的影响。他们认为，在公司所得税上，由于税收的非中性，使利息相对于股利更加优惠，存在税收套利机会，这影响投资者的决策，直接导致了企业资本结构的变动。Givoly 等（1992）针对美国 1986 年税法改革对公司资本结构的影响进行了研究。通过检验有效税率对负债改变量的影响，发现财务杠杆与公司所得税税率的变化正相关。Graham 等（1996）采用前一期有效税率，同样发现负债与所得税税负存在正相关关系。同时还发现，如果使用融资决策后的有效税率，还会因内生性的存在，而呈现“假”的负相关。

在 MM 理论提出后，学者们发现理论中设想的无限增加负债在实际中无法实现。因此，在 MM 理论基础上还发展出了税差学派和破产成本主义学派。税差学派主要是研究各类税收差异对于企业资本结构的影响，而破产成本主义学派认为尽管增加负债可以带来企业的税收收益，但是破产风险也随之增加，破产成本制约了企业的借贷能力。

20 世纪 70 年代，Robicheck 和 Myers（1966），Baxter（1967），Stiglitz（1974），Scott（1976）先后提出了权衡理论，他们综合了税差学派和破产成本学派的观点，在加入财务拮据成本后，将企业价值修正。权衡理论认为企业债务结构的最优水平处在预期负债的边际税收利益现值等于预期负债的边际成本现值的那一点上。企业权衡的结果就是用税收规避收益以平衡破产成本和代理成本。而且，由于各类企业的目标负债率各不相同，拥有安全、有形资产和大量应税收入的企业应该有高的负债率，而资产风险较大或是无形资产或亏损的企业应该主要依赖股权融资。这一理论较好地解释了企业的资本结构选择问题，再次从理论上验证了税收因素影响了企业的资本结构，进一步深化了资本弱化的理论基础。

---

① The investment - financing nexus：Some empirical evidence.

## 二、个人所得税

个人所得税的经典文献的研究方向主要集中在个人所得税对劳动供给、储蓄的影响以及最优个人所得税的设计和安排这三个方面。

### （一）个人所得税与劳动力供给

个人所得税制度的变化会引起微观个体的劳动供给行为发生变化。从经济学理论的角度分析，所得税的变化会影响劳动价格的变化，进而对劳动供给产生收入效应和替代效应。西方财政学界最早在这一方面进行了丰富的探讨。一方面，就劳动供给而言，对劳动收入削减边际税率会导致税后劳动报酬率上升，而报酬率上升会使人们觉得劳动所带来的收益要相对高于闲暇所带来的收益，因此人们会更容易放弃闲暇，转而增加劳动供给量。另一方面，减税也会通过增加投资的税后收益，降低家庭收入用于储蓄转为投资的机会成本，激励人们将储蓄进行投资。但是这个传导机制的顺利运行需要要素供给与收入之间存在正的价格弹性与较强的替代效应，“税楔”模型中表现为要素供给曲线向上倾斜并且不向后弯曲①。

在研究方法上，学者们最早是采用问卷调查的方法进行研究。George F. Break（1957）曾于1956年对英国的306名律师和会计进行过相关的问卷调查。在被访者中有40%的人认为所得税已经或将会对他们的工作产生影响，但是正向和负向的效应差不多彼此抵消。C. V. Brown和E. Levin（1974）在此基础上进一步对税收在工作激励方面的影响进行大范围研究。他们将2068名每周付薪的工人作为研究范围以调查所得税是否会影响到加班工作的时间。核心问题是：个人所得税使你加班加点多干活还是少干活，或者和原来一样没有什么变化？其中大多数工人（约占74%）认为税收对加班时间没有影响，在回答有影响的工人中15%左右的工人认为自己的工作量增加了，11%的人认为征税后自己的工作量减少了。其中认为由于税收将工作更长时间的男性人数超过要减少工作时间的男性人数；而对于女性而言，认为将减少工作时间的人数较多。这一统计结果表明，税收对劳动投入的影响并不显著。之后学者们基本都沿着这一路径进行研究，得出的结论基本一致：所得税对劳动努力程度的不利影响是轻微的，总体上甚至有提高劳动努力程度（即收入效应）的倾向②。

除了调查问卷之外，另一种研究方式是经济计量研究，即从公布的统计资料中研究个人所得税的征收对劳动投入的影响。早期的经验研究使用线性预算约束假设，利用微观横

① 刘蓉，祖进元，王雯. 供给学派理论对当前我国减税政策的启迪［J］. 税务研究，2016（02）：18-23.

② 于洪. 我国个人所得税税负归宿与劳动力供给的研究［J］. 财经研究，2004（04）：50-59.

截面数据，使用普通最小二乘法或者两阶段最小二乘法进行估计①。美国经济学家迪克森（1975）对美国劳动供给弹性进行了经济计量分析，证明劳动供给弹性为负，说明征收所得税对劳动供给的影响具有收入效应。Heckman（1993）总结了这一时期的研究，发现男性和女性劳动供给行为不同。成年男性劳动供给行为对税收政策影响的税后工资率变化不是很敏感，而女性劳动供给对税后工资率的变化比较敏感。

但是由于个人对劳动和休闲的偏好等因素是不可观测的，这势必导致估计结果存在偏差。为了克服截面数据回归方法的不足，结合时间序列数据的模型被广泛应用来分析劳动供给的弹性。所得税税制改革提供了许多估计税收对劳动供给行为影响的自然实验机会。Eissa（1995）利用美国1986年税改法案对不同收入已婚妇女影响不同的自然实验，应用自然实验文献中的倍差法估算了已婚高收入女性群体的劳动供给反应。Blundell 等（1998）使用英国1978～1992年的微观调查数据，利用出生年份和教育程度作为工具变量分组，利用英国20世纪80年代的所得税税制改革估计了已婚妇女的劳动供给弹性。

为了保证经验研究内部的有效性，学者们开始采用随机试验进行研究。由于随机实验在社会科学研究中的各种限制，政策变化在许多情况下提供了近似随机的自然实验。Eissa和 Liebman（1996）应用自然实验方法研究了美国勤劳所得税收减免法（EITC）对单身母亲劳动供给行为的影响，发现单亲母亲劳动参与率增加了2.8个百分点，但对工作时间影响不显著。

### （二）个人所得税与储蓄

在传统的储蓄理论中，储蓄指的是一个人的收入与当前消费之间的差额。储蓄的作用是使一段时间内的消费趋于平稳。根据经济学家莫迪里安尼的生命周期理论，个人在某些时期（例如工作生活）的收入较高，而在另一些时期（例如退休）的收入较少，没有储蓄，个人将被迫在收入较低的时期减少消费，所以个人宁愿随着时间的推移使消费趋于平稳。通过在收入高的时期减少支出并在收入低的时期增加支出，储蓄起到了平滑消费的作用。后期关于所得税与储蓄关系的研究模型最基本的出发点都与该理论密切相关。

Hall（1988）使用时间序列证据证明税后利率对消费和储蓄没有影响。其他学者研究表明，消费决策确实对税后利率有强烈的反应（Attanasio 和 Weber，1995）。这也就表明利息所得税并不一定必然减少储蓄。这种模棱两可的结论出现的原因不在于均衡点位置的主观选择，而在于利息所得税替代效应与收入效应之间的矛盾。一方面，对利息课税降低了本期消费的机会成本，这往往会增加消费，降低储蓄，这是替代效应。另一方面，对利息课税使个人最终支配的收入减少，为了实现任何既定的未来消费目标，必须增加储蓄，

---

① 刘怡，聂海峰，邢春冰. 个人所得税费用扣除调整的劳动供给效应［J］. 财贸经济，2010（06）：52－59.

否则未来目标将难以实现。这是收入效应，其原因是税收收入降低了实际收入。替代效应与收入效应力量对比的强弱变化是产生上述结论两面性的直接原因。

如果某个人在课税前是储蓄者，那么其本期和未来消费的选择必定改变，但储蓄的增加与减少最终仍取决于替代效应与收入效应的强弱：如果某个人在课税前是借款者，那么课税对他将不会产生影响。所以，利息所得税并不必然减少储蓄，增加本期消费，它取决于课税前个人的经济状况（储蓄还是借款）、税收替代效应与收入效应的强弱，个人消费偏好的变化以及个人投资渠道种类等多种因素。

储蓄是一件非常重要的事情，而且税收与储蓄的关系密切。但是目前无论是理论还是实证研究都无法明确税收对储蓄的影响的大小，甚至无法确定是正相关还是负相关。但是不可否认税收政策对个人储蓄和消费有着重要的影响，政府依然坚信税收激励措施可以改变个人的储蓄，这一观念还有待学术界进行分析和论证。

### （三）最优个人所得税

#### 1. 所得税最优设定理论提出

埃奇沃思最早开始研究最优所得税问题。19 世纪末，埃奇沃思（Edgeworth，1857 ~ 1897）在如下假设下，使用了一个简单的模型，考察了最优税收问题。模型有以下三点假设：①税制应使作为个人福利简单之和的社会福利最大化。②个人的效用函数相同并且只取决于收入水平且边际效用是递减的。③收入总额固定。在这些假设的前提下探讨，这就意味着对税收设计应使税后所得分配尽可能相等。特别是，首先应从富人的所得中课税，富人收入的边际税率将要达到 100%，而这样将会导致绝对平均主义，极大降低高效率者工作的积极性，因此之后的学者在此基础上将假设条件放宽进行进一步探讨。

#### 2. 个人所得税最优设定理论发展和应用

后期的最优所得税的研究分为两大类别：线性所得税理论和非线性所得税理论，下文将一一介绍。

（1）米尔利斯模型。Mirrlees 于 1971 年发表了《最优所得税理论的扩展》，最早对最优非线性劳动所得税进行定性的描述。虽然 Vickrey（1945）在 Edgeworth（1987）的基础上将个人的劳动能力差异引入最优所得税模型进行研究，遗憾的是其数学模型没有明确的解。Mirrlees 在 Vickrey（1945）研究的基础上取得了突破性的进展。其主要的研究内容是累进所得税税率如何决定。该理论的基本假设是每个代表性家庭具有相同的偏好，家庭成员的劳动技能是异质的，不能被观测的。米尔利斯模型得出的重要的一般结论是：①边际税率应在 0 与 1 之间，最优所得税率应该呈现“倒 U 形”；②有最高所得的个人的边际税率为 0；③如果具有最低所得的个人按最优状态工作，则他们面临的边际税率应当为 0。

米尔利斯模型在所得税分析中的价值在于它以特定方式抓住了税制设计问题的性质。首先，为了在税收中引入公平因素，米尔利斯设想无税状态下的经济均衡具有一种不公平的所得分配。所得分配由模型内生而成，同时每个家庭获取的所得各不相同。其次，为了引进效率方面的考虑，所得税必须影响家庭的劳动供给决策。此外，经济要具有充分灵活性，以便不对可能成为问题答案的税收函数施加任何事先的约束。米尔利斯的模型是集合上述要素的一种最为简单的描述①。

第二点结论是最令人感到惊讶的。不过，这一结论的重要性不在于告诉政府应该通过削减所得税表中最高所得部分的税率，以减少对最高收入者的作用：其重要性更在于它表明最优税收函数并不一定是累进性的，这就促使人们必须重新审视利用累进所得税制来实现再分配的观念。让高收入承担过重的税负，其结果可能反而使低收入者的福利水平下降。

在米尔利斯模型的基础上，Seade（1977、1982）对“倒 U 形”税率进行了深入研究，认为劳动能力最强与最弱的消费者边际税率都应该是 0。1998 年 Dimond 对个人所得税的“U 形”最优边际税率进一步探讨，认为在收入增加时，最高和最低收入者的边际税率应该高于中等收入者，最优税率呈现“U 形”且最优所得税曲线是敏感且易变的。

（2）斯特恩模型（Stern Model）。斯特恩（1976）是最早提出最优线性所得税理论的。其研究的是最优边际税率如何决定，以使得社会同时实现收入公平分配和线性所得税效率损失最小化，其基本结论是劳动力的供给弹性越大，最优边际税率越小。

埃奇沃思分析中存在的主要问题是，它假定社会已有的所得总量是固定的，高额累进税率被认定对产出量没有影响。确切地说，假定个人的效用不仅取决于所得而且取决于闲暇，则所得税将扭曲工作决策并导致超额负担（替代效应）。在一个具有功利性社会福利函数的社会中，就面临着不可避免的两难选择：一方面，它为使税后所得分配公平而愿意分摊税收负担；另一方面，在这样做的过程中，就减少了真实的收入（收入效应）。对最优所得税制的设计必须考虑到为了达到更公平的代价是零，它对完全均等的结果给出了规定。当考虑到工作努力时，埃奇沃思的结论有多大变化？斯特恩研究了一个与埃奇沃思相似的模型，他将闲暇与收入纳入所得税模型，对线性最优所得税模型给出了定性的描述②。为了简化分析，斯特恩假定对一个人课征的税收收入用“税收收入 $= -a + t \times$ 所得”表示，其中 $a$ 和 $t$ 为正数。公式可以通过画图来理解。

在图 5－1 中，所得用横轴表示，税收收入用纵轴表示，当所得为零时，个人的“税收负担”是负的，即他从政府取得 $a$ 美元的定量补助。而后，对每一美元所得，个人必须向政府缴纳 $t$ 美元。这样，$t$ 是边际税率，即增加一美元所必须纳税的比例。因为公式的几何表达是一条直线，就叫它线性所得税曲线。在通常的讨论中，线性所得税经常被称之为统一所得税。

---

① 黄剑雄．西方最优税收理论的发展及其政策启示［J］．财贸经济，2004（02）：86－88．

② 吴俊培，张青．我国税制改革的优化路径——最优税收理论模型及政策分析［J］．税务研究，2003（05）：7－13．

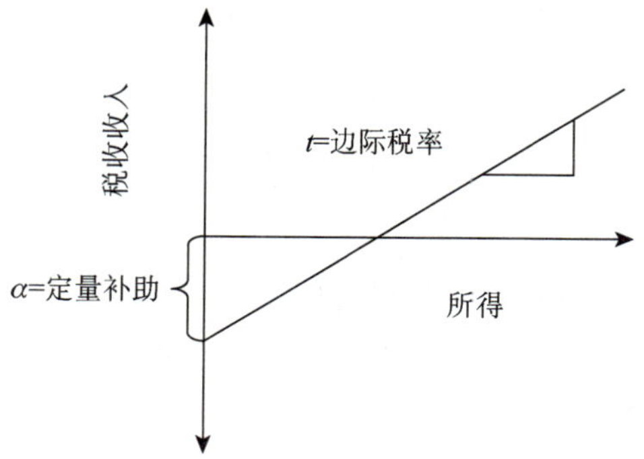


**图 5－1　线性所得税**

斯特恩模型包含了如下的政策含义：①即使线性所得税曲线的边际税率不变，由于税率表是累进的，个人所得越高就要以更高的比例纳税，因而线性所得税是累进的，即体现了纵向公平。②社会保障支出被当作负所得税与所得税结合使用，政府可以通过调整 $a$ 和 $t$ 的精确值来协调不同收入人群的负担率。③更大的 $t$ 值是与更强的累进性税率相联系的，但在大 $t$ 值导致更强累进性的同时，它们也造成了更大的超额负担。④在其他情况相同时，劳动力的供给越具有弹性，最优 $t$ 值就越小，直观地说，再分配的“成本”是它造成的超额负担。劳动力供给越具有弹性，对其征税的超额负担就越大。更高弹性的劳动力供给意味着再分配成本更高，从而应该少课税。斯特恩的分析，反映了现代市场经济条件下，统一所得税的一些基本特点和长处。

## 第二节　国外前沿文献

国外学者对于所得税的研究在企业所得税方面，从微观层面来看主要是与投资相关，从宏观层面来看主要是与企业价值有关。对于个人所得税上的研究依然延续了对最优所得税模型的探讨，同时也更加关注其对消费的影响。

### 一、企业所得税

国外学者近年来对企业所得税的研究主要集中在企业所得税对投资和企业价值的影响这两个方面。企业所得税对投资的影响在研究结论方面趋于一致，但是在研究方法层面进行了丰富的拓展；而企业所得税与企业价值的关系的研究还没有得到统一的结论。

#### （一）企业所得税对投资影响的进一步探讨

随着经济的不断发展，企业在国民经济中的地位日益突出。因此，学者们对于企业所得税对企业投资的研究探讨得愈发激烈。虽然主流的观点仍然是认为企业所得税降低有利于投资，但是在研究方法层面进行了很大的突破。

NickBloom 和 RachelGriffith（2000）研究企业创新优惠政策是否有效。运用 OECD 国家 1979～1997 年的数据进行验证。研究发现短期内研发投资的成本下降 10%，将导致研发投资增长 1%。该文章引用了 OECD 国家的 R&D 数据，并且认为 R&D 政策的不同会带来不同企业的独立选择，因此作者将地理因素也考虑进来，且引入 R&D 滞后项回归，较大程度地减少内生性，非常具有特点。从宏观层面上看，Bloom 等（2002）对 1979～1999 年 9 个 OECD 国家进行了实证分析，同时引入国家差异性特征、世界宏观经济波动等控制变量，结果表明，税收政策激励带来 R&D 活动成本的降低，从而有效促进了 R&D 投入的增加，并且这一正面效应在长期更为显著。Klassen（2004）设计了包含获利指数的模型衡量税收抵免效应，根据税后收益率的高低判断企业投资研发的可能性，并发现税收抵免优惠对不同国家的激励效果不同。Engers 和 Mitchell（2005）构建一般均衡模型研究全球范围内税收优惠对 R&D 投入的作用，发现国际间的税收优惠溢出效应会使国内 R&D 投入减少①。

Mckenzie 和 Sershun（2010）利用动态面板模型研究直接和间接税收优惠对企业 R&D 的影响。Czarnitzki 等（2010）为更精准地评估企业研发产出水平，采用多种度量指标，如新产品数量、销售额和创新度等，通过对加拿大制造行业企业数据进行实证分析，发现企业所得税减免政策会通过一系列渠道促进企业研发产出水平。Czarnitzki 等（2011）以 1997～1999 年加拿大联邦政府实施的税收抵免计划为政策节点，对加拿大 5944 家制造业企业进行实证研究，观察税收优惠政策对企业新产品研发数量、新产品销售额、新产品创新程度等的影响，结果表明，税收优惠政策带来了一定程度的创新产出②。

Hiroyuki（2014）研究表明企业所得税减免对企业研发规模和专利申请数量均有积极影响。Abhiroop 等（2017）发现企业所得税税率降低除了刺激企业加大研发投入外，还会促进新产品产出。

### （二）企业所得税与企业价值

在西方学者深入探讨企业所得税与企业投资两者之间关系的同时，部分学者开始跳出投资这一微观的角度，从更加宏观的角度，如从企业价值的层面对企业所得税进行探讨。对于企业所得税税负降低是否能够增加企业的价值，学界并没有一个统一的观点。传统的观点认为企业所得税降低或者提供相应的税收优惠能够有利于企业的投资。Lee（1996）研究发现，税收优惠政策不仅能有效激励制造业的产出及资本增长，还能有效提高资源配

---

① 梁俊娇，贾昱晞. 企业所得税税收优惠对企业创新的影响——基于上市公司面板数据的实证分析［J］. 中央财经大学学报，2019（09）：13－23.

② 朱沁瑶. 所得税优惠政策对企业研发投入的激励效应——基于信息技术业上市公司的实证研究［J］. 税收经济研究，2019，24（02）：18－28.

置效率。鲍曼和肖（Bauman 和 Shaw，2008）发现，当一个公司跨地区经营时，通过税负的差异而节约的税款可以增加企业价值，即避税增加了股东的财富。企业所得税较高地区的价格水平比所得税较低地区高，消费者在所得税优惠期间会增加购买量，当企业所得税大幅上升时会抑制消费者的购买需求，最终影响企业的价值（Agarwal，2017；Chetty，2009）。

然而，一些研究认为企业的所得税税负对企业价值并没有直接的促进作用，甚至在某些特定的情况下，还会降低企业的价值。Shleifer 和 Vishny（1994）认为如果市场纪律不够严明，市场透明度不够高，那么政府降低所得税在企业内部干预严重的前提下，会导致严重的市场寻租现象，进而导致企业价值降低。特别是德赛和达马帕拉（Desai 和 Dharmapala，2006）指出，当高管既有机会去低估报表中的会计利润又有动机去低估应纳税所得额时，税收筹划可能导致公司价值的降低。这种低估的形式非常复杂，信息透明度的缺失可能与税收筹划掩盖高管获取租金有关。此外，这种复杂的避税手段需要良好的公司治理机制，就平均而言，Desai et al.（2005）发现企业的税收规避与公司的价值正相关，但这种关系并不显著；虽然这种关系并不显著，但高质量的公司治理会提升税收规避与企业价值正相关性的显著性。Cristina Bernini 和 Guido（2011）通过意大利政府的政策实施发现，降低所得税会使企业的生产率降低，并且在长期来看会显著地减少企业价值①。

## 二、个人所得税

近年来国外学者延续了对最优个人所得税的研究并延展性地探讨了个人所得税与居民消费之间的关系。最优个人所得税理论的发展和应用主要集中在考虑劳动需求的最优非线性所得税和负所得税理论；个人所得税与居民消费主要从研究方法、减税持续的时间与消费关系、减税对消费结构和不同消费人群的影响进行研究。

### （一）最优个人所得税的发展和应用

现代最优税收理论通过不断扩展基本假设条件而形成新的研究框架，如考虑劳动需求的最优非线性所得税以及负所得税理论。这两方面的发展极大地拓展了最优所得税模型，接下来将会一一进行介绍。

#### 1. 考虑劳动需求的最优非线性所得税

前期的最优所得税文献的研究方向基本都认为工作时间和休闲时间之间权衡会产生模型上的扭曲。但是这种权衡并不是解释收入受税收状况影响的唯一方法。Hungerbühler 等

① 杨杨，汤晓健，杜剑．我国中小型民营企业税收负担与企业价值关系——基于深交所中小板上市公司数据的实证分析［J］．税务研究，2014（03）：3-7.

(2006) 在米尔利斯模型非线性模型的基础上进一步展开探讨，该研究的主要假设包括：①人的生产效率不同；②劳动力市场上存在摩擦失业。通过一个搜寻和匹配模型将劳动需求纳入最优所得税分析框架中，采用了一种替代性的设置，所得税引起的效率扭曲是由于匹配的摩擦和工资讨价还价，而不是标准的消费休闲权衡所致。在这个研究框架下，该文研究出来的最佳所得税的属性与 Mirrlees 竞争环境中的属性存在很大差异。

第一，对于劳动力市场的参与者来说，最优工资低于其有效水平。因此，最佳就业水平高于其有效价值。这个研究结果与传统文献的研究结果相反。重新分配的程度受到有关生产率水平的不对称信息的限制。在模型中，将总工资降低到有效水平以下（从而增加就业水平）是减轻这种约束影响的关键因素。这个研究结果为刺激劳动力需求的财政政策提供了新的理论依据。

第二，平均税率应在整个生产率分配中提高。因此，累进税制是最优税收的主要特征。这与之前的研究结论也不同。

第三，边际税率即使是在曲线的顶端也是正的，即高收入水平的边际税率也为正。即使在有限的生产率分布下，该属性也成立。高层的就业扭曲不会带来任何股权收益。因此，生产力最高的工人的总工资和就业率处于其有效水平。但是，最高的正税率水平会产生工资压力，必须由正的边际税率来补偿。这也与过去最优模型的结论不一致。

第四，最不熟练的工人可能会获得在职福利。但是在这种情况下，它总是低于政府救济的福利。该结果与传统最优税率的结论一致。

2. 负所得税理论

负所得税（NIT）是对经济状况调查转移（“福利”）计划进行现代分析的基本思想之一。NIT 由米尔顿·弗里德曼（Milton Friedman）于 1962 年提出，对福利的学术研究和美国的福利政策都产生了广泛的影响。负所得税应是最优所得税的重要组成部分。“负所得税”（Negative Inco me Tax ，NIT）是“向高收入家庭征税并给低收入家庭转移支付的税制”。完整的负所得税制的构成要素包括适合的税率和最低保障标准。负所得税率的高低需要在工作激励和政府财力等多个维度进行取舍 。

除了 Mirrlees 的研究外，Robert A. Moffitt（2003）等经济学家参与了负所得税的研究与争论。首先 Robert A. Moffitt（2003）回顾了弗里德曼提出的征收负所得税的相关理论。他认为了弗里德曼提出的征收负所得税的理论在实际操作结果与预期的工作动机背道而驰。因为在实际执行负所得税的过程中，美国的系统是将人口划分为“可以”工作的人（“可雇佣人员”）和“不能”工作的人（“不可雇佣人员”）。如果前者不工作，他们将被拒绝支付任何费用，并且仅当他们工作了最少小时数时才能获得补充福利。这个其实与 NIT 提出的理念相背离。之后他深入研究美国负所得税社会试验或政策实践，探讨负所得税对劳动供给、收入和社会福利、财政负担、人力资本投资（包括教育与培训、营养与健康以及人口迁移等）、家庭婚姻状况、生育率、子女学习成绩的影响以及负所得税的实施与管理、最优税率等一系列问题，进行了综述并提出了其适用的假设条件。

### （二）个人所得税与居民消费

随着西方经济危机的产生，西方的学者们不仅关注个人所得税最优税制的设计以及其对劳动力市场的影响，也开始将目光转向消费领域。西方学者们普遍认为降低个人所得税可以有效刺激消费，这也是通常政府在经济疲软时采取的经济刺激方案。

从实证选取的数据来看，Collado（2001）、Souleles（2002）和 Agarwal（2011）分别分析了西班牙、美国和新加坡的消费数据，发现减税额大部分都会被用来消费，最后都同样得出了减税显著刺激居民消费的结论。之后，Pereira 和 Sagales（2011）通过建立 VAR 模型对葡萄牙 1997～2004 年的数据进行分析，发现 1% 的税负减少会引起 0.63% 的消费增加。不过也有人认为税收与消费并没有必然关系，如 Hemmin 等（2002）分析了 21 个发展中国家与 19 个工业化国家长达 30 年的税收和消费数据，认为税收变化给私人消费带来的效应总体来看是不确定的。

学者们对个人所得税的减免进一步思考，认为短期减税和长期减税对消费的影响差异较大。减税对消费的刺激作用与政策时长成正比。长期减税方面，Souleles（2002）对美国 1981～1983 年下调个税税率后居民消费水平的变化进行了实证研究，发现在这次长期减税中，非耐用品的边际消费倾向在 0.6～0.9 之间，对消费的刺激作用比短期或一次性的减税政策更为明显。在中长期减税对消费的影响方面，研究者认为中长期减税政策能比短期减税政策对消费的刺激更明显。Johnson 等（2006）结合美国 2001 年实施的 10 年期减税政策对消费者支出调查数据进行分析，发现在收到税收返还后的 6 个月中，居民平均会消费掉 2/3 的税收返还。在短期减税对消费的影响方面，Shapiro 和 Slemrod（2009）通过调查问卷的方法分析了美国 2008 年经济刺激方案中的减税措施对消费的影响，结果显示这次税收返还的边际消费倾向只有 1/3 左右，因此他们认为暂时性的减税对消费的刺激作用并不明显。

个人所得税减免在消费结构方面也存在差异。Parker 和 Souleles（2013）认为减税对不同消费类别的影响具有差异性，耐用品具有更大的边际消费倾向。他们通过美国消费者支出调查问卷研究了由 2008 年的税收返还引起的家庭支出变化，发现家庭在耐用品上花费了税收返还的 50%～90%，是非耐用品的 3 倍。

从不同人群的角度来看，减税对消费影响也存在异质性，不同家庭对减税的反应具有差异性。Johnson 等（2006 等）分析了美国信用卡消费记录数据，发现在减税后，因为消费存在流动性约束，受到流动性约束大的家庭对减税的刺激反应更大，更有可能受到流动性约束的家庭比一般家庭增加了更多的消费。Parker 和 Souleles（2013）发现老年人和低收入家庭对减税的反应更显著。

## 第三节 国内前沿文献

我国学者在最优所得税模型的基础上对模型进行拓展和研究，提出了一些新的模型。除了对于模型本身的研究之外，在我国税制改革大背景下，我国学者在所得税方面进行了广泛的探讨。

### 一、最优个人所得税模型在中国的发展

我国学者从我国个人所得税发展阶段的具体情况出发，主要是从比例效应理论视角和负所得税理论两个层面对最优个人所得税模型进行了拓展。

#### （一）基于比例效用理论视角对最优所得税模型探讨

王首元（2013）认为目前的最优所得税模型一直处于定性描述层面，无法给出清晰的解析式，或者能给出表达式，但参数的确定存在很大争议。其最根本的原因在于，传统的效用理论无法给出一个清晰一致的效用函数形式，从而导致不同的函数假设所推导的最优所得税模型存在明显差异。基于此，他尝试使用函数形式清晰明确的比例效用函数推导最优所得税模型。

通过一系列的模型推导，最终发现，最优所得税率仅与三个变量相关，即储蓄率、最低货币持有率和效用损失常数。储蓄率越大，所得税率越大；效用损失常数的绝对值越大，所得税率越大；最低货币持有率越大，所得税率越小。

文章最主要的创新点有：将公共品对消费者的效用纳入最优所得税理论模型，得出一个兼顾效率与公平、明确可计算、可操作性强的最优所得税模型；同时，该模型充分考虑了不同消费者效用函数的差异，并以个人效用最大化为目标。其次还利用新的最优所得税模型测算了中国 2011 年 9 月所得税改革之前 36 个大中城市的居民所得税边际税率负担，结果表明改革前的所得税给消费者造成的负担普遍过重。

最终理论推导结果显示，基于比例效用理论的最优所得税模型清晰明确、可计算、可操作性强。（1）最优所得税的征收对象应该是消费者收入中扣除私人消费后的剩余部分；（2）最优所得税包含正所得税与负所得税；（3）最优所得税具有累进性质。

#### （二）负所得税理论

我国有学者结合中国国情，基于最优所得税理论进行推导、完善负所得税理论，最终

对我国的税收分配政策提出相关的建议。

1. 修正的 Mirrlees 税收函数模型

聂佃忠（2011）在借鉴已有最优线性和非线性所得税研究成果的基础上，结合中国国情提出含有负所得税的最优非线性所得税模型（有缓冲地带），即修正的 Mirrlees 税收函数，进而得出一些与以往研究不同的结论，从而进一步发展和充实了最优所得税理论。这对于在目前我国日益扩大的收入分配差距尚未根本性扭转的背景下，重新审视我国现有的税收政策，通过实施负所得税制度重构收入分配政策具有重要的参考价值和借鉴意义。

在该模型中，缓冲地带的两个端点用 $W_1$ 和 $W_2$ 表示，显然，$W_1$，$W_2 \in [W_L, W_T]$。其中，$[W_L, W_T]$ 为负税区域，$[W_2, W_T]$ 为正税区域，$[W_1, W_2]$ 为缓冲区域，该区域既不用缴税，也不能享受转移支付（负税）。

通过模型求解可以得出了一些重要的结论：第一，当劳动供给缺乏弹性且政府更厌恶不公平时，最优税率就较大；第二，最优所得税边际税率的变化范围介于 0 和 1 之间，这是三个模型得出的一致结论；第三，无缓冲地带的最优非线性所得税模型和有缓冲地带的最优非线性所得税模型都得出最低能力的消费者的最优边际税率为零的结论。

同时聂佃忠（2011）还通过这个模型给出了一些不同的政策建议：在一定条件下，如果政府追求的目标是社会福利最大化，那么政府向能力水平低的消费者转移支付的总额应该等于向能力水平高的消费者征收的税收总额。此时，政府改变所得税政策不会带来任何好处，所得税制度没有改进的余地。若转移支付的总额小于征收的税收总额，则政府有必要进一步减税，同时增加转移支付；若转移支付的总额大于征收的税收总额，则政府应该增税，同时减少转移支付。其次，从中国国情出发，高收入群体应该缴纳更多的税收，给予工薪收入阶层更多的减税甚至免税空间，从而尽量避免工薪收入阶层成为纳税主体，这个目标可以通过提高高收入群体的税率、降低工薪收入阶层的税率和提高个税起征点等措施得以实现；我国引入负所得税制对低收入阶层进行转移支付时，给予较高能力（较高的劳动性收入）的消费者较高比率的转移支付（如通过税款抵免等），而给予较低能力（较低的劳动性收入）的消费者较低比率的转移支付，以调动低收入阶层寻找工作机会（对无工作者而言）和增加工作时间（对有工作者而言）的积极性。

这篇文章的不足之处在于：一是没有考虑税收对劳动需求的影响；二是只研究了最优所得税，没有提及最优商品税和最优所得税的组合搭配，而且在最优所得税中也仅研究了最优边际税率问题，没有探讨个人所得税、负所得税和社会保障税（费）等的不同组合及税负问题；三是尽管结合中国的实际进行了数据模拟，但是考虑到求解过程中假设缓冲地带的两个端点（$W_1$ 和 $W_2$）是内生的，从而没有进一步证明它们与在三税统筹中选定的上限（相对贫困线）和下限（低保线或绝对贫困线）是否吻合，也没有进一步探讨决定两个端点位置（进而免税区间的大小）的因素和两个端点是否存在互动关系。

2. 负所得税理论功能研究

戴瑾（2011）认为现有研究在负所得税制度再就业激励功能的问题上存在一些值得商

権的观点，为了廓清这些观点，她采用经济学的研究方法，深入剖析了负所得税制度的再就业激励功能。首先，她提出了两个质疑：第一，现有文献提及的负所得税制度”和“最低生活保障制度”在本质上究竟是归属于一种制度，还是分属于两种制度；第二，“最低生活保障制度”不具有再就业激励功能，而“负所得税制度”具有较强的再就业激励功能，这个观点是否正确。对于第一个质疑，戴瑾认为两者本质上属于一种制度即负所得税制度；对于第二点质疑，戴瑾认为研究这两个制度的再就业激励功能时必须给出一个重要前提，即在劳动力市场上低收入者能否拥有隐性收入。在不同的前提下，不仅“现有文献提及的负所得税制度”（即税率为 $0<t<1$ 的负所得税制度）的再就业激励功能会截然不同，而且“最低生活保障制度”（即税率为 $t=1$ 的负所得税制度）的再就业激励功能也有所不同。为了说明这两个观点，戴瑾分别采取定量和定性的方式进行了分析论述。

文章主要的研究发现是低收入者能否在劳动力市场上拥有隐性收入是负所得税制度能否发挥再就业激励功能的不可或缺的前提条件。鉴于我国目前的劳动力市场状况可以判断，用“现有文献提及的负所得税制度”改革“最低生活保障制度”无法取得预期的促进再就业的积极效果。

在以上的研究和论证过程中，戴瑾经过总结，得出相关的政策建议：由于负所得税制度发挥再就业激励功能是有前提条件的，因此，如果一个国家（或地区）的劳动力市场无法满足这个条件，那么将此制度作为社会保障制度的改革方案的意义和价值就微乎其微了。针对国内学术界主张用“负所得税制度”改革我国现行的“最低生活保障制度”的观点，戴瑾认为，在我国目前的劳动力市场状况下，改革很可能不会取得预期的积极效果，反而可能导致隐性就业大行其道、社会救助目标定位失当和财政负担沉重等不良后果。因为我国目前的劳动力市场中存在着大量的隐性就业，政府部门对这种现象既无法有效管理，也无计彻底清除；而且我国仍未建立健全个人收入申报制度，即使就业是显性的，部分收入也可能是隐性的。劳动力市场的这些缺陷将导致负所得税制度的再就业激励功能大打折扣。因此，要想用税率为 $0<t<1$ 的负所得税制度改革我国的“最低生活保障制度”，必须首先解决好劳动力市场上的隐性收入问题。

## 二、税制改革

我国学者对于模型的研究比较少，更加关注于国内直接税收体制的变革。我国企业所得税和个人所得税都在随着我国经济不断发展的过程中改进，最终达到促进经济社会发展的效果。

### （一）企业所得税改革

改革开放之后，我国经济持续高速发展，涌现一些新的矛盾，突出问题是国家财政日益困难。在这种情况下，王俊（1994）提出税制改革应当适应各种经济成分发展的趋势，合理调整税收结构，对各种经济成分公平税负。加强对集体经济、私营经济的税收管理，改变国有企业税负偏重的不合理状况，拓宽税源，建立统一的企业所得税制度，为企业竞争创造平等的税收环境。

2008 年我国企业所得税改革，统一内外资企业所得税制度。大量学者借此契机进行研究企业所得税改革在财富效应、公司股本成本以及慈善捐赠方面的影响。

卢闯（2013）从企业所得税税率下降的角度出发，关注我国企业所得税税率变动是否也能符合 Modigliani 和 Miller（1958，1963）的观点，即所得税调整影响企业税收负担，进而影响公司价值。为证实这一假设，卢闯提取连续披露的 2006～2008 年年报的所有上市公司的相关数据。在此基础上执行如下的筛选程序：①剔除 2006～2008 年间名称发生变更的公司；②税率变动方向不能明确判断的公司；③金融行业公司；④资不抵债的公司；⑤税前利润为负的公司；⑥其他数据不完整的上市公司。最终得到有效样本 219 个。通过理论分析与实证检验，研究税率变动对企业价值的影响。研究结果表明，税改显著影响了公司价值，税率降低公司和税率上升公司的价值变动存在显著差异，而资本市场未能有效反映税改效果。制度变革具有巨大的财富效应，利益相关者尚未充分考虑这一因素。因此，他建议政府和投资者在政策制定及投资决策中要充分考虑制度变革带来的财富效应等衍生后果。

李桂萍（2014）认为新所得税下调了企业所得税的基本税率（33% 降低至 25%），上市公司整体所得税税负下降，意味着政府与企业共同承担的未来风险水平下降，公司将选择风险较低的项目投资，因此企业享有的风险溢价报酬率也下降，从而使公司股权资本成本降低。为进一步证实这一推论，李桂萍选取 2007～2008 年沪深 A 股上市公司为研究样本，剔除：①样本期内公司每股收益变动为负和数据缺失的公司；② $A^2+\frac{eps_{i+2}-eps_{i+1}}{eps_{i+1}}-(r_f-0.03)$ 为负值的样本；③ PEG、OJ 和 Gordon 模型估算的股权资本成本大于 1 或者小于 0 的样本公司；④样本期内公司实际所得税税负为负或大于 1 的异常公司；⑤每股股价、第一大股东所持比例、资产负债率、账面市价比、总资产、净资产收益率、资本密集度和净资产收益率增长率数据缺失的公司。基于以上数据分析了 2008 年我国企业所得税改革对公司股权资本成本的具体影响及影响机制。研究发现：企业所得税改革促使上市公司总体平均股权资本成本下降；企业所得税改革对公司股权资本成本的影响是间接的，公司融资政策作为企业所得税改革影响公司股权资本成本的重要渠道，不仅发挥了完全中介作用，也发挥了调节作用。

樊勇和王蔚（2014）采用 2002～2011 年中国上市公司的样本数据，实证研究市场化进程对样本企业债务税盾的跨期效应及特征。研究发现：第一，在不考虑市场化因素影响的情况下，中国上市公司的债务税盾效应显著存在；第二，企业所在地市场化程度越高，债务税盾效果越显著；第三，市场化进程有助于抑制由于“预算软约束”带来的企业债务风险；第四，中国上市公司债务税盾存在行业效应，表现为除房地产、原材料等行业外，对绝大多数行业效果明显。由此建议：政府应进一步推进市场化改革，以有利于企业降低财务风险，发挥债务税盾效用；运用行业优惠为主的企业所得税优惠政策，促进特定行业发展。

谢露（2016）则将研究的角度转移至企业所得税改革中更为细致的方面，即公益性捐赠扣除由之前的“应纳税所得额3%”变更为“利润总额的12%”，文章以2005～2010年我国上市公司为样本，实证研究了企业所得税改革这一变更对企业慈善捐赠规模的影响，结果表明，所得税改革明显促进了企业慈善捐赠。进一步的研究结果显示，企业所得税改革之后，相较于国有企业，非国有企业更倾向于加大慈善捐赠力度。文章从制度层面研究所得税改革对企业慈善捐赠的影响，有助于我们更深入地理解企业慈善捐赠行为，同时为国家优化和完善政策提供一定的参考。文章的主要贡献在于：①通过研究企业所得税改革对企业慈善捐赠数额的影响，丰富了企业慈善捐赠的影响因素领域的文献。虽然国内外探究企业慈善捐赠影响因素的文献并不少见，但从制度角度出发的仍相对较少。国内虽也有关于企业所得税改革的相关研究，但对企业所得税改革与企业慈善捐赠进行实证研究的较为缺乏。②通过比较国有和非国有企业在企业所得税改革后慈善捐赠的力度变化程度，进一步为国家制定税收政策及公益性捐赠税前扣除等政策提供参考，为其进一步激励企业慈善捐赠提供理论基础和决策依据。

樊勇、李昊楠和管淳（2020）基于2014～2015年全国税收调查数据，采用聚束和DID方法检验小微企业所得税优惠政策间断点的聚束效应，得到以下结论：虽然理论上间断点附近会存在显著聚束效应，但中国小微企业所得税优惠政策间断点附近并未形成显著聚束效应；出现这种现象的原因是样本期内实际享受优惠的小微企业占可享受优惠企业的比例较低；样本期内小微企业所得税优惠政策虽然使企业全要素生产率平均提高5.8%，但如果满足条件的企业都享受该优惠，全要素生产率将平均提高13.3%，两者差距较大。该文丰富了国内关于聚束方法应用的研究，并且证实了政府通过各类措施促进减税政策落地的必要性。

### （二）个人所得税改革

随着我国改革开放脚步的加快，居民收入稳步增长，私营企业家、高收入者普遍存在偷税、漏税、逃税的问题，而且个人所得税的缺位，使得分配越来越不公平。在这种情况下，越来越多的学者关注到这个问题，并呼吁个税改革。

胡鞍钢（2002）认为20世纪90年代以来，居民储蓄额增长了10倍，不足10%的人口拥有50%的储蓄和现金，高、低收入户收入相差甚大。而城镇居民实际缴纳个人所得税税率远低于名义税率，20%的城镇最高收入和高收入户的实际税率不足0.6%。面对这种情况，胡鞍钢提出应该改革个人所得税制。第一，改革税制模式，由目前分类计税制，引入综合税制，实行混合所得税制，在分类计算、扣除、征收的基础上，实行年终综合计算等；第二，由目前分月报税、扣税改为按年报税、分月代扣；第三，按国际通行做法，对个人基本生活和人力资本投资实行税前扣除制度，对首期购房的本金和利息、用于医疗支出和教育培训学费、支付社会保险资金等可从总收入中扣除；第四，实行实名制，按个人身份证号码作为个人领取各种收入、储蓄、计税的凭证和记录，建立公民个人信用记录和纳税人档案，在全国范围内实行统一编码和计算机信息管理；第五，积极发展税务服务体系，开展网上申报服务项目；第六，强化对个人所得税重点人群的税收征管，如对沿海地区、重要特大城市大中城市、重点高收入行业、重点高收入者和家庭实行在线服务与监管。

2006 年 11 月 8 日国税局出台个人所得税自行纳税申报办法，让纳税人按照综合所得税的口径，将各类应纳税的收入合并计算，并由纳税人自行向税务部门办理个人所得税纳税申报。在分类所得税的基础上嫁接综合申报制。在这种背景下，高培勇（2008）认为这一举措有三个层面的深刻意义：其一，个人所得税调节居民收入分配水平的功能更为重要；其二，强化纳税人申报义务和法律责任；其三，应当推动实行个人所得税的自行申报并逐步逼近综合与分类相结合的个人所得税制目标。最后，高培勇提出，加快向综合与分类相结合的个人所得税制转轨的步伐：除一部分以个人存款利息所得为代表的特殊收入项目继续实行分类所得税制之外，其余的收入全部纳入综合所得税制的覆盖范围。以此为基础并与之相对应，前者继续实行代扣代缴制，后者则实行自行申报制。

2000～2012 年，全国住宅商品房平均售价年均增长 13.7%，住房成了部分富裕家庭的重要投资和投机渠道。尽管政府在不断加大保障性住房的建设力度，但城镇中低收入群体租房和购房的压力依然很大。在这种情况下，王结玉（2014）认为现行个人所得税课税制度没能关注城镇中低收入群体的住房压力，一是工资薪金和个体工商户经营所得减除费用没有把房租和购房还贷压力考虑进去；二是住房租赁、转让收益所得税设计不合理，不利于形成公平合理的商品住房价格机制。为缓解城镇中低收入群体的租房和购房压力，建议个人所得税改革要考虑两个问题：一是将规定面积内的房租和居民首套房按揭贷款还贷支出纳入工资性所得和经营性所得税前专项扣除项目；二是根据收益率水平对房产收益按照超率累进税率课税，并采用免征额制，以有效调控投资性房产收益、平抑房价。

除了对于房价的思考，雷根强（2016）认为我国数次对个税改革仅是单一提高免征额，因为高收入者家庭就业比例较高，这反而会使得高收入家庭抵扣过多，低收入家庭抵扣不足。而随着 4－2－1 结构家庭迅速增多及“二孩”政策的推行，家庭用于育儿、养老方面的支出压力不断增大，在纳税人税收负担中考虑此类家庭费用的差别性扣除是理所当然。因此，个税改革的目标是实行综合与分类相结合的税制模式。雷根强运用中国家庭追踪调查（CFPS）2012 年数据，此微观数据很好地涵盖了研究差别扣除所需要的家庭及家庭成员关系、家庭及个人收支情况等信息，为对在综合收入中较为全面地引入包含基础扣除、子女抚养扣除、老人赡养扣除、住房贷款利息扣除和租金扣除的针对异质性个人及家庭的差别扣除的评估提供了可能。评估结果显示，差别扣除更能体现量能负税原则且更有利于缩小收入差距，同时引入地区差异的差别扣除对收入再分配并无明显作用，这是对已有论述文献有力的实证支持。进一步研究表明，差别扣除的作用机制主要为对引起主要收入差距的高收入组和主要家庭生活负担较重适龄组收入不平等的调节，这一结果为个税改革提供了新的思路。

在各方呼吁下，2018 年我国出台多项重大举措，包括个人所得税由分项计征转变为综合和分项相结合的征收方式；增加了专项附加扣除；提高个人免征额；由按月计征改成按年计征方式；调整个人所得税税率表等，这些重大改革是否对我国劳动收入的税负以及分配效应产生影响备受社会各界关注和期待。对此首先，刘蓉（2019）通过测试评估个人所得税新政实施后的劳动所得税收负担是否减轻，个人劳动收入差距是否缩小。其次，采用 CFPS2016 数据和 Lerman 和 Yizhaki 在 1985 年提出的衡量收入不平等程度的分解方法，分解劳动收入，找出分项劳动收入税负变化及其劳动所得基尼弹性系数，试图分析各分项收入对劳动收入差距贡献度。再次，检验个人特征因素对劳动收入差距贡献度的影响，并试图发现本次个人所得税改革的影响效应。最后，得出以下结论：①本次个税改革对我国工薪阶层的减税效果非常显著。②在新个人所得税减负效果显著的情况下，发现其对收入差距有一定调节作用，但效应有限。③个人所得税对劳动收入具有一定的收入再分配功能。因此，刘蓉提出，鼓励个人从事副业，收入多样化方式；个人所得税的税制设计可以考虑加大对基本工资收入和年终奖收入等的调节力度；应该设计收入分配政策，消除职位、企业规模、地区和性别等不合理因素对收入差距的影响。

## 文献索引


［1］DALE W. JORGENSON. Capital theory and investment behavior［J］. American Economic Review, 1962, 53（2）: 247－259.

［2］JORGENSON D. W. and Hall, R. E. Tax policy and investment behavior［J］. American Economic Review, 1967, 57（01）: 391－414.

［3］CUMMINS, JASON G., HASSETT, Kevin A. The effects of taxation on investment: new evidence from firm level panel data［J］. National Tax Journal, 1992, 45（03）: 243－251.

［4］CUMMINS, J. G. HASSETT K. A., Hubbard R. G. Tax reforms and investment: A cross－country comparison［J］. Journal of Public Economics, 1996, 62（01）: 237－273.

［5］RUGGERI G, FOUGÈRE M. The effect of tax－based savings incentives on government revenue［J］. Fiscal Studies, 1997, 18（2）: 143－159.

［6］BERNSTEIN J I. The effect of direct and indirect tax incentives on Canadian Industrial R&D expenditures [J]. Canadian Public Policy, 1986, 12 (3): 438 -448.

[7] SHAH A. Fiscal incentives for investment and innovation [M]. Oxford University Press, 1995: 10 -21.

[8] MANSFIELD E, SWITZER L. How effective are Canada's direct tax incentives for R&D [J]. Canadian Public Policy, 1985 (2) .

[9] MANSFIELD E. The R&D tax credit and other technology policy issues [J]. Journal of Product Innovation Management, 1986, 4 (76): 190 -194.

[10] ESTACHE A, GASPAR V. Why tax incentives do not promote investment in Brazil [M]. Oxford University Press, 1995, 309 -340.

[11] SCUTELLA R. The final incidence of Australian indirect taxes [J]. Australian Economic Review, 1999, 4 (1): 347 -357.

[12] DAVID P A, HALL B H, TOOLE A A. Is public R&D a complement or substitute for private R&D? A review of the econometric evidence [J]. Research Policy, 2000, 29 (4): 497 -529.

[13] MACKIE - MASON J K. Do taxes affect corporate financing decisions? [J]. Journal of Finance, 1990, 45 (5): 1471 -1493.

[14] DAVIS A H R. Effective tax rates as determinants of Canadian capital structure [J]. Financial Management, 1987, 16 (3): 22 -28.

[15] FISCHER E O , HEINKEL, ZECHNER J. Dynamic capital structure choice: Theory and tests [J]. The Journal of Finance, 1989, 44 (1) .

[16] DEANGELO H , MASULIS R. Optimal capital structure under corporate taxation [J]. Journal of Financial Economics, 1980, 8 (1): 5 -29.

[17] GIVOLY D , HAYN C , OFER A R , et al. Taxes and capital structure: Evidence from firms' response to the tax reform Act of 1986. [J]. Review of Financial Studies, 1992 (2): 331 -355.

[18] GRAHAM J R. Debt and the marginal tax rate [J]. Journal of Financial Economics, 1996, 41 (1): 41 -73.

[19] STIGLITZ J E. On the irrelevance of corporate financial policy [J]. American Economic Review, 1974, 64.

[20] GEORGE F. BREAK. Income taxes and incentives to work: An empirical study [J]. The American Economic Review, 1957, 47 (5) .

[21] BROWN C. V. , EVIN E. The effects of income taxation on overtime: The results of a national survey [J]. The Economic Journal, 1974, 84 (336) .

[22] JAMES J. HECKMAN. What has been learned about labor supply in the past twenty years? [J]. The American Economic Review, 1993, 83 (2) .

[23] EISSA, N. Taxation and lab or supply of married women: The tax reform Act of 1986 as a natural experiment. NBER Working Paper, No. 5023, 1995.

[24] BLUNDELL R. , DUNCAN A. , MEGHIR C. Estimating labor supply responses using tax reforms [J]. Econometrica, 1998, 66 (4) .

［25］ NADA EISSA，JEFFREY B. LIEBMAN. Labor supply response to the earned income tax credit ［J］. The Quarterly Journal of Economics，1996，111（2）.

［26］ HALL，ROBERT E. Intertemporal Substitution in Consumption. Journal of Political Economy 96（April 1988）：339 – 357.

［27］ ATTANASIO，ORAZIO P.，and GUGLIELMO WEBER. Is consumption growth consistent with intertemporal optimization? Evidence from the consumer expenditure survey. Journal of Political Economy 103（December 1995）：1121 – 1157.

［28］ EDGEWORTH F Y. The pure theory of taxation ［J］. The Economic Journal，1897，7（25）：46 – 70.

［29］ MIRRLEES J. A. An exploration in the theory of optimum income taxation ［J］. Review of Economic Studies，1971，38（2）：175 – 208.

［30］ SEADE J. K. On the shape of optimal tax schedules ［J］. North – Holland，1977，7（2）.

［31］ JESUS SEADE. On the sign of the optimum marginal income tax ［J］. The Review of Economic Studies，1982，49（4）.

［32］ PETER A. DIAMOND. Optimal income taxation：An example with a U – Shaped pattern of optimal marginal tax rates ［J］. The American Economic Review，1998，88（1）.

［33］ STERN N. H. On the specification of models of optimum income taxation ［J］. Journal of Public Economics，1976，6（1）：123 – 162.

［34］ NICK BLOOM，RACHEL GRIFFITH et al. Do R&D tax credits work? Evidence from a panel of countries 1979 – 1997 ［J］. Journal of Public Economics（2002）Vol 85，issue 1，July 2002，Pages 1 – 31.

［35］ BLOOM N，GRIFFITH R，REENEN J V. Do R&D tax credits work? Evidence from a panel of countries 1979—1997 ［J］. Journal of Public Economics，2002，（1）.

［36］ KLASSEN K J，PITTMAN J A，REED M P，FORTIN S. A cross – national comparison of R&D expenditure decisions：Tax incentives and financial constraints ［J］. Contemporary Accounting Research，2004，21（3）：639 – 680.

［37］ ENGERS M，MITCHELL S K. R&D policy with layers of economic integration ［J］. European Economic Review，2005，50（7）：1791 – 1815.

［38］ MCKENZIE K J，SERSHUN N. Taxation and R&D：An investigation of the push and pull effects ［J］ Canadian Public Policy，2010，36（3）：307 – 324.

［39］ DIRK CZARNITZKI，PETR HANEL，JULIO MIGUEL ROSA. Evaluating the impact of R&D tax credits on innovation：A microeconometric study on Canadian firms ［J］. Research Policy，2010，40（2）.

［40］ CZARNITZKI D，HANEL P，ROSA J M. Evaluating the impact of R&D tax credits on Innovation：A microeconometric study on Canadian firms ［J］. Research Policy，2011，（2）.

［41］ HIROYUKI KASAHARA，KATSUMI SHIMOTSU，MICHIO SUZUKI. Does an R&D tax credit affect R&D expenditure? The Japanese R&D tax credit reform in 2003 ［J］. Journal of The Japanese and International Economies，2014，31.

［42］ ABHIROOP MUKHERJEE，MANPREET SINGH，ALMINAS ŽALDOKAS. Do corporate taxes hinder innovation? [J]. Journal of Financial Economics, 2017, 124 (1).

[43] LEE J W. Government intervention and productivity growth [J]. Journal of Economic Growth, 1996, 1 (3): 391 -414.

[44] BAUMAN M P, SHAW K W. The usefulness of disclosures of untaxed foreign earnings in firm valuation [J]. Journal of the American Taxation Association, 2008, 30 (2): 53 - 77.

[45] AGARWAL S , MARWELL N , MCGRANAHAN L. Consumption responses to temporary tax incentives: Evidence from state sales holidays [J]. Social Science Electronic Publishing, 2017, 9 (3): 195 - 213.

[46] CHETTY R , LOONEY A , KROFT K. Salience and taxation: Theory and evidence [J]. Amercian Economic Review, 2009, 99 (4): 1145 - 1177.

[47] ANDREI SHLEIFER and ROBERT W. VISHNY. Politicians and firms [J]. Quarterly Journal of Economics, 109 (4): 995 - 1025.

[48] DESAI M A, DHARMAPALA D. Corporate tax avoidance and high - powered incentive [J]. Journal of Financial Economics, 2006, 79 (1): 145 - 179.

[49] DESAI M A, DHARMAPALA D. Corporate tax avoidance and firm value [J]. Review of Economics & Statistics, 2005, 91 (3): 537 - 546.

[50] CRISTINA BERNINI, GUIDO PELLEGRINI. How are growth and productivity in private firms affected by public subsidy? Evidence from a regional policy [J]. 2011, 41 (3): 253 - 265.

[51] MATHIAS HUNGERBÜHLER, ETIENNE LEHMANN, ALEXIS PARMENTIER, BRUNO VAN DER LINDEN. Optimal redistributive taxation in a search equilibrium model [J]. The Review of Economic Studies, 2006, 73 (3).

[52] ROBERT A MOFFITT. The negative income tax and the evolution of U. S. welfare policy [J] The Journal of Economic Perspectives, 2003 (17): 119 - 140.

[53] BROWNING, MARTIN, COLLADO, et al. The response of expenditures to anticipated income changes: Panel data estimates. [J]. American Economic Review, 2001.

[54] GROSS D B , SOULELES N S. Do liquidity constraints and interest rates matter for consumer behavior? Evidence from credit card data [J]. Quarterly Journal of Economics, 2002, 117 (1): 149 - 185.

[55] PARKER J A. Consumer spending and the economic stimulus payments of 2008 [C]. 2011 Meeting Papers. Society for Economic Dynamics, 2011.

[56] DAVID S. JOHNSON, JONATHAN A. PARKER, NICHOLAS S. SOULELES. Household expenditure and the income tax rebates of 2001 [J]. The American Economic Review, 2006, 96 (5).

[57] JONATHAN A. PARKER, NICHOLAS S. SOULELES, DAVID S. JOHNSON, ROBERT MCCLELLAND. Consumer spending and the economic stimulus payments of 2008 [J]. The American Economic Review, 2013, 103 (6).

[58] 王首元，孔淑红．新最优所得税模型探索：基于比例效用理论视角 [J]．财经研究，2013，39 (05)：86 -98.

[59] 聂佃忠，李庆梅，睢国余．含有负所得税的最优所得税再研究 [J]．财经研究，2011，37 (05)：4 - 14.

［60］戴瑾．负所得税制度再就业激励功能研究［J］．财政研究，2011（01）：58－61.

［61］王俊，史世兴．税制改革势在必行［J］．财政研究，1994（01）：63－64.

［62］卢闯，高升好，关馨姣．企业所得税改革的财富效应研究［J］．财政研究，2013（11）：61－63.

［63］李桂萍，刘薇．企业所得税改革对公司股权资本成本的影响分析［J］．财政研究，2014（12）：62－67.

［64］谢露，邓英雯．企业所得税改革与企业慈善捐赠——基于我国上市公司的经验证据［J］．财政研究，2016（04）：93－104.

［65］胡鞍钢．加强对高收入者个人所得税征收调节居民贫富收入差距［J］．财政研究，2002（10）：7－14.

［66］高培勇．个税改革：还是要加快向综合与分类结合制转轨［J］．税务研究，2008（01）：30－33.

［67］王结玉．基于减轻城镇中低收入群体住房压力的个人所得税改革［J］．财政研究，2014（05）：48－51.

［68］雷根强，郭玥．差别费用扣除与个人所得税制改革——基于微观数据的评估［J］．财政研究，2016（06）：28－41.

［69］刘蓉，林志建．个人所得税新政对劳动收入分配效应的影响［J］．财政研究，2019（04）：63－74.

［70］樊勇，王蔚．市场化程度与企业债务税盾效应——来自中国上市公司的经验证据［J］．财贸经济，2014（02）：44－55.

［71］樊勇，李昊楠，管淳．小微企业所得税优惠间断点是否存在聚束效应［J］．世界经济，2020，43（03）：167－192.

［72］贾红蕾．税收负担、税制结构与企业固定资产投资［D］．浙江大学，2019.

［73］朱沁瑶．所得税优惠政策对企业研发投入的激励效应——基于信息技术业上市公司的实证研究［J］．税收经济研究，2019，24（02）：18－28.

［74］梁俊娇，贾昱晞．企业所得税税收优惠对企业创新的影响——基于上市公司面板数据的实证分析［J］．中央财经大学学报，2019（09）：13－23.

［75］吴俊培，张青．我国税制改革的优化路径——最优税收理论模型及政策分析［J］．税务研究，2003（05）：7－13.

［76］杨杨，汤晓健，杜剑．我国中小型民营企业税收负担与企业价值关系——基于深交所中小板上市公司数据的实证分析［J］．税务研究，2014（03）：3－7.

［77］刘怡，聂海峰，邢春冰．个人所得税费用扣除调整的劳动供给效应［J］．财贸经济，2010（06）：52－59.

［78］黄剑雄．西方最优税收理论的发展及其政策启示［J］．财贸经济，2004（02）：86－88.

［79］吴小强，王志刚．现代最优税收理论的研究进展［J］．税务研究，2017（08）：34－38.

［80］刘蓉，祖进元，王雯．供给学派理论对当前我国减税政策的启迪［J］．税务研究，2016（02）：18－23.

［81］于洪．我国个人所得税税负归宿与劳动力供给的研究［J］．财经研究，2004（04）：50－59.

第六章

# 财产税

财产税是一个古老的税种，曾在国家筹集财政收入中扮演了重要角色，其最早可追溯至古罗马，在奴隶社会和封建社会曾是国家的主要收入来源，主要征税形式为土地税。随着社会经济的发展，逐渐衍生出以房地产税为代表的财产税。尽管随着社会经济的发展和财税体系的不断完善，财产税在整个税收体系中占比有所下降，但其作为直接税不可或缺的一部分，在筹集地方政府收入、调节社会收入分配、公平社会财富方面发挥着其他税种无法取代的作用，是现代税收体系的重要组成部分。第六章将主要梳理财产税的经典文献，同时介绍关于该理论的国内外的前沿研究。

财产税是以居民个人财产为征税对象的一种直接税，一般在财产交易环节及保有环节征税。财产税有广义和狭义之分：广义的财产税是对财产相关税种的总称，包括对存量财产、财产收益、财产所得、财产利得等征税，既包括对财产存量的课征，也包括对财产产生的流量财富的课征；而狭义的财产税仅仅指对存量社会财富的征税。

第六章所述的财产税主要关注最重要的房地产税和遗产税。对房地产税的探讨主要集中在功能定位、对房屋价格的影响、与地方公共服务的关系、与城市发展的关系和对居民消费的影响，在国内文献部分会重点讨论我国房地产税制度的设计和完善。

由于我国目前没有开征遗产税，因此遗产税的探讨较多地参考了外文文献，主要分析遗产税的课税依据、经济效益和税制要素。遗产税的经济效应是主要的部分，包括代际财产转移动机理论和储蓄效应、财富再分配效应、社会福利效应以及经济增长效应。在国外文献部分介绍了国外遗产税对慈善捐赠和家族企业的影响的实证研究，国内文献部分着重介绍了对我国遗产税制设计的构想。

# 第一节 经典文献

## 一、房地产税

很多国家都对房屋、土地征税，虽然称谓可能有所不同，例如不动产税、物业税、财产税、房地产税等，其实质都是对企业和居民拥有的房屋或土地征收的税收，因此房地产税隶属于财产税范畴。房地产税包括广义的房地产税和狭义的房地产税，广义的房地产税包括房地产开发、保有和交易各个环节涉及的税种，狭义的房地产税仅指房地产保有环节的相关税收。

### （一）房地产税的功能定位

房地产税在国外具有较长的系统的研究历史，其理论成果中最为重要的是关于房地产税功能定位的研究，并产生了“受益论”和“新论”长达50年的争议。

受益论由蒂伯特（Tiebout）模型（1956）延伸而来的，通过Halmilton（1975）、Fischel（1975）、White（1975）的相关研究得到了完善和发展。总的来说，“受益论”认为房地产税是房屋业主为获得政府提供的公共服务而付出的必要代价，是一种有效率的用户收费，消费者交纳的房地产税提高了其享受到的公共服务质量和数量。

蒂伯特模型认为财产税是一种能够鼓励当地居民做出正确财政决策的受益税。房屋业主作为地方政府支出的主要承担者，他们通过“用脚投票”等方式，促使地方政府在市政支出、税收和土地使用方面选择最佳方案，以使他们房屋价值最大化，这种选择的结果使财产税成为房屋业主对其所获服务的支出，从而也使财产税成为一个有效税种。房地产税可以视为“人头税”，作为用户获得当地公共服务收益而支付的费用，模型中辖区内的竞争和消费者的完全移动导致地方公共物品的有效提供。这种观点下房地产税是完全非扭曲的，尤其是不会扭曲住房消费、住房资本（或其他形式的资本）的分配以及地方公共服务的提供。

1975 年汉密尔顿（Halmilton）将“城市土地利用分区”（Zoning）加入该模型，进一步拓展了蒂伯特模型的适用性，认为人们不会因为征税而调整其房屋消费，人们根据自己对房屋的喜好和对公共产品的需求选择相应的社区，并为享受社区内的公共服务而支付必要的代价（房地产税），在这个结论下公共部门的资源配置和用于房屋消费的配置都是有效率的，不存在对家庭收入的再分配。

1974 年费舍尔（Fischel）将政治这一要素加入到蒂伯特模型之内，认为房地产税是否是“受益税”还要取决于是否能够依靠政治力量保证政府进行有效管理，及政府是否能够坚持为社区发展付费，同时，社区所缴付的房地产税是否能够弥补政府公共服务所需的必要开支。

总结以上三人的研究成果，“分区制”是受益论成立的前提，蒂伯特模型中的“用脚投票”原则的成立是基于一系列严格的假设，这一系列严格的前提假设使得蒂伯特模型和现实吻合度较低、可行性较小。汉密尔顿（1975）对蒂伯特模型进行了一系列扩展增强了其适用性，分区制进一步解决了蒂伯特模型的缺陷，通过对地区内住房最低价格的限定限制想进入该社区的家庭需要缴纳的房地产税的数额，即为享受地区公共服务所要支付的费用，个人不会因财产税的征收或提高而调整其住房消费，个人按照对住房和公共服务的偏好选择居住地区，同时住房资源配置的有效性使得不会在家庭之间产生收入分配效应，分区制是受益论成立的前提和进一步深入研究的基础。

房地产税“新论”由米耶史考斯基（Mieszkowski）于 1972 年首次提出并由 Mieszkowski（1983；1986）进行扩展和补充，“新论”与“受益论”相反，认为房地产税会对地方资本的投资产生负面影响，房地产税扭曲了资本配置并且主要由资本所有者承担。

威尔德森（Wildasin，1989）提出，房地产税的税负一般是认为由辖区内的资本所有者（包括房产和非房产所有者）共同承担，拥有的资本越多则所承担的税负越多，因此在资本税视角下房地产税意味着是累进的税率结构，这种累进性虽然能够减少辖区内的收入分配差距，具有进步性，但是也会促使高资本所有者会倾向于离开施加房地产税或房地产税率较高的地区，导致征收房地产税较高的地区资本供应不足，也将导致明显的低效率。

“新论”的主要结论就是资本所有者承担了房地产税的平均负担，即房地产税实质是对资本的征税。新论假设在整个经济中资本存量是不变的，即资本毫无供给弹性①。在此假设下，Mieszkowski 模型表明资本所有者作为一个团体负担了全国财产税负的平均负担；Zodrow-Mieszkowski 模型通过对变革的环境（对单个独立地区征收房地产税）的研究表明：在一定情况下，全国资本收入的总体下降正好等于该税区得到的税收收入，即资本承担了全部税收负担。

Mieszkowski 模型和 Zodrow-Mieszkowski 模型都认为房地产税的差别税率会带来资本的流动，即房地产税会导致资本从税率高的地区流向税率低的地区，从而使得税率高的地区土地和工资价格下降、房屋和商品价格上升，税率低的地区土地和工资价格上升、房屋和商品价格下降，房地产税是无效的。

### （二）房地产税与房屋价格

依据房地产税资本化为房价的程度，可将房地产税对房价的影响分为三种观点②。

第一种观点在假设资本市场是完全竞争市场的前提下，利用局部均衡的方法，认为资本不承担任何税负，从而房地产税完全由消费者承担。因此房地产税完全资本化为住房价值，征收房地产税会提高购房者的购房成本，并以提高房价为最终结果（Simon，1943；Dick，1966）。

第二种观点则是在第一种观点基础上放松了一部分假定，认为房地产税部分资本化为住房价值。这种观点在假设整个资本市场供给完全无弹性的基础上，区分了住房资本与非住房资本，并以税率高低将整个经济分为两区。由于税率不同，资本会由较高税率的资本区域流向更低税率的资本区域，住房资本和非住房资本会互相流动，这种流动会对资本产生错配，并使得资本所有者承担一部分房地产税，而生产要素所有者与消费者则会承担另一部分（Mieszkowski，1972；Zodrow 和 Mieszkowski，1986）。

第三种观点是对前两种观点的否定，认为房地产税并没有资本化为住房价值，这种观点基于地方政府将房地产税完全用于公共服务的假设，而且消费者在不同辖区之间可以自由选择，同时政府为了争取到购房者，在供需双方作用下，最终辖区内消费者所支付的房地产税会是相同的。同时，政府也没有对房地产税进行再分配，住房市场的资源配置是有效的。从而，房地产税不是资本税，也未对住房市场的资源配置和均衡价格产生扭曲作用（Hamilton，1975；Hamilton，1976；Fischel，1992；Fischel，2001）。

### （三）房地产税与地方公共服务

“受益论”和“新论”的争议也体现在房地产税与地方公共服务水平的关系中，能否

---

① 樊慧霞. 房地产税的受益论与新论：综述、比较和启示［J］. 商业时代，2011（34）：62－64.

② 李玉洁. 中国房产税影响房价的机制及其检验研究［D］. 湘潭大学，2019.

通过缴纳房地产税获得高质量的地方公共服务是研究的核心问题。

"受益论"的代表人物奥茨 Oates（1969）通过对美国新泽西州北部城市 1960 年数据的研究发现通过将提高税率带来的税收收入投入到教育支出时所带来的收益可以大致抵消高税率对地方财产价值所带来的负面效应；Yinger（1988）通过大量的实证研究论证了财产税和地方公共服务支出之间的差额被资本化进房屋价值的问题，他指出"财政资本化无处不在"，而且这种资本化的存在足以使财产税对地方政府而言是一种受益税，接近 80%的地方财产税都可以被合理地看作是受益税；Thomas J. Nechyba（1996）认为，既然财产税是一种地方税，那么在考虑地方财政支出时将其视为一种受益税显然更符合财政联邦制的概念——各级次的政府在其范围内提供公共服务并自行为之付费。

"新论"的代表人物 Zodrow Mieszkowski（1986）认为地方政府征收房地产税时，政府官员可能会担心税收引起流动资本流出，从而减少公共服务的提供水平，因此利用房地产税进行财政筹资还会导致地方公共服务的低效供给。

### （四）房地产税与城市发展

房地产税还会对城市扩张与发展造成影响。在静态环境下，对土地征收的财产税部分不会对资源配置造成影响，而对资本部分的税收却会降低均衡水平下开发商对建筑物数量的决策，所以在单纯土地税下，土地开发会比在财产税下更激烈。

对于居民建筑物，在财产税体系下，较少的单位建筑投入意味着开发商建造较矮的房屋，在每幢楼居住单位面积大小基本不变的情况下，每英亩上居住的家庭数量就变得更少，如果一个城市需要容纳的人口数量是一定的，低密度就意味着这个城市要占用更大的面积，因此，如果降低土地利用的密度，财产税会促使城市扩张，同时地租在中心城市会相对较低，而在郊区会相对较高（Steen，1987）。

Oates（1997）认为城市的扩张依赖于增加的土地税收入，但作为城市化的副作用，经济发展和财政因素将会对城市土地使用情况造成一定的影响。Tomalty 和 Skanurskis（1997）认为税收可以影响城市的密度，从而影响城市的扩散，但土地价值类的税收对城市建筑的影响小于一般财产税，因为他们不直接惩罚资本改善城市土地的使用①。

## 二、遗产税

遗产税（Inheritance tax），也称死亡税（Death tax），是指对财富所有人去世后遗留的财富为课税对象的一种税收。从概念本身看遗产税与赠与税无关，但遗产税的延伸与赠与税存在很大的关联性。因为如果纯粹就遗产课税，无法避免被继承人为了逃避对其去世后

① 傅锦超. 城市化对财产税的影响研究［D］. 山东大学，2019.

遗产征税而在其生前将自身的财富赠与别人，基于此，目前国际上开征遗产税的国家或地区一般同时征收赠与税①。

遗产税具有悠久的历史，最早出现在4 000多年前胡夫法老统治的古埃及时期，主要是出于军费的需要。1598年，荷兰开始用比例税率对遗产进行征税，标志着现代遗产税在世界范围内的开始。至今，全球共有100多个国家和地区开征了遗产税或遗产与赠与税，我国遗产税的开征也逐渐被理论界关注，成为税收领域值得探讨和分析的热点话题。在理论研究领域，对于遗产税的丰富研究主要集中于对课税依据和功能效应的探讨，下文将选取有代表性的文献和理论，进行归纳和分析。

### （一）遗产税的课税依据

遗产税课税的理论依据即政府为什么要课征遗产税，其本质是基于理论层面对遗产税课征的合理正当性的学理论证。关于课税理论依据的研究隶属于公共经济学和税收学的基础范畴。西方学者对于遗产税课税的理论依据的关注和研究集中于19世纪中叶以后，最早由英国经济学家Jeremy Bentham提出，之后Mill、Wagner、Keynes等人均对这一问题进行了思考，相关观点散见于各自的著作或西方财政思想史、西方经济学流派的介绍性文献中。代表性的学说有七类：法律说、追税说、均富说、享益说、能力说、社会公益说、社会政策工具说。

理论依据的差异虽反映了各自代表的不同的政治哲学、价值伦理和利益阶层，然而归根结底，无非是基于各自的利益和视角为国家课征遗产税寻求法理支持，最终皆可归结为政治和经济双重目标，经济目标体现为对财政收入的追求，政治目标则更多地反映对社会公平和正义的维护②。

相较于西方国家，国内学界对遗产税课税的理论依据的研究起步较晚，始于20世纪90年代初，主要贡献集中体现于对国外学说的介绍和归集，王贞韶、汤贡亮、刘佐等都曾在这一领域进行过大量研究。王贞韶（1992）将遗产税课征依据总结为“国家共同继承说、没收无遗嘱的财产说、追税说、权力说、征税能力说、均富税”等6类。汤贡亮（1995）则基于西方研究成果，进一步提出“关于遗产课税的另外三种认识。一是对所得税的补充；二是对遗产所有人一生资本利得的课税；三是可以使财富分配更为公平”。

### （二）遗产税的经济效应分析

#### 1. 遗产税的代际财产转移动机理论和储蓄效应

财产在代际间的传承能够使得财产分布更加集中，贫富差距进一步扩大，开征遗产税

---

① 刘炳吉．我国开征遗产税的法律制度建构研究［D］．南昌大学，2019.

② 沈铁蕾．遗产税的经济和社会效应研究［D］．浙江大学，2015.

有利于抑制代际间财产转移的不平等。财产代际转移动机对财产的代际传承具有直接的影响，对子女的消费和储蓄行为产生直接的影响。研究不同代际财产转移动机下遗产税的储蓄效应对适合我国国情的遗产税制度设计具有重要的现实意义。

（1）代际财产转移动机理论。代际财产转移动机理论的核心是探讨代际之间财富转移。由于遗产税涉及到两代人之间的代际财富转移，因而研究代际财产转移动机理论对于研究遗产的代际转移和遗产税的相关问题具有重要的意义，同时也成为一直以来西方学者研究的热点问题，主要集中于偶然动机、利他主义动机、自我中心主义动机、策略动机和饱和动机方面的研究。

Yaari（1965）通过引入费雪效应函数构建理论模型，进而提出了偶然动机。研究结论指出，遗赠主要不是来自于任何形式的代际交换，而是作为预防生命的最终阶段所存在的并且是固有的不确定性所采取的必要的预防措施，提出个体希望在死亡前消耗掉所有财产，但由于死亡期限具有不确定性，死亡时会留下一部分遗产。Hurd（1987）的研究表明老年人的储蓄随着年龄的增加而减少，大多数代际财产转移动机都具有偶然性，这是对于社会保险市场的不完善而做出的预防反应。

Becker（1974）在“功利主义”和“社会福利”思想的影响下提出了利他主义的世代交叠模型。Barro（1974）进一步发展了理性预期学派理论，通过建立利他主义的代际交叠模型框架，提出了著名的巴罗—李嘉图等价定理，并对具有利他主义动机的父母对政府征收遗产税的反应进行了进一步的阐述。

Blinder（1976）基于生命周期储蓄理论模型提出自我中心主义动机。研究显示，父母为子女留下遗产是出于自身考虑，会因给子女留下遗产而达到内心的快乐和满足，但并不考虑对子女效用的影响。Bernheim et al.（1985）发展了一个简单的策略动机模型，认为遗产经常被作为一种对子女提供服务的补偿，通过子女提供的赡养服务程度来进行利益交换，以此决定遗产分割的数额。

（2）不同代际财产转移动机下遗产税的储蓄效应。国外学者针对不同代际财产转移动机下遗产税储蓄效应的研究较早，研究成果较为丰富，但学者们对遗产税对居民储蓄是否有影响以及有何种影响等方面还没有达成共识。

Wilhelm（1990）对美国联邦遗产税数据样本进行实证检验。研究结论认为，对于大多数富裕家庭，估计结果不支持利他主义动机，但独生子女家庭有所不同，有更多的证据支持利他主义动机，实证分析结果对宏观经济政策、政府转移支付计划和不平等分析具有重要的影响。Gale 和 Perozek（2000）基于不同的代际财产转移动机模型分析了遗产税对储蓄的影响。研究表明，遗产税对储蓄的影响取决于被继承人留下遗产的不同动机，但由于选择的代际财产转移动机不同，因而遗产税对储蓄的影响是不确定的。

2. 遗产税的财富再分配效应和社会福利效应

国外关于遗产税的财富再分配效应和社会福利效应的研究较早，并基于理论模型和经验实证的两个方面展开了系统的分析。Samuelson（1958）、Diamond（1965）开创的世代交叠模型（OLG）是以微观分析为基础的动态一般均衡模型，作为宏观经济领域的政策分析工具。随着OLG模型应用研究领域的不断深入和拓展，并伴随着近年来居民贫富差距不断扩大的现状，利用世代交叠模型研究遗产税的财富再分配效应与社会福利效应成为遗产税研究领域契合时代主题的研究方向。

Kootlikoff和Summers（1981）利用美国纵向收入和消费资料，实证分析了代际转移对总资本积累的贡献。研究结果表明，代际转移占据了美国资本形成的绝大部分，遗产占总财富的80%，只有微不足道的实际资本积累可以追溯到生命周期或"蛇峰"储蓄，强调以储蓄作为资本积累的主要形式的储蓄生命周期模型应该让位于阐明代际转移决定因素的模型。Tomes（1981）的研究结论表明，物质财富中不平等的遗产继承是在消费方面造成不平等的主要因素，家庭收入的差异导致不公平的遗产继承，子女遗产继承的收入与子女的收入和父母的教育是相反的，遗产具有补偿性，低收入的孩子继承的遗产多于同期高收入的孩子。

Davies和Kuhn（1991）通过构建一个代际财富分配的动态调整模型，研究遗产税对抑制财富不平等的作用。研究结论显示，遗产税降低了收入和遗产导致的不平等，提出通过几代人的遗产转移，财富不平等可能会下降，并达到新的稳态水平。Huggett（1996）将生命周期中产生的年龄财富分布与美国实体经济的相应分布进行了比较，并与美国收入分配的特征进行匹配。研究结果表明，以收入和生命期限不确定性为标准模型的经济体可以复制美国的总体财富和转移财富的衡量标准。该研究模拟了美国财富基尼系数以及年龄组别中财富不平等的显著部分，为在生命周期模型中引入遗产税，进行遗产税财富再分配效应分析奠定了模型框架基础。

3. 遗产税的经济增长效应

国外有部分学者很早便已开始关注遗产税作为影响经济增长的变量对经济增长的影响，并主要集中于遗产税促进经济增长的实证分析方面。经济学家凯恩斯在谈到税收如何消除社会财富分配不公时，主张征收高税率的遗产税，指出"高税率的遗产税固然有增加社会消费倾向之功效，但是当消费倾向永久增加时，在一般情形之下（即除去充分就业情形），投资引诱也同时增加。同时，在以直接税为主的税收体系中，应实行累进税率，以实现社会公平和提高消费倾向。"

Persson和Tabellini（1994）运用世代交叠（OLG）模型研究了在社会财富进行再分配的情况下，居民收入分配对经济增长的影响。研究结果表明，不平等体现在个人能力或禀赋上，能力或禀赋越高的人相应得到的收入也越高。居民将年轻时一部分收入作为预防性储蓄以便用于年老时的消费，但其年老时的消费还要受到政府转移性支出政策的影响。基于居民将储蓄超过平均水平的收入转移一部分给储蓄较少的人的这一前提条件，研究了模型的经济均衡和政治均衡状况，认为收入分配（初始禀赋分布）越平等，中间投票人的禀赋水平越高，转移支付率越低；同时，转移支付率越小，经济增长率越高①。

## 第二节　国外前沿文献

### 一、对房地产税的探讨

#### （一）房地产税与地方财政收入

房地产税在其漫长历史变迁中经历了税种地位的变化。房地产税曾是美国州政府最主要的收入来源，但在20世纪20年代和30年代，诸多新的由州政府征收的税种出现以应对地方政府和州政府开支的增加，房地产税地位的重要性逐渐消失，但鉴于其自身特殊优势，地方政府没有像州政府那样放弃房地产税。地方政府使用财产税的优势是能将纳税人和受益人对应，与州政府相比，地方政府往往对财产和主人有比较充分的信息（Wallis，2000；Fox，2005）。

对地方政府是否应该依赖房地产税、将它作为主要收入来源的问题上，西方学术界也一直存在着争论。支持将房地产税作为地方政府主要收入来源的作者（Oates，1999；Barry Weingast，1995；Ronald McKinnon，1997）主要论点是建立在税收和财政支出的基本联系之上。他们认为，地方政府要做出正确的财政决策，就必须比较衡量待建设公共项目的成本和收益。如果存在地方税收之外的其他资金来源，这个联系便不复存在。地方政府和更高级政府就地方项目拨款多少和拨款形式讨价还价，地方公共服务的范围和水平很可能由讨价还价决定。在此政治构架下，地方决策通常因为拨款而受到外来干涉②。

对房地产税持批评态度，将房地产税作为地方政府主要收入来源的观点主要来自于西欧国家的实际经验：西欧很多地方政府没有地方财政收入来源，主要依靠中央补助，但其运行良好，而现实中地方税收辖区间房地产税基不均匀的分布反而会加速都市地区的政治割裂，导致混淆和责任不清，且房地产税在实践中也受到大量限制，妨碍了它作为财政收入来源（Oates，2005）。

#### （二）房地产税对城市发展的影响

任何一个税种都会在一定程度上对居民消费、储蓄、投资以及资源配置带来影响，其

---

① 赵楠．世代交叠模型及其应用［J］．经济学动态，2004（04）：60－63.

② 陈弦．我国开征不动产税与增强地方政府公共服务能力的思考［J］．海南金融，2008（09）：9－13.

中财产税会直接影响到对房屋的投资，由于财产税加重了房屋投资的成本，因此可能会对房屋投资产生副作用。

JK Brueckner 等（2003）根据美国城市化区域的横截面数据与有效的财产税税率建立回归模型，具体探讨了财产税与城市扩张的关系，认为财产税鼓励城市的空间扩张，但可能会产生一定的扭曲效应导致城市扩张效率低下。部分学者持不同意见，如 Y Song（2005）基于美国的城市理论使用 GIS 方法将城市的城市化面积的大小与财产税率测度和其他控制变量（如人口、收入等）联系起来，发现较高的财产税确实会导致较小的城市，减少城市规模。Song 和 Zenou（2006）从理论上证明了房地产税会对城市扩张起到抑制的作用，并以美国 448 个城市为例，实证研究表明房地产税税率每提高 1% 会使城市扩张降低 0.401%，即较高的房地产税确实会起到抑制城市扩张的作用①。

### （三）税收竞争与地方公共服务

税收竞争对地方公共服务水平的影响实际上是财产税“新论”在地方公共物品供给上的一种应用，也可以说是对“新论”的一种经验验证。最早注意到这个问题的学者是 Break 和 Oates，他们认为，由于税收竞争的存在，地方政府不愿对流动资本征税的心态，可能会导致他们将支出控制在没有效率的水平上，即导致地方公共服务的供给不足。

关于税收竞争导致公共服务低水平提供的传统理论都遵循了一些相当严格的假设，诸如地方公共服务不会出现人口规模经济效应、地方公共服务的提供完全由选民意愿决定等。而事实上，公共物品的基本特征决定了其人口规模效应存在的必然性，出于政治或其他方面的考量，地方政府对公共物品的提供也可能存在市场势力。因此，关于财产税税收竞争的最新理论也在这些方面进行了一些尝试②。Luc Noiset（2003）将税收输出分析融入到标准的税收竞争模型中，放弃了传统税收竞争模型中一个经济体只生产一种产品的假定，并进一步假设这个经济体中某个地区对某个特定产品具有专业化优势，即在这个产业上具有市场势力，结果表明，面对家庭与企业的利益权衡，政府可以通过对可流动的资本征税获得垄断租金，从而通过税收输出或租金收益给本地居民以直接的福利增加，并且这种福利的增加完全可能超出由于税收竞争引致的资本流出而导致的福利损失。Toshihiro Ihori 与 C. C. Yang（2009）在税收竞争模型中植入了行政区域内政策制定与政治竞争，构建了一个有 $n$ 个相同地区（$n$ 表示竞争强度）、$n$ 个居民、资本与劳动两种生产要素的模型，并假定一个地区中位选民拥有的资产数量小于这一地区平均的资产数量，于是政治家为选举获胜而对税收政策的选择可以导致地区间的一个最优竞争强度，而这个竞争强度刚

① 傅锦超. 城市化对财产税的影响研究［D］. 山东大学，2019.

② 郭宏宝. 财产税、税收公平与地方财政行为：一个文献综述［J］. 税务与经济，2010（04）：75－80.

好可以保证公共服务的有效供给，并且如果税收竞争低于最优竞争强度，则加强税收竞争有利于社会净收益的增加。

## 二、对遗产税的探讨

### （一）遗产税的财富再分配效应与社会福利效应

21 世纪初期，随着计算机技术的快速发展，基于生命周期模型进行遗产税研究有了新的进展，模型求解技术进一步提升，模型更为复杂。模型计算能力的提升和结论的完善能够证明遗产税具有财富再分配的实际效应。

Gokhale（2001）通过建立 88 期 OLG 模型模拟预测财富不平等的代际转移状态，在该模型中引入了随机生育率、随机死亡率、技术异质性、遗产的代际转移、个体的门当户对等变量，模拟分析了美国遗产的代际转移状况。理论模型模拟预测结果显示，基于教育等人力资本进行代际财富转移是导致社会不平等的主要因素，并将这种人力资本称之为“精神遗产”，认为收入不平等是导致财富不平等的决定性因素，遗产的代际转移能够增加个体的收入，遗产和收入之间呈现正相关关系。

Davies et al.（2010）建立了实证分析模型。研究结果显示，总财富中 35% ~45% 是通过代际转移获得的遗赠，因而遗赠对于财富再分配的影响是不可忽略的，基于高度倾斜的总资产的规模分布，遗产税在抑制财富分配的不平等方面发挥着关键作用。Brunner 和 Pech（2012）通过构建一个带有最初财富的最优税收模型展开研究。结论显示，个人财富的差异不仅表现在工作能力方面，而且也反映在最初持有的财富差异方面。在纯粹利他主义动机下，考虑累进的个人所得税和线性的遗产税，并考虑调节财富再分配的功能定位，则征收遗产税能够达到提高社会福利的效果。

### （二）慈善捐赠的激励作用

遗产税具有促进财富顶端纳税者进行慈善捐赠的激励机制，对推动慈善事业的发展有积极作用，遗产税的代际财产转移动机理论和储蓄效应成为研究的逻辑起点。通过实证证明，遗产税对美国的慈善捐赠具有一定的激励作用。

Bakija et al.（2003）使用美国跨度几十年的联邦遗产税纳税申报表的综合截面数据，通过构建计量经济学模型证明州和联邦遗产税对慈善捐赠具有激励效应，并认为取消遗产税会大幅提升慈善捐赠的价格，居民实际使用的可支配财产提升，进而导致慈善捐赠的下降。Alyssaa DiRusso（2011）认为美国税法的一个功能就是促进慈善捐赠，多层次的税收规定，如遗产税等为富有的个人纳税者向非营利组织捐赠提供了经济激励。Nsncy M. Annick（2011）认为遗产税与慈善捐赠之间有着必然联系，是鼓励慈善捐赠的合理工具，遗产税的开征可以倒逼民众尤其是富有阶层主动从事慈善捐赠①。

### （三）对家族企业发展的影响

遗产税对家族企业发展的影响目前没有得到明确的结论，由于涉及代际问题、财产问题、死亡问题等跨学科领域，基于家族企业视角对遗产税课税效应进行研究属于相对冷僻和敏感的课题，整体上看研究关注度不高，研究文献也不丰富。研究学者的主要观点是遗产税会对家族企业的发展产生负面的影响，遗产税的代际财产转移动机理论和储蓄效应成为研究的重要基础，不同学者从不同方面论证遗产税对家族企业发展的负面影响。

最近若干年对遗产税可能导致家族企业负效应表示质疑的有 Grossmann 和 Strulik、Joulfaian 以及 Chye - Ching Huang。Grossmann 和 Strulik（2008）的一项研究不再如前人般纠结于对继承税优劣的争论，转而针对“家族企业代际传承不应受到税法惩罚”的一般观点选取了新的研究视角。通过建立以遗产税为内生变量的数理模型，试图考察遗产税对家族企业继承的影响。其结论是，继承税政策优惠使管理能力低的继承人得以继续维持和经营企业，这对宏观经济将产生负面影响。Grossmann 等人的研究实现了这一领域的三大突破，一是，不再局限于对遗产税优劣的简单争论范畴；二是，以严格的数理分析和实证分析作为基本研究方法；三是，使用来自于德国的企业级数据对模型和结论进行严格的计量检验②。

### （四）税制要素的分析

对于税率的设计，国外征收遗产税历史较为悠久的国家对遗产税税率的相关研究起步较早，随着大型数值模拟技术的发展和逐步成熟，国外对遗产税税制设计的研究主要集中于最优遗产税税率的定量研究方面。

Slemrod 和 Kopczuk（2000）利用美国 1916 ~ 1996 年的遗产税申报数据，通过构建计量模型分析了遗产税对财富积累和避税的影响。研究结果显示，由于美国早期实行浮动遗产税税率，未来的遗产税税率应研究如何尽量保持税率的稳定，致力于制定有效的终身税率，并使得居民死亡前 10 年的赠与税税率与遗产税税率尽量保持一致。Kopczuk 和 Saez（2004）考察了 1916 ~ 2000 年间美国最为富裕的阶层持有财富占社会居民总财富的比例变动情况，通过构建计量模型得出结论指出，对遗产税征收高额的累进税率，可能会抑制大额财富的高度集中。同时，通过研究美国 80 余年财富的集中程度发现，陡峭的累进税率对防止大额财富集中有一定的效果。

---

① 孙清熙. 遗产税制度对我国慈善捐赠激励研究［D］. 兰州财经大学，2015.

② 沈轶蕾. 遗产税的经济和社会效应研究［D］. 浙江大学，2015.

# 第三节　国内前沿文献

## 一、对房地产税的探讨

### （一）房地产税与对房地产价格的影响

房地产税的开征能否降低房地产价格，各种研究的结论仍然存在较大分歧。

一部分学者肯定了房地产税改革对调控房价的积极作用，从理论和实证两个方面进行了论述。易宪容（2007）指出，公平公正物业税可降房价。因为物业税可使住房多的人多缴税，从而把投资性购房逐渐压缩到最低程度。从而使投资性住房和普通住房需求基本上能达到平衡，价格增长就不会这么快了。朱宇彤（2007）分别从供给与需求两个方面对物业税开征对房地产业的影响进行了分析，认为物业税开征能够使土地出让更加理性，可以缓解开发商的资金压力，降低开发商进入门槛。骆永民、伍文中（2012）采用动态随机一般均衡模型进行数值模拟，认为房地产税在长期内能够有效降低房价。王家庭、曹清峰（2014）采用 DID 方法，研究发现我国房地产税试点中不存在明显的政策预期效应；房地产税试点显著降低了住宅价格，但是对商品房和高档住宅价格的影响不显著。陈力朋、崔怡、贺敏（2018）利用情景模拟的组间实验，采用有序概率模型，实证分析了房地产税改革对居民房价预期和房租预期的影响。研究表明在控制居民的教育水平、家庭收入与房产数量等相关因素的情况下，房地产税改革对居民的房价预期具有显著的影响，即在开征住房保有环节房地产税的情况下，居民认为房价预期下降的可能性会更大。

更多的学者认为房地产税对房屋价格的影响并不显著。岳树民（2005）认为，房地产开发建设环节税费的减少只是为形成合理的商品房价格提供了条件，并不一定会如数转化为商品房价格的下降。房地产税制改革能否降低过高的房价，还取决于土地供给制度、房地产需求状况、建材价格、金融政策、各种税费等因素的影响。张力嘉（2019）经过实证得出，通过分别对上海和重庆在改革后短期及长期内的房价变动情况进行分析，得出房地产税的改革会在一定程度上对房价产生抑制作用。但对不同的城市在不同时间跨度内的影响也较为不同。上海作为我国最为发达的城市，在住房价格上表现出的抑制作用不明显。重庆作为我国的大中城市，进行试点改革后，从短期来看，政策对房价都有较为明显的抑制作用，但从长期来看，由于房地产市场上参与者的行为调节，政策效果被大大削弱。但短期内明显的政策效果还是给我国其他一二线城市房地产的调控带来了希望，证明制定恰当的房地产税政策，是可以在一定程度上营造一个健康、平稳、可持续的房地产市场的。

### （二）房地产税对居民消费的影响

目前的研究成果表明，房地产税对居民消费存在影响，但影响程度与地区具体环境有关，因为我国只在上海和重庆两地进行房地产税的试点，因此主要的实证结果都以两个试点城市为研究对象。

胡海生等（2018）基于可计算一般均衡模型（CGE），模拟了五种房地产税征收方案下，城镇和农村居民收入及消费的变化。五个方案的房地产税政策（上海房地产税政策推广至全国、重庆房地产税政策推广至全国和全国统一征收 1%、1.5%、2% 税率的房地产税政策）的力度是依次递增，对居民的可支配收入和消费的影响也是依次递增的。

郭将等（2019）以 2011 年在重庆和上海开始房地产税改革试点为自然实验，分析其不同的政策可能对地区居民消费产生的差异性影响，并采用 2006 ~ 2015 年全国 34 个大中型城市的面板数据，运用合成控制法进行实证检验。研究发现：征收房地产税会对地区居民消费水平产生显著影响，但不同的房地产税政策对地区居民消费水平的影响具有较大异质性："重庆模式"的房地产税政策具有相对较强的力度和公平性，但持续抑制了居民消费，不利于地区消费升级："上海模式"的房地产税政策力度较弱且与地区落户等制度相关联，虽然在短期内对居民消费存在抑制作用，但该影响不会长期持续，一段时期后地区消费水平会恢复甚至增加。上述结论表明，征收房地产税的经济效果不仅与房地产税政策本身有关，而且与配套政策、制度环境等紧密相关。

### （三）房地产税与地方公共服务

房地产税与地方公共服务的研究主要集中在探究房地产税是否能够成为地方主体税种这一方向上，对这一问题存在争议。

白彦锋（2012）基于房地产行业近年来异军突起、畸形发展、房价高企的民生背景，探讨当前的房产税改革是否能够有效调控房地产市场，解决房价高企问题，纾解民生困局，最终化解财政风险、培育地方财政收入主要来源。经过研究认为：第一，鉴于房产税作为一种财产税的特殊性以及房地产市场的特殊复杂性，房产税改革过程本身就步履维艰；第二，我国社会经济、人口、城市化等因素的中长期发展，可能使房价丧失长期上涨的动力，从而使房产税丧失其未来成为地方税主体税种的基础和前提。

杨荣桂等（2019）采用超效率 DEA – Tobit 两阶段模型，利用 2008 ~ 2016 年福建省地方公共服务供给的投入产出数据对福建省地方基本公共服务供给效率进行了测算，实证研究表明，福建省近几年地方服务供给效率呈现下降趋势，房地产税的征收有助于提高地方公共服务的供给效率，当地政府财政实力、支出偏好及转移支付支持力度对地方公共服务供给也有显著的影响①。

武亚琳等（2019）采用2009～2018年全国31个省（直辖市、自治区）的面板数据，研究房地产税改革对地方财政收入的影响，得出改革后房地产税税收入每增加1%，地方财政收入便会增加0.829%的结论，说明改革后的房地产税税收入对地方财政收入有着积极的影响，房地产税能够成为地方政府可靠的收入来源。

### （四）房地产税与城市扩张

房地产税与城市化的关系是具有较长研究历史的课题，我国的研究主要以上海和重庆两试点城市为研究对象，认为整体上房地产税改革对城市扩张的抑制作用不明显，保有和流转环节的房地产税对城市扩张的影响存在差异。

贾雁岭（2016）基于全国35个大中型城市的数据，通过构建动态面板模型，采用系统广义矩估计的计量方法，实证分析了房地产税对城市扩张的影响，以重庆市和上海市对个人住房征收房地产税试点改革为自然实验，采用合成控制法分析了房地产税试点改革对城市扩张的影响，认为房地产税对城市扩张的抑制作用并不显著。

不同环节的房地产税对城市扩张的影响存在较为明显的差异，其中持有环节的房地产税有利于抑制城市扩张，流转环节的影响则不然。同时，房地产税和土地出让金对不同地区和不同规模的城市扩张也存在着差异化的影响。重庆市房地产税试点改革显著地抑制了城市扩张，其作用机制除了房地产税的居住面积效应之外，可能和重庆市特殊的房地产税优惠政策相关。重庆市对100平方米以下的新购独栋商品住宅和高档住房采取免税的政策，这促使消费者为避免承担过多的税负而偏好中小型住宅。

### （五）房地产税的税制设计探讨

相比于国外研究，国内研究内容主要集中于我国房地产税体系的建立和完善及面临的问题的讨论。

#### 1. 房地产税制改革实施步骤

对于房地产税改革的实施步骤，我国学者普遍认为其需要渐进推进，分步骤实施，对于居民个人的住房征税可放在改革的最后一步。

贾康（2010）认为，物业税改革不求一步到位，而要尽快搭好和推出基本制度框架，在方案设计上注重“渐进”要领。对一般的消费性住房不考虑实征，对管理上很容易认定的独立别墅、豪华公寓则可先行实征，也可设立一个优惠门滥，比如对一定面积以下的居民“第一套自用住房”实行永不实征。倪红日（2011）建议先改革经营性房地产税收制

---

① 杨荣桂，黄宇. 房地产税对地方公共服务供给效率非对称影响研究——基于超效率DEA－Tobit两阶段模型的实证分析［J］. 中国经贸导刊（中），2019（07）：133－135.

度，再推进对居民住宅征税。因为经营性房地产目前是征税的，只需要改革计税依据。先对经营性房地产实行新的房地产税，条件可能更为成熟。

侯一麟和马海涛（2016）分析中国房地产税的设计原理和实施策略，并提出一个理论框架。认为房地产税制设计应遵循税负公平、注重效率、税入充足、税政得当和透明运行诸原则。开征房地产税的直接目的是赋予基层政府稳定的自有财源，使之能够更好地提供基本公共服务；间接和最终目的是从多个维度促进和改善地方治理。开征新税没有完美时机，中国开征房地产税宜早不宜迟。论文还给出了房地产税的实施策略，可以由全国人大立法确定房地产税为地方税，授权省市立法机关通过相关地方性法规，基层政府自行征收、使用。

2. 房地产税制要素

对房地产税制改革实施的讨论中，还有许多关于税率、计税依据、税基以及减免范围等税制要素的探讨，这些对房地产税制建议大致可以分为两种，即平均不动产政策和差别不动产政策。

少数学者认为应采用人均免税额的无差别征收方法。苏明和施文泼（2016）表示为了体现量能课税原则，满足居民的基本居住需求，可以对所有的个人住房给予每个家庭成员一个固定金额的评估价值减免额，然后对扣除了免征总额后的个人住房评估价值进行征税。靳东升（2016）认为为了体现税收的公平性，许多国家会按一定标准为居民的普通住宅提供一定的减免优惠。他在与多国税收政策比较后提出，新的房地产税可以在普遍征收的基础上，根据房地产的使用性质和家庭人口状况，对居民进行居住房产的税收扣除或者定额减免税款的优惠。

大多数学者认为房地产税的征收应该根据地区、房产占有情况进行差别征收。刘桓（2011）等对房地产税实施方面的观点包括：根据应税房产的占有面积和是否已经出租，应制定不同的征收办法。对已经出租的住房将沿用现行办法，征收租金收入的4%；对于非居住的房产，将按照其应税面积，参照当地同类房产价格，每年征收其应税房产价格的0.8%～1.2%；居民基本住房的免税标准大致为三口之家120平方米；房地产税的税基按照市场评估价格计算。刘佐（2010）认为，房地产税的征税范围应当扩大到个人住宅和农村地区，并按照房地产的评估值征收。同时，通过规定适当的免税项目和免征额的方法将低收入阶层排除在纳税人以外。房地产税的税率应当根据不同地区、不同类型的房地产分别设计，由各地在规定的幅度内掌握。如中小城市房地产的适用税率可以适当从低，大城市房地产的适用税率适当从高；普通住宅的适用税率可以适当从低，高档住宅和生产、经营性房地产的适用税率可以适当从高，豪华住宅和高尔夫球场还可以适当加成征税。崔志坤（2010）的建议是：在开征物业税的早期阶段宜选择较简单的比例税率，税率不宜过高，待条件成熟时再调整为超额累进税率。对于生产经营用房大城市建议税率为0.4%～1.2%，中等城市0.3%～0.9%，小城市、县城、建制镇0.2%～0.6%；对于居民用房大城市0.3%~0.9%，中等城市0.2%~0.6%，小城市、县城、建制镇0.1%~0.3%。安体富（2014）的观点则是按照住宅拥有数量和房产性质两种方法进行征收房地产税。按住宅拥有量进行征收的话，可以对第一套房屋免税，对第二套房屋减税，对第三套及以上的房屋没有任何优惠的征税；如果按房产性质征税的话，对普通住宅房产实行1%以下的税率，对于别墅、高档公寓以及多套房产则按3%的税率征收。

## 二、对遗产税的探讨

### （一）遗产税的代际财产转移动机和储蓄效应分析

国内关于代际财产转移动机的研究起步较晚，主要聚焦于代际财产转移动机理论方面，认同遗产税的实施结果取决于代际财产转移动机，但相关实证研究成果相对较少。

王劲松（2002）分别构建了利他主义动机、交换动机、自我中心主义动机以及非预期动机的理论模型，并对开征遗产税后的父母效用函数的改变进行了比较静态分析。研究指出，父母进行财产代际转移时的动机直接决定了税收政策被父母的财产转移行为所抵消的程度。漆亮亮（2003）对利他主义动机、自我中心主义动机、交换动机、非预期性动机四种遗产动机进行了文献综述和评析，研究表明，遗产税的经济效率关键取决于有效的代际财产转移动机。

近年来，国内对遗产税储蓄效应的研究逐渐增多，一些学者基于不同的代际财产转移动机（遗赠动机）对遗产税的储蓄效应进行了理论建模分析。刘荣、刘植才（2008）基于我国经济社会发展实践，采用定性分析方法进行研究指出，遗产税与所得税一样均具有收入效应和替代效应，会对人们的储蓄、消费和投资选择产生影响。禹奎（2009）通过构建不同遗赠动机的理论模型研究指出，在交换动机支配下，遗产税是对父母针对孩子关心服务的购买行为课税，关心和照顾的需求价格弹性决定了税收的储蓄效应。如果需求是无弹性的，遗产税税率越高，父母对服务的消费支出也会越多，父母将增加储蓄；如果需求是有弹性的，较高的遗产税税率将减少总遗产额和父母在第一阶段的储蓄。

### （二）遗产税的财富再分配效应与社会福利效应

近年来，随着大数据时代的到来和大型数据模拟技术的发展，并基于我国居民贫富差距不断扩大的时代背景，国内对遗产税财富再分配效应和社会福利效应的研究也逐渐开始兴起，主要的研究结论是遗产税将会对社会公平和财富分配产生正面影响。

禹奎（2010）认为由于财富在代际之间的转移，财富集中将会越来越明显，贫富差距也会逐步扩大，遗产税可以在一定程度上降低财产分配的集中度。缩小贫富差距实际上就是一个社会资源再分配的过程。刘剑文（2013）认为，遗产税是一种调节收入和家庭财富的重要手段，可以有效缩小贫富差距，从而减缓我国现在两极分化带来的矛盾。

蔡秀云、郭省钰（2014）运用时间序列的计量研究方法对我国开征遗产税的财富再分配效应进行分析，研究结果证明，开征遗产税有利于降低财富基尼系数和缩小贫富差距。詹鹏、吴珊珊（2015）运用 CFPS（2010）的微观调查数据与蒙特卡洛模拟估计的方法，研究了遗产继承对财产不平等的影响，以及不同遗产税可能发挥的再分配效果。通过建立计量模型得出结论，财产代际转移扩大还是缩小财产不平等的结果是不确定的，提出如果将遗产税收入分配给穷人可以极大地提升遗产税缩小财产不平等的作用。

### （三）遗产税的经济增长效应分析

鉴于我国正处于经济增长“新常态”，以及亟待实施一系列经济政策来实现统筹稳增长、促改革、不断创新和完善宏观调控的经济发展的总目标，国内学者开始着力在宏观经济领域探讨遗产税的经济增长效应，主要的研究结论是开征遗产税会对我国经济发展产生正面的积极的影响。

禹奎（2010）基于构建代际财产转移的理论模型的研究结果表明，开征遗产税会抑制储蓄，但并不会阻碍经济增长，同时开征遗产税可以更好地发挥税收的调控功能。北京师范大学收入分配研究院课题组（2013）的研究结果显示，开征遗产税将会对我国经济社会发展产生正面影响，特别是有利于稳增长。张熠、卞世博（2015）运用三期世代交叠（OLG）模型分析了我国征收遗产税对经济增长、产业结构和社会福利的作用，并通过实证检验，证实相对于补贴现收现付制的社会保障机制，遗产税收入补贴教育时更有利于实现“稳增长、调结构、促消费”这三个重要的宏观经济目标。

### （四）税制要素的研究

对于税制要素的研究，由于我国目前没有开征遗产税，所以研究学者主要结合其他国家的经验和我国的实际情况展开论证，主要是从课税对象、征税范围、税率、税收优惠等角度对相关税制进行设计。

对于课税对象和征税范围，我国的研究学者认为应该全面，需要包括动产、不动产和其他具有财产价值的权利。刘荣、刘植才（2008）提出遗产税的课税对象应具有广泛性，具体包括动产、不动产和具有财产价值的各项权利，并实行从价计征。北京师范大学收入分配研究课题组（2013）明晰了我国征收遗产税的课税对象应包括全部遗产，即遗产中的所有动产和不动产。蔡秀云、郭省钰（2014）通过实证分析得出结论，应只对当年死亡总人口的 1% 课征遗产税，免征额以当年死亡人口中最富有的 1% 财富拥有量的最低值为参考。陈明艺、李倩（2016）借鉴国外遗产税征收的相关经验，对我国高净值人群的财富传承工具和财富拥有现状进行分析，根据微观调查数据探讨我国遗产税的征税范围，建议遗产税征税的具体范围应包括不动产、动产和其他具有财产价值的权利。

与国外学者的研究相比，国内学者由于数据的缺乏和大型数值模拟技术的尚未成熟，因而对遗产税税率设计的相关研究起步较晚，主要观点集中于超额累进税率和比例税率的设定。大部分学者通过深入的研究认为，根据我国现阶段国情，税率设置要体现社会公平的原则，应采取超额累进税率，但主张税率级次设定不应过多以简化税制（刘佐、石坚，2003；刘荣、刘植才，2008；禹奎，2009；徐艺，2013；欧博文，2017）。刘佐、石坚（2013）根据我国居民的收入情况和财产分布情况，借鉴国外征收遗产税国家税率设定的经验，预测分析了我国未来将面临的税制改革的不同情形，分别设定了两种5级情形和两种10级情形。此外，徐艺（2013）主张税率设定5级累进级次，张清立（2014）认为应设定10级累进级次。

在最高边际税率的设定方面，国内学者的研究普遍遵循世界上其他征收遗产税国家的实践经验，将遗产税的最高边际税率设定50%左右（刘佐、石坚，2003；刘荣、刘植才，2008；禹奎，2009；徐艺，2013；张清立，2014；欧博文，2017），李腊生等（2017）通过构建计量模型估计出我国遗产税税率应该选择在30%～50%之间为宜。此外，也有部分学者主张设定比例税率，谢枫（2014）基于我国遗产税调节贫富差距的功能定位和税收征管水平的现状，提出我国遗产税开征初期应选择比例税率，税率设定在30%～40%的范围。

对于遗产税的免税情况，温师燕（2014）认为，我国遗产税应当设计免征额，并且遗产税的免征额应该与我国的人均GDP相关。但是由于国情和统计研究的方式不同，所以在设计我国独有的免征额的时候不能盲目地借鉴国外的经验，而应该从我们国家的现实出发。欧阳天健（2016）研究遗产信托时指出我国遗产税设计应该明确遗产税的纳税时间、纳税人、纳税地点，并且需要制定明确的反避税条款。郦姝绮（2018）通过研究英国遗产税对我国遗产税制度设计提出建议：对于慈善捐赠以及向政府的捐赠均可以免税。被继承人死亡之前应缴纳的税款、罚金、债务以及丧葬费用均可以在应税总额中扣除。并且应该对遗产的所在地实行一个统一的确认标准，不能因所在地不同而导致财产确认标准也发生变化①。

## 文献索引

[1] LMROHOROGLU A, LMROHOROGLU S, JOINES D H. A life cycle analysis of social security [J]. Economic theory, 1995, 6 (1): 83–114.

[2] O'SULLIVAN A, SEXTON T A, SHEFFRIN S M. Property taxes and tax revolts: The legacy of proposition 13 [M]. Cambridge University Press, 1995.

[3] WILHELM M O. Bequest behavior and the effect of heirs' earnings: Testing the altruistic model of be-

① 吴文江. 我国开征遗产税问题研究［D］. 江西财经大学，2019.

quests [J]. The American Economic Review, 1996: 874 - 892.

[4] BOSSMANN M, KLEIBER C, WÄLDE K. Bequests, taxation and the distribution of wealth in a general equilibrium model [J]. Journal of Public Economics, 2007, 91 (7 - 8): 1247 - 1271.

[5] BOWEN H R. The interpretation of voting in the allocation of economic resources [J]. The Quarterly Journal of Economics, 1943, 58 (1): 27 - 48.

[6] BRUECKNER J K. A Tiebout/tax - competition model [J]. Journal of Public Economics, 2000, 77 (2): 285 - 306.

[7] BUCOVETSKY S. Asymmetric tax competition [J]. Journal of urban economics, 1991, 30 (2): 167 - 181.

[8] BAKIJA J M, GALE W G, SLEMROD J B. Charitable bequests and taxes on inheritances and estates: Aggregate evidence from across states and time [J]. American Economic Review, 2003, 93 (2): 366 - 370.

[9] CARLTON D W. The spatial effects of a tax on housing and land [J]. Regional Science and Urban Economics, 1981, 11 (4): 509 - 527.

[10] NETZER D. Economics of Property Tax [M]. Washington D. C.: The Brookings Institution, 1966.

[11] DYE R F, MCGUIRE T J. The effect of property tax limitation measures on local government fiscal behavior [J]. Journal of public Economics, 1997, 66 (3): 469 - 487.

[12] STRAWCZYNSKI M. The optimal inheritance tax in the presence of investment in education [J]. International Tax and Public Finance, 2014, 21 (4): 768 - 795.

[13] ELLICKSON R C. Suburban growth controls: An economic and legal analysis [J]. The Yale Law Journal, 1977, 86 (3): 385 - 511.

[14] HEER B. Employment and welfare effects of a two - tier unemployment compensation system [J]. International Tax and Public Finance, 2003, 10 (2): 147 - 168.

[15] EPPLE D, PLATT G J. Equilibrium and local redistribution in an urban economy when households differ in both preferences and incomes [J]. Journal of urban Economics, 1998, 43 (1): 23 - 51.

[16] JIANG L. Estate tax and lifetime income inequality [J]. Economic Modelling, 2010, 27 (3): 613 - 619.

[17] BLUMKIN T, SADKA E. Estate taxation with intended and accidental bequests [J]. Journal of Public Economics, 2004, 88 (1 - 2): 1 - 21.

[18] JOULFAIAN D. Estate taxes and charitable bequests by the wealthy [R]. National Bureau of Economic Research, 2000.

[19] FIGLIO D N, O'SULLIVAN A. The local response to tax limitation measures: Do local governments manipulate voters to increase revenues? [J]. The Journal of Law and Economics, 2001, 44 (1): 233 - 257.

[20] FIGLIO D N. Did the "tax revolt" reduce school performance? [J]. Journal of Public Economics, 1997, 65 (3): 245 - 269.

[21] FIGLIO D N. Short - term effects of a 1990s - era property tax limit: Panel evidence on Oregon's Measure 5 [J]. National Tax Journal, 1998: 55 - 70.

[22] FISCHEL W A. Property taxation and the Tiebout model: Evidence for the benefit view from zoning and

voting [J]. 1992, (30): 171 - 177.

[23] FISCHEL W A. The economics of zoning laws: A property rights approach to American land use controls [M]. JHU Press, 1987.

[24] CORNIA G C, WALTERS L C. Full disclosure: Controlling property tax increases during periods of increasing housing values [M]. USA: Lincoln Institute of Land Policy, 2006.

[25] ZODROW G R, MIESZKOWSKI P M. The new view of the property tax a reformulation [J]. Regional Science and Urban Economics, 1986, 16 (3): 309 - 327.

[26] CASAMATTA G, CREMER H, PESTIEAU P. The political economy of social security [J]. Scandinavian Journal of Economics, 2000, 102 (3): 503 - 522.

[27] HAMILTON B W. Capitalization of intrajurisdictional differences in local tax prices [J]. The American Economic Review, 1976, 66 (5): 743 - 753.

[28] HAMILTON B W. Zoning and property taxation in a system of local governments [J]. Urban studies, 1975, 12 (2): 205 - 211.

[29] HARBERGER A C. The incidence of the corporation income tax [J]. Journal of Political economy, 1962, 70 (3): 215 - 240.

[30] HOLCOMBE R G. The median voter model in public choice theory [J]. Public Choice, 1989, 61 (2): 115 - 125.

[31] HINES JR J R. Income and substitution effects of estate taxation [J]. American Economic Review, 2013, 103 (3): 484 - 88.

[32] KRUSELL P, SMITH, JR A A. Income and wealth heterogeneity in the macroeconomy [J]. Journal of political Economy, 1998, 106 (5): 867 - 896.

[33] INMAN R P. Testing political economy's 'as if' proposition: Is the median income voter really decisive? [J]. Public Choice, 1978, 33 (4): 45 - 65.

[34] GALE W G, SCHOLZ J K. Intergenerational transfers and the accumulation of wealth [J]. Journal of Economic Perspectives, 1994, 8 (4): 145 - 160.

[35] TORSTEN P, TABELLINI G. Is inequality harmful for growth [J]. 1994.

[36] MALME, JANE H, YOUNGMAN, JOANM. The development of property taxation in economies in transition: Cease studies from central and eastern Europe [M]. World Bank Publications, 2001.

[37] GUILFOYLE J. The effect of property taxes on home values [J]. Journal of Real Estate Literature, 2000, 8 (2): 109 - 127.

[38] WILSON J D. Optimal property taxation in the presence of interregional capital mobility [J]. Journal of Urban Economics, 1985, 18 (1): 73 - 89.

[39] KELLY J M. The case for reform of the real property tax [J]. American Journal of Economics and Sociology, 1987, 46 (1): 125 - 126.

[40] JOYCE P G, MULLINS D R. The changing fiscal structure of the state and local public sector: The impact of tax and expenditure limitations [J]. Public Administration Review, 1991: 240 - 253.

[41] IHLANFELDT K R. Property taxation and the demand for housing: An econometric analysis [J].

Journal of Urban Economics, 1984, 16 (2): 208 - 224.

[42] LEONARD L A. The taxation of property in Kansas 1855 - 1955 [J]. The Journal of Finance, 1958, 13 (1): 109 - 110.

[43] NOISET L. Is it tax competition or tax exporting? [J]. Journal of Urban Economics, 2003, 54 (3): 639 - 647.

[44] MIESZKOWSKI P. The property tax: An excise tax or a profits tax? [J]. Journal of Public Economics, 1972, 1 (1): 73 - 96.

[45] MILLER G J. Cities by contract: The politics of municipal incorporation [M]. MIT Press, 1981.

[46] NETZER D. Economics of the property tax [J]. Economics of the property tax. , 1966.

[47] CREMER H, PESTIEAU P. Non - linear taxation of bequests, equal sharing rules and the tradeoff between intra - and inter - family inequalities [J]. Journal of Public Economics, 2001, 79 (1): 35 - 53.

[48] OATES W E. The effects of property taxes and local public spending on property values: An empirical study of tax capitalization and the Tiebout hypothesis [J]. Journal of political economy, 1969, 77 (6): 957 - 971.

[49] JONES L E, MANUELLI R E, ROSSI P E. On the optimal taxation of capital income [J]. journal of economic theory, 1997, 73 (1): 93 - 117.

[50] HEER B. On the welfare gain from stabilizing cyclical fluctuations [J]. Applied Economics Letters, 2001, 8 (5): 331 - 334.

[51] BRUNNER J K, PECH S. Optimal taxation of bequests in a model with initial wealth [J]. The Scandinavian Journal of Economics, 2012, 114 (4): 1368 - 1392.

[52] O'SULLIVAN A, SEXTON T A, SHEFFRIN S M. Property taxes, mobility, and home ownership [J]. Journal of Urban Economics, 1995, 37 (1): 107 - 129.

[53] HUBBARD R G, SKINNER J, ZELDES S P. Precautionary saving and social insurance [J]. Journal of political Economy, 1995, 103 (2): 360 - 399.

[54] PRESTON A E, ICHNIOWSKI C. A national perspective on the nature and effects of the local property tax revolt, 1976 - 1986 [J]. National Tax Journal, 1991: 123 - 145.

[55] REINHARD R M. Estimating property tax capitalization: A further comment [J]. Journal of Political Economy, 1981, 89 (6): 1251 - 1260.

[56] GALE W G, SLEMROD J. Rhetoric and economics in the estate tax debate [J]. National Tax Journal, 2001: 613 - 627.

[57] STEEN R C. Effects of the property tax in urban areas [J]. Journal of Urban Economics, 1987, 21 (2): 146 - 165.

[58] CARROLL R J, YINGER J. Is the property tax a benefit tax? The case of rental housing [J]. National Tax Journal, 1994: 295 - 316.

[59] FORD R S. Property taxation in relation to investment in urban areas: Discussion [J]. The Journal of Finance, 1951, 6 (2): 209 - 210.

[60] BAHL R W, MARTINEZ - VAZQUEZ J. The property tax in developing countries: Current practice

and prospects [M]. Cambridge, MA: Lincoln Institute of Land Policy, 2007.

[61] HURD M D. Savings of the elderly and desired bequests [J]. The American Economic Review, 1987: 298 - 312.

[62] MCCAFFERY E J. The uneasy case for wealth transfer taxation [J]. The Yale Law Journal, 1994, 104 (2): 283 - 365.

[63] POGUE T F. The incidence of property tax relief via state aid to local governments [J]. Land Economics, 1983, 59 (4): 420 - 431.

[64] TIEBOUT C M. A pure theory of local expenditures [J]. Journal of political economy, 1956, 64 (5): 416 - 424.

[65] KOPCZUK W, SAEZ E. Top wealth shares in the united states: 1916 - 2000: Evidence from estate tax returns [R]. National Bureau of Economic Research, 2004.

[66] IHORI T, YANG C C. Interregional tax competition and intraregional political competition: The optimal provision of public goods under representative democracy [J]. Journal of Urban Economics, 2009, 66 (3): 210 - 217.

[67] HEER B. Wealth Distribution and Optimal Inheritance Taxation in Life - cycle Economies with Intergenerational Transfers [J]. Scandinavian Journal of Economics, 2001, 103 (3): 445 - 465.

[68] HUGGETT M. Wealth distribution in life - cycle economies [J]. Journal of Monetary Economics, 1996, 38 (3): 469 - 494.

[69] KEISTER L A, MOLLER S. Wealth inequality in the United States [J]. Annual Review of Sociology, 2000, 26 (1): 63 - 81.

[70] WHITE M J. Fiscal zoning in fragmented metropolitan areas [J]. Fiscal zoning and land use controls, 1975, 31: 35.

[71] WILSON J D. A theory of interregional tax competition [J]. Journal of urban Economics, 1986, 19 (3): 296 - 315.

[72] WILSON J D. Mobile labor, multiple tax instruments, and tax competition [J]. Journal of Urban Economics, 1995, 38 (3): 333 - 356.

[73] ZODROW G R, MIESZKOWSKI P M. The new view of the property tax a reformulation [J]. Regional Science and Urban Economics, 1986, 16 (3): 309 - 327.

[74] ZODROW G R, MIESZKOWSKI P. Pigou, Tiebout, property taxation, and the underprovision of local public goods [J]. Journal of urban economics, 1986, 19 (3): 356 - 370.

[75] 安体富,葛静.关于房产税改革的若干问题探讨——基于重庆、上海房产税试点的启示 [J]. 经济研究参考,2012 (45): 12 - 21.

[76] 安体富.房地产税立法的法理依据与相关政策建议 [J]. 地方财政研究,2015 (02): 4 - 6.

[77] 白彦锋.土地出让金与我国的物业税改革 [J]. 财贸经济,2007 (04): 24 - 30.

[78] 蔡诚,杨澄宇.财富不平等与遗产税的财富分布效应 [J]. 中国经济问题,2018 (05): 86 - 95.

[79] 蔡秀云,郭省钰.我国居民财产现状与遗产税开征时机及效应分析 [J]. 经济研究参考,

2014（59）：4－14.

［80］陈格．我国遗产税立法问题研究［J］．法制博览，2018（02）：36－38.

［81］陈健，黄少安．遗产动机与财富效应的权衡：以房养老可行吗？［J］．经济研究，2013（9）：56－70.

［82］陈力朋，崔怡，贺敏．房地产税改革对居民房价预期的影响——基于情景模拟的实证研究［J］．经济问题探索，2018（08）：51－59.

［83］陈明艺，李倩．我国遗产税征税范围探讨及国际经验借鉴［J］．税收经济研究，2016，（3）：8－17.

［84］陈弦．中国不动产税制改革研究［D］．东北大学，2012.

［85］陈雪莲，林素潮，黄翠君．现代遗产税理论研究综述［J］．经济师，2017（08）：150－152＋154.

［86］陈雪莲．我国开征遗产税的瓶颈问题研究［J］．中国集体经济，2018（26）：94－96.

［87］陈义兴，暨佩娟．浅析香港取消遗产税的若干启示［J］．中国物价，2017（06）：29－32.

［88］崔志坤．中国开征物业税（房地产税）的路径选择［J］．财政研究，2010（12）：50－52.

［89］戴美兰．遗产税的国际比较与借鉴［J］．中央财经大学学报，2000（03）：31－36.

［90］邓菊秋，徐婧，龚德昭．房产税功能定位的国际比较及启示［J］．地方财政研究，2016（05）：107－112.

［91］樊慧霞．房地产税的受益论与新论：综述、比较和启示［J］．商业时代，2011（34）：62－64.

［92］范子英，刘甲炎．为买房而储蓄——兼论房产税改革的收入分配效应［J］．管理世界，2015（05）：18－27＋187.

［93］冯菱君，王海勇．重构我国房地产税制的基本思路［J］．当代经济研究，2004（11）：53－57.

［94］冯兴元．古罗马遗产税征收及其影响［N］．深圳特区报，2018－07－10（B10）.

［95］傅光明．关于土地出让金纳入物业税的探讨［J］．财会月刊，2006（17）：35－36.

［96］葛静，安体富．我国房地产税研究的学术阶段和理论派别［J］．经济经纬，2015，32（01）：143－149.

［97］郭宏宝．财产税、税收公平与地方财政行为：一个文献综述［J］．税务与经济，2010（04）：75－80.

［98］郭月梅，杨慧芳．文化视角下我国开征遗产税的困境与突破［J］．财政研究，2011（11）：51－54.

［99］郭云钊，巴曙松，尚航飞．物业税改革对房地产价格的影响研究——基于土地出让金视角的面板分析［J］．经济体制改革，2012（06）：156－159.

［100］韩凤芹．开征房地产税对房地产业的影响［J］．宏观经济管理，2005（05）：31－33.

［101］何文杰．土地出让金对房地产税法制的影响及改革研究［J］．当代经济管理，2018，40（01）：92－97.

［102］侯雅楠．我国征收遗产税研究：效应分析和制度设计［D］．东北财经大学，2018.

［103］胡洪曙，杨君茹．财产税替代土地出让金的必要性及可行性研究［J］．财贸经济，2008

(09): 57-61.

[104] 胡健，马立群. 关于中国开征遗产税问题的研究 [J]. 东南大学学报（哲学社会科学版），2017，19 (S2): 89-93.

[105] 胡斯，崔志坤. 我国房产税功能的两面性和扩围阻力分析 [J]. 税收经济研究，2013，18 (06): 46-50.

[106] 胡怡建，范桠楠. 我国房地产税功能应如何定位 [J]. 财政研究，2016 (01): 46-53.

[107] 黄健，苏雨菡，段义德. 国际视角下遗产税开征问题的探讨 [J]. 公共经济与政策研究，2017 (02): 149-154.

[108] 贾康，梁季. 我国地方税体系的现实选择：一个总体架构 [J]. 改革，2014 (07): 57-65.

[109] 贾康. 房地产制度建设的"双轨统筹" [J]. 上海国资，2012 (08): 12.

[110] 姜爱华. 关于我国地方税主体税种选择的思考 [J]. 中央财经大学学报，2002 (10): 14-17+21.

[111] 靳东升. 改革房地产税优惠政策的若干设想 [J]. 地方财政研究，2016 (03): 80-84.

[112] 康建军，李彩青. 六论税制改革——关于遗产税 [J]. 山西财政税务专科学校学报，2017，19 (04): 3-6.

[113] 况伟大，李涛. 土地出让方式、地价与房价 [J]. 金融研究，2012 (08): 56-69.

[114] 况伟大. 开征房产税对预期房价的影响：来自北京市调查问卷的证据 [J]. 世界经济，2013，36 (06): 145-160.

[115] 雷家琼. 台湾遗产税实施现状的考察与简析 [J]. 复旦学报（社会科学版），2017，59 (05): 30-39.

[116] 李娇，向为民. 房产税收入分配效应的实证检验——基于结构和整体的视角 [J]. 当代财经，2013 (12): 28-35.

[117] 李璐璐. 财富代际传承视角下的遗产税制度设计 [D]. 安徽财经大学，2018.

[118] 李霞. 我国房地产税的功能定位和改革思路研究 [J]. 中国市场，2017 (29): 27-29+55.

[119] 李长生. 房地产税开征预期对家庭住房需求的影响 [J]. 北京社会科学，2019 (12): 74-84.

[120] 郦姝绮. 借鉴英国遗产税制对中国遗产税的发展模式探讨 [J]. 知识经济，2018 (18): 52-53.

[121] 郦姝绮. 我国征收遗产税的主要意义及问题研究 [J]. 纳税，2018 (08): 3-4.

[122] 林慰曾. 遗产税制度比较研究 [J]. 沈阳工业大学学报（社会科学版），2018，11 (01): 74-79.

[123] 刘桓，董必文，吴恋. 关于房产税的 2011 猜想 [J]. 商务周刊，2011 (01): 78-79.

[124] 刘甲炎，范子英. 中国房产税试点的效果评估：基于合成控制法的研究 [J]. 世界经济，2013，36 (11): 117-135.

[125] 刘娜. 开征房地产税研究——基于地方税体系构建视角的综述 [J]. 现代商贸工业，2018，39 (23): 129-131.

[126] 刘荣，刘植才. 开征遗产税——我国经济社会发展的历史选择 [J]. 税务研究，2013 (03):

34 - 39.

［127］刘尚希．财产税改革的逻辑［J］．涉外税务，2007（07）：5 - 10.

［128］刘巍．民国时期遗产税制度的讨论、设计与实践［J］．福建论坛（人文社会科学），2018（05）：93 - 99.

［129］刘桢．税制改革前瞻：中国开征遗产税的条件和影响［J］．科技经济导刊，2018，26（26）：8 - 9.

［130］刘佐．中国房地产税改革的方向［J］．经济研究参考，2010（48）：10 - 11.

［131］卢婷．遗产税对家族企业行为选择的影响［J］．合作经济与科技，2017（20）：186 - 187.

［132］骆永民，伍文中．房产税改革与房价变动的宏观经济效应——基于 DSGE 模型的数值模拟分析［J］．金融研究，2012（05）：1 - 3 + 5 - 14.

［133］马中山．遗产税征收的法学思考［D］．吉林大学，2018.

［134］邙荟婷．我国遗产税征收可行性分析及要素探讨［J］．当代经济，2017（32）：115 - 117.

［135］倪红日，谭敦阳．开征物业税对地方政策财政收入的影响［J］．重庆工学院学报（社会科学版），2009，23（02）：3 - 7.

［136］牛绮思．媒体速览［J］．中国经济周刊，2017（47）：14. 参考文献 37.

［137］欧博文．我国开征遗产税的效应分析和制度设计［D］．首都经济贸易大学，2017.

［138］彭礼堂．税宪法原则与遗产税的开征［J］．经济法研究，2018，20（01）：185 - 190.

［139］邱承飞．我国遗产税开征对资本流出的预期效应研究［D］．暨南大学，2018.

［140］沈铁蕾．遗产税的经济和社会效应研究［D］．浙江大学，2015.

［141］苏泠然，许光建．遗产税国际经验的比较与借鉴［J］．中国物价，2018（06）：16 - 18.

［142］苏明，施文泼．我国房地产税制度改革研究［J］．经济研究参考，2016（09）：27 - 40.

［143］孙路路．我国遗产税立法制度设计［J］．合作经济与科技，2017（17）：182 - 185.

［144］孙微．我国房地产税收改革对房地产市场影响研究［J］．中小企业管理与科技（下旬刊），2019（12）：28 - 29.

［145］谭杰，熊启东．房地产税对我国房地产价格的影响［J］．工程技术研究，2019，4（23）：249 - 252.

［146］唐细宗．我国遗产税立法设计之构想［J］．北华大学学报（社会科学），2018（03）：73 - 78.

［147］王家庭，曹清峰．房产税能够降低房价吗——基于 DID 方法对我国房产税试点的评估［J］．当代财经，2014（05）：34 - 44.

［148］王磊．我国房地产税收调控机制研究［D］．中国矿业大学，2019.

［149］王生发．房地产税可以充当中国地方税主体税种吗？——兼论房地产税多重职能的定位［J］．西部论坛，2016，26（03）：78 - 85.

［150］王文源．“应亦年年税紫芝”——民国时期遗产税的立法过程及其演变［J］．法制与社会，2017（21）：282 - 283.

［151］王小强．浅探开征遗产税［J］．价值工程，2017，36（21）：250 - 251.

［152］王越．公平视角下我国直接税制度建设路径研究［D］．河北大学，2018.

［153］温来成．物业税开征的先决条件之一：房地产产权制度的改革与完善［J］．涉外税务，2008

(07)：15－18.

［154］文姗姗．房产税与限购令对于房地产市场影响的对比研究［J］．财政监督，2012（12）：67－69.

［155］吴月．浅论我国遗产税的开征［J］．法制与社会，2018（06）：81－82.

［156］项伟晨．浅析中国征收遗产税可行性［J］．经贸实践，2018（10）：101＋103.

［157］徐春燕．有关开征遗产税若干问题探讨［J］．鄂州大学学报，2018，25（01）：35－37.

［158］徐松．我国遗产税开征的法律困境及其对策［J］．宿州学院学报，2018，33（06）：11－13＋104.

［159］晏合明，刘赟．中国开征遗产税可行性分析［J］．黑龙江科学，2017，8（15）：1－3.

［160］杨晶珅．财产税研究综述［D］．中央财经大学，2008.

［161］殷舟．我国开征房地产税对房价影响研究［D］．华中师范大学，2019.

［162］于凯得．开征遗产税与赠与税的讨论［J］．经贸实践，2018（05）：87＋89.

［163］虞琦楠．遗嘱信托规避遗产税的法律规制［J］．山西财政税务专科学校学报，2017，19（04）：7－13.

［164］禹奎．我国开征遗产税的现实意义分析［J］．涉外税务，2010（10）：28－32.

［165］袁雅．我国开征遗产税的基本税制设计［D］．兰州财经大学，2018.

［166］岳树民．应准确定位房地产课税对房价的作用［J］．税务研究，2005（05）：31－33.

［167］张彩玲．遗产避税与其中的保险规划——以我国当下现实为背景的简要探析［J］．现代商业，2018（09）：152－153.

［168］张力嘉．房产税改革对房地产市场的影响［D］．山东大学，2019.

［169］张秋虹．关于我国遗产税配套制度建设的思考［J］．财会学习，2018（29）：152＋154.

［170］张晓．中国城镇家庭住宅房地产税收入测算与分析［D］．山东大学，2019.

［171］张星河．论遗产税在中国大陆的可行性［J］．法制与社会，2018（28）：207－208.

［172］张雪峰，何明礼．遗产税法律制度研究［J］．产业与科技论坛，2018，17（04）：37－38.

［173］张燕，陈露宇，庞小春，张琳，戴欣．浅谈我国遗产税设置的法律逻辑经济效应和社会情绪［J］．当代经济，2017（33）：90－92.

［174］张依婷．探讨我国遗产税的开征［J］．中小企业管理与科技（上旬刊），2018（08）：61－62.

［175］张永忠．我国遗产税的开征形势判断［J］．税收经济研究，2013，18（01）：17－21.

［176］张月言．房地产税的经济效应及其路径优化研究［D］．河南大学，2019.

［177］白彦锋．房产税未来能成为我国地方财政收入的可靠来源吗［J］．经济理论与经济管理，2012（5）：57－64.

［178］侯一麟，马海涛．中国房地产税设计原理和实施策略分析［J］．财政研究，2016（02）：65－78.

［179］朱宇彤．浅析物业税对房地产市场供求关系的影响［J］．北方经贸，2007（08）：97－98.

［180］朱梓晗．我国房地产税改革问题研究［D］．江西财经大学，2019.

［181］李玉洁．中国房产税影响房价的机制及其检验研究［D］．湘潭大学，2019.

［182］傅锦超. 城市化对财产税的影响研究［D］. 山东大学，2019.

［183］刘炳吉. 我国开征遗产税的法律制度建构研究［D］. 南昌大学，2019.

［184］赵楠. 世代交叠模型及其应用［J］. 经济学动态，2004（04）：60-63.

［185］陈弦. 我国开征不动产税与增强地方政府公共服务能力的思考［J］. 海南金融，2008（09）：9-13.

［186］胡海生，董万好，王聪. 中国房产税改革对居民收入和消费的影响研究——基于可计算一般均衡模型（CGE）的模拟分析［J］. 税收经济研究，2018，23（04）：10-17.

［187］郭将，许泽庆. 不同房产税政策对地区消费的异质性影响研究——基于沪、渝房产税试点的机制探讨与经验证据［J］. 西部论坛，2019，29（06）：25-34.

［188］杨荣桂，黄宇. 房地产税对地方公共服务供给效率非对称影响研究——基于超效率DEA-Tobit两阶段模型的实证分析［J］. 中国经贸导刊（中），2019（07）：133-135.

［189］吴文江. 我国开征遗产税问题研究［D］. 江西财经大学，2019.

［190］孙清熙. 遗产税制度对我国慈善捐赠激励研究［D］. 兰州财经大学，2015.

第七章

# 环境税

环境税的起源最早可以追溯至经济学家庇古（1920）在其《福利经济学》一书中提出的“庇古税”，经过近百年的发展，环境税理论的研究已经取得了丰富的成果，其应用也在环境污染的治理中发挥了重要的积极作用。

在相当长的一段时期内，有关环境税的研究都集中在对负外部性的矫正上，而庇古税也成为最优环境税研究的一个共同理论基础和确定最优环境税税率的一个不可忽视的基准。直到后来双重红利假说的提出，研究的重点才开始转移到环境税的经济效应上。早期环境税的研究多集中于点源污染规制上，而随着关于点源污染规制的研究和理论日趋完善，环境税的研究者们开始关注一个新的领域——面源污染规制的问题。第七章将沿着环境税发展这一逻辑线，对环境税的主流文献和最新进展做一个梳理总结。

环境税，也有人称之为环境保护税、生态税、绿色税，是一类旨在实现环境政策目标的税收制度的总称，目前还没有一个被广泛接受的统一定义。它是将环境污染和生态破坏的社会成本，通过税收制度，内化到企业生产成本和市场价格中，然后通过市场机制来分配环境资源的一种经济手段。

我国自 2018 年 1 月 1 日起开始实施《中华人民共和国环境保护税法》，标志着我国环境保护税制的正式建立。环境税对于我国推进生态文明建设、助力供给侧改革具有重要意义。本章先梳理环境税理论与实证的经典文献，然后梳理国内外前沿文献。

## 第一节　经典文献

这部分我们将对环境税早期的经典文献进行梳理。首先，我们会梳理环境税的理论渊源与起源；其次，自庇古税提出以后，最优环境税的研究就受到了大量学者的关注；最后，“双重红利”假说是与环境税联系最为紧密的一个话题，我们也将对“双重红利”假说的起源与发展进行梳理。

### 一、环境税理论渊源

#### （一）负外部性效应理论

外部性理论这一概念最早由经济学家马歇尔（1890）在其著作《经济学原理》一书中提出，后来庇古对这一理论进行了发展，并在 1920 年的《福利经济学》一书中提出了“外部成本内在化”的经济外部理论。庇古认为，工厂的私人成本不包括生产时环境污染造成的外部成本，社会成本则是由私人成本和外部成本之和构成。对于企业来说，为了实现利润最大化，必然会按照边际收益等于边际私人成本的产量来生产。但从社会角度来看，要使社会的收益最大化，最优产量应该是边际收益等于边际社会成本的点。这样就造成了边际私人生产量与边际社会生产量偏离的现象，且边际私人生产量必然大于边际社会生产量，这样就导致了社会效率的损失，并产生了环境负外部效应。

为了解决环境负外部性，庇古提出了开征“庇古税”，这便是环境税最早的起源。通过征收庇古税，将生产时环境污染造成的外部成本加入到私人生产成本中去，迫使企业在决定产量时不得不考虑污染造成的外部成本，这样一来就能达成边际私人生产量与边际社会生产量的统一，实现社会资源的最优配置。庇古税理论为开征环境污染税提供了一种计算依据，即企业所纳税额应等于生产时污染造成的外部成本，或者说环境税税率应等于环境污染造成的边际外部成本。

庇古税的提出是具有开创性意义的，但真正让人们意识到环境污染是重大经济问题的，是葛普（1950）在《私营企业与社会性成本》一书中全面阐述了环境污染所带来的社会成本问题，他指出追求利润最大化的私营企业不会承担社会成本，而是将其转嫁于第三方或社会，因此随着市场经济的发展，社会成本就会随之呈累积增加趋势，并最终破坏市场经济的再生产结构。之后，克尼斯（1968）在《水质管理论》一书中，以水质污染控制问题为素材，对环境税进行了理论性、实证性的研究，从理论上提出以环境税进行水质管理能够有效控制成本，并论证了其现实可行性。奥茨（1971）发表了论文《保全环境的标准与价格的利用》，提出了基于标准价格路线的鲍莫尔—奥茨税构想，为提高环境税应用于现实的可能性提供了理论，这一点可称为鲍莫尔—奥茨税的划时代意义。

### （二）公共物品理论

自然资源与环境具有非排他性和非竞争性等特征，所以在这种观点下，可以将自然资源和环境看做公共物品，且和其他生产要素一样，它也是一项资本品。由于每个人都可以自由地对自然资源和环境进行利用，追求私利的个人会无节制的争夺利用有限资源，来实现自己的收益最大化，这样必然会造成资源的滥用以及环境的破坏。当环境造成污染时，由于无人承担责任，所以必须由政府代表社会作为环境和自然资源的产权主体，在向社会提供环境和自然资源时，作为一项自然资本以征收环境税的形式得到相应的资本权益，从而从经济利益上建立起保护环境和自然资源的机制。另外，环境保护提供的产品和服务也具有公共物品的性质，很难排他地消费，这将导致环境保护中的搭便车问题，向使用者征税则解决了公共物品的付费问题。

### （三）可持续发展理论

可持续发展理论的核心是节约资源环境，维护代际平衡，维护全社会的整体利益。绝大多数环境主义者认为，环境和自然资源是有限且有价值的，要求人们在经济发展过程中，使自然资源和环境不发生存量下降和其他类型的损失。从可持续原则出发，对环境和自然资源的利用必须考虑给他人带来的损害成本和给后代带来的机会成本，即考虑代际资源配置和代际公平，并使之得到经济上的补偿。环境税是维持可持续发展的一个手段，利用开征环境税的手段，可将企业污染产生的外部不经济内部化。其次，可持续发展理念的一个目的是维持代际之间平衡，开征环境税，对过度开发的企业或居民进行征税，用于补偿对资源开采或对资源环境产生的破坏，同时还能为代际之间实现平衡。

## 二、“双重红利”假说的提出

有关环境税效应的研究往往涉及“双重红利”这一概念，环境税效应是指实施环境税改革后，环境税制度对环境、经济、效率、收入分配等各个方面的影响，从总体上来看，环境税效应可以分为环境效应和非环境效应两个层面。环境税的“双重红利”假说是指环境税的环境效应和非环境效应都是积极的。如果环境税对环境质量具有积极作用，则具有了“环境红利”（也称“第一重红利”或“绿色红利”）；如果环境税能够提高经济效率，甚至促进就业和经济增长，提升社会公平正义，则具有了“非环境红利”（也称“第二重红利”或“蓝色红利”）。环境税效应与“双重红利”假说高度相关，所以下面我们将对“双重红利”假说的起源与发展进行梳理。

有关环境税的研究可以追溯至庇古（1932）关于庇古税的论述，但他并没有对环境税的理论机制作十分详尽的说明，也没有提出“双重红利”概念。Tullock（1967）、Kneese和 Bower（1968）等人关于水资源的研究使“双重红利”假说的发展取得了重大突破，他们提出可以通过征收环境税来使生产时污染造成的外部成本内部化，在改善环境的同时减轻经济扭曲以及提高市场效率，这就是最早提出类似“双重红利”效果的研究，但他们并未正式提出“双重红利”概念，使用的是“超额收益”这一术语。

正式提出这一概念的是 Pearce（1991），他在研究碳税改革时提出，碳税收入应当用来减小现有其他税种的税率，这样可以减少现有所得税、资本税等税种的福利成本，这种税收转移可能以零福利成本或负福利成本获得环境收益（第一重红利），同时可以减轻现有扭曲性税种造成的效率损失（第二重红利），这就是环境税“双重红利”假说的首次正式提出。

“双重红利”假说一经提出，就引起了学术界广泛的讨论，很多学者对“双重红利”的概念进行了更加深入和全面的阐释。Goulder（1995）提出“双重红利”假说可以分为“弱式双重红利”和“强式双重红利”。“弱式双重红利”是指与总额税返还相比，用环境税收入来降低其他扭曲性税种税率所带来的福利会更高，同时环境也得到了改善；“强式双重红利”是指环境税改革不仅可以改善环境，还可以提高税制的整体效率，总体上改善社会福利水平。总结来看，“弱式双重红利”强调的是环境税收入的不同返还方式的效应比较，“强式双重红利”则是强调环境税改革对于经济效率的影响问题，是标准的“双重红利”。Carraro（1996）又提出了“就业双重红利”，认为如果将部分环境税费用来补贴雇员的社会保障或减少劳动所得税，在环境改善的同时，还能提高就业水平。随着“双重红利”假说的发展，Budzinski（2002）在“效率双重红利”和“就业双重红利”的基础上又提出了第三种“双重红利”——“分配双重红利”，他认为如果将环境税收入用来减少低收入人群的税负，不仅不会增加额外负担，还会使收入分配更加公平，从而获得分配红利。

## 三、最优环境税

最优环境税的设计自从“庇古税”的提出开始，就一直是经济学界研究的热点，这一问题研究的主要是环境税的税率、返还方式等税制要素的设计。

关于最优环境税的研究最早可以追溯到庇古（1920）的研究，庇古税的提出是为了解决环境负外部性，通过征收庇古税，将生产时环境污染造成的外部成本加入到私人生产成本中去，迫使企业在决定产量时不得不考虑污染造成的外部成本，这样一来就能达成边际私人生产量与边际社会生产量的统一，实现社会资源的最优配置。在以解决环境负外部性为目的，不考虑存在其他扭曲性税种以及其他经济目的的情况下，庇古税理论为开征环境污染税提供了一种计算依据，即企业所纳税额应等于生产时污染造成的外部成本，或者说环境税税率应等于环境污染造成的边际外部成本。庇古关于最优环境税的开创性探讨启发研究者们长期关注最优税收方面的研究，他提出的庇古税也成为最优环境税研究者们的一个共同理论基础和确定最优环境税税率的一个不可忽视的基准。

庇古税是依据最佳污染标准而制定的，但这种方法在实际操作上却十分困难，政策制定者很难掌握有关边际外部成本和边际排放削减成本的信息，并且就算能够确定最佳污染标准，福利的绝对损失也是不可避免的。因此，鲍莫尔和奥茨（1971）提出以最小安全基准来确定环境税。最小安全基准是根据自然科学知识来设定保护生态环境和濒临绝迹资源的具体标准，在这里，环境税的目标不再是实现经济福利最大化，而是以低成本实现最小安全基准。鲍莫尔和奥茨提出的基准价格方法，实际上是一种次佳的政策手段，但其解决了庇古税的难点，提高了环境税实现的可能性。

在“双重红利”假说提出之前，最优环境税的研究大多以解决环境污染的负外部性为目的。而随着“双重红利”假说的提出与发展，最优环境税的研究也进入了一个新的阶段，研究者开始有了新的政策目标，环境税的经济效应也被考虑其中。支持“双重红利”假说的学者们认为，既然环境税不但能够解决环境污染问题，还能获得经济效应，提高社会福利，那么就应该提高环境税水平，将环境税收入用于其他扭曲性税种的减税。Lee 和 Misiolek（1986）认为最优的环境税率应该为庇古税水平加上另外一部分，Parry（1995）将这另外一部分定义为环境税改革的收入效应（RE），即最优环境税 $t = MSD + RE$，其中 MSD 代表以货币衡量的污染的边际社会损害，即庇古税水平，RE 代表环境税改革的收入效应。

但关于环境税“双重红利”假说的质疑从未间断过，在批判这一假说的过程中，不少学者对于最优环境税也有了新的看法。首先是 Bovenberg 和 Mooij（1994）在增长理论框架下对最优环境税的税率进行了研究，并质疑了环境税“双重红利”理论的存在性，认为双重红利是否存在取决于收入循环效应和税收交互效应的叠加后果。另外，他们提出在已经存在扭曲性税收的次优世界中，污染的最优税率低于庇古税。Bovenberg 和 Mooij（1997）进一步在内生增长框架下研究了最优环境税问题，他们将环境因素引入总量生产函数中，进一步证实了在次优经济中最优环境税低于庇古税；并且，他们还认为环境税会加剧税收体系的扭曲，降低经济增长率。

事实上，Parry（1995）也有相似的结论，他提出除了边际损害减少效应（MSD）和收入效应（RE），还提出了交叉影响效应（IE）。交叉影响效应是指环境税会提高生产成本，进而增加消费成本并降低真实工资水平，进而会使劳动力供给下降，从而所得税的超额负担将明显上升，进一步加剧了劳动力市场的扭曲。Fullerton（1997）将交叉影响效应考虑在内后，得出了新的结论，认为最优环境税 $t = MSD + RE - IE$，其中 IE 表示交叉影响效应。从这个公式上我们可以看出最优环境税税率高于或低于庇古税税率，取决于环境税改革的收入效应（RE）和交叉影响效应（IE）的大小，当 $RE > IE$ 时，最优环境税税率高于庇古税税率，当 $RE < IE$ 时，最优环境税税率低于庇古税税率。

从上述最优环境税研究的发展来看，随着环境税研究的深入，环境税的政策目标也不单单是解决环境污染的负外部性，而是有了更多的经济目的。而面对不同的政策目标和条件，最优环境税的结果自然也会不同。看似最优环境税研究争论的焦点是最优环境税率是低于还是高于庇古税率，但其实这两种观点的争议还是由在不同假设条件下最优环境税的不同定义引起的。例如 Fullerton 和 Kim（2006）对经济增长框架下研究环境税与经济增长和社会福利关系的研究思路进行了一个全面的综合，在他们的内生增长模型中，全面考虑了公共支出、扭曲性收入税、环境税、治污知识的作用、技术进步、污染的外部性、环境再生、福利和经济增长等诸多要素。他们的研究认为使经济增长率最大化和使社会福利最大化的最优环境税不等价，因此最优环境税率的确定首先取决于政策目标的设定。

## 第二节　国外前沿文献

“双重红利”假说是与环境税联系最为紧密的一个话题，尽管国外关于“双重红利”的研究非常多，而且已经相对成熟，但关于“双重红利”假说的争议却一直未停歇。面源污染的研究则是目前环境税研究领域比较新的一个难点问题，相比点源污染，面源污染问题更加复杂，也存在更多的困难。因此，在这一部分将对“双重红利”假说的争议和环境税规制面源污染问题的研究这两个话题的相关文献进行梳理。

### 一、“双重红利”假说的争议

环境税的“双重红利”效应是否存在，从这一假说提出开始就存在很大的争议，讨论至今都没有达成一致观点。对于环境税改革的第一重红利（即环境红利），学术界普遍认为是存在的，只存在少数的异议。但对第二重红利（非环境红利），就存在很大的争议了。

在研究环境税效应的研究中，可计算一般均衡（CGE）模型和计量回归模型是两种比较常见的方法，但 CGE 模型相对更有优势。CGE 模型是一种最具有综合性的经济学分析法，不仅可以将各类参数和变量纳入分析，同时还可以将相对价格和数量内生化，可以对环境税改革进行仿真模拟以及事后评估。随着计算机和 IT 技术的进步，可以将越来越多的经济假设纳入模型分析，使研究更加贴近现实经济的运行。所以关于环境税改革效应和“双重红利”假说的研究多以 CGE 方法为主，而且是随着 CGE 模型的发展而不断深入。

根据前文关于“双重红利”假说的介绍，“双重红利”还可以分为“弱式双重红利”、“强式双重红利”、“就业双重红利”、“分配双重红利”等，下面也将按照这一分类对相关文献进行梳理。

### （一）“弱式双重红利”

Goulder（1995）首次定义了“弱式双重红利”，并解释了其产生的原因。“弱式双重红利”强调的是环境税收入不同返还方式之间福利效应的比较。Repetto 和 Austin（1997）的一项关于碳税改革的研究对 16 个大型经济模型进行了模拟并发现存在比总额税返还更好的税收减免方式，能使环境税的成本比预期的低，这也就证明了“弱式双重红利”的存在。Shiro、Takeda（2006）建立了一个多部门动态可计算一般均衡模型（DCGEM）来研究碳税，得出将碳税收入用于减轻其他扭曲型税收的税负时，比总额税返还拥有更低的额外成本和更高的社会福利，这就证明了“弱式双重红利”是存在的。Carbone 等（2013）利用动态 CGE 世代交替模型研究了环境税改革效应，研究表明环境税收入用于资本要素税收减税可以获得“双重红利”，用于工薪税或个人所得税减税则改革效率不够经济，而用于一次性返还则效率更低，会导致社会福利损失，这也证明了“弱式双重红利”的存在。

虽然大部分研究认为“弱式双重红利”是存在的，但是也有少数学者认为在某些情况下，“弱式双重红利”不存在。Metcalf，Babiker 和 Reilly（2004）的研究表明，“弱式双重红利”只在将环境税收入用于减小两种扭曲性税种的级差时才存在，如果经济中存在多种扭曲性税种时，“弱式双重红利”就不一定存在，税种之间的相对扭曲度对“弱式双重红利”是否存在具有非常重要的作用。

有关“弱式双重红利”的争议相对较少，但随着不断将新的经济假设条件纳入 CGE 模型后，依然不断有新的研究成果。另外不同国家、地区的环境税政策都存在差异，这也就意味着面对不同的条件，都会有不同的结论。日后的研究方向可以进一步完善假设条件，使其更贴近现实经济运行。

### （二）“强式双重红利”

“强式双重红利”则是强调环境税改革对于经济效率的影响问题，是标准的“双重红利”，也是我们最常说的“双重红利”。“强式双重红利”存在很大的争议，但这些争议并不完全否认“强式双重红利”理论上的存在性，而是在实践的过程中，面对不同条件，产生了不同的结果。

Johansen 和 Wilcoxen（1993）利用静态 CGE 模型分析美国碳税改革的效应发现，如果碳税收入用于减轻资本要素相关税收负担，碳税改革可以获得“强式双重红利”效应；但如果用于减轻劳动力要素相关税收负担，则不存在“强式双重红利”效应。Jorgenson 等（2013）对 Johansen 和 Wilcoxen（1993）的研究做了进一步深入，对一次性转移支付、资本要素税收减税、劳动力要素税收减税和所有税种减税四种不同返还方式进行了比较，研究表明资本要素税收减税是最佳返还方式，可以产生“强式双重红利”。

类似的研究还有 Andre 和 Cardenete（2005）模拟了西班牙的环境税改革，研究表明将二氧化碳税收入用于降低雇主缴纳社会保险税税率时，环境税改革存在“强式双重红利”；但当用于个人所得税减税时，不存在“强式双重红利”。Shiro、Takeda（2006）以一个多部门动态 CGE 模型对日本碳税收入进行的实证研究表明，当碳税收入用于替代劳动税和消费税时，“强式双重红利”就不存在，但如用于替代资本税时，“强式双重红利”就存在，因为日本资本税相对于劳动税和消费税扭曲度更大 。Cao，Ho 和 Jorgenson（2013）采用一个较为精准的 CGE 模型对中国碳税效应进行模拟，不仅考虑了中国经济中的市场经济成分，还考虑了中国经济中的计划因素，他们假设碳税收入通过一次性转移支付向家庭返还，对所有扭曲性税种减税，结果发现这种返还收入方式对经济影响十分有限，不存在“强式双重红利”。

Bovenberg（1999）则认为在不考虑环境因素下，如果先前的税制已经是最优的，那么环境税改革会加重税制额外负担，“强式双重红利”就不存在，但现实中税制是非最优的，所以“强式双重红利”可以存在。Smith（2008）也得出了相似结论，如果现有环境税低于最优环境税水平，那么提高环境税水平可能获得双重红利，如果环境税已经处在最优环境税水平或高于这一水平，继续提高环境税只会是社会整体福利的降低。Fullerton、Leicester 与 Benton 和 Jacobsen（2007）将一种个别经济部门独具的生产要素纳入模型分析，提出环境税“双重红利”必须考虑李嘉图租金效益和代理税收效应。结果表明两种效应使最优环境税上升了，让“双重红利”假说的可能性进一步提高了，还指出环境税应作为最优税收制度的一部分。

从上面可以看出，“强式双重红利”存在与否不仅取决于环境税的返还方式，还取决于当地现有的税收制度是否达到最优。

### （三）“就业双重红利”

关于“就业双重红利”，在不同的时期具有不同的主流观点。

20 世纪 90 年代前的大部分研究支持“就业双重红利”的存在。Pearce（1991）、Oates（1991）等人均指出将环境税收入用于减轻劳动所得税税负时，可以获得“就业双重红利”。

但在90年代中期，越来越多的学者对“就业双重红利”提出了质疑。Bovenberg和De Mooij（1994）最早对就业红利提出质疑，认为就业红利取决于收入循环效应（RRE）和交叉税收效应（TIE）的相对大小，RRE指政府将环境税收入用于减轻所得税税负，提高税后劳动所得，增加劳动供给从而提高就业水平，TIE指对污染产品课税会提高价格引起消费者购买力的下降，如果劳动供给弹性为正，劳动供给会减少，从而抵消部分收入循环效应。如果RRE > TIE，环境税会促进就业，就业红利成立；如果RRE < TIE，环境税会给就业带来负面效应。Parry（1995）作出了进一步解释，在次优环境中，环境税的收入如果用于减轻其他税种的扭曲效应，会形成收入循环效应（RRE）和交叉税收效应（TIE）两种效应，通常情况下，环境税的收入效应远小于税收交互效应，因而使就业红利无法实现①。

而到了90年代后期，越来越多的研究考虑了工人议价力量、劳动力市场非完全竞争、非自愿失业、工资刚性等因素，使多数研究又支持“就业双重红利”。Strand（1998）研究了可以自由进出的行业且存在讨价还价机制的条件下，将环境税用于补贴企业雇佣工人或投资时，可以获得“就业双重红利”。Bovenberg和Van Der Ploeg（1996，1998）将由刚性工资引起的非自愿失业和由雇佣成本引起的摩擦性失业引入到“就业双重红利”的研究中。Schneider（1997）在效率工资模型的框架内研究了“就业双重红利”，Bayindir-Upmann和Raith（2003）考察了在垄断工会、有效讨价还价和权利管理办法三种情况下的“双重红利”情况。这些研究都表明，在劳动力市场存在不完全竞争的情况下，就业红利更可能成立。

可以发现，2000年之后关于“就业双重红利”的研究越来越多地加入了工人议价力量、市场类型、工资刚性等条件，而且越来越多的引入了博弈论的内容。用博弈论的知识去分析环境税改革，这也是日后可以研究的方向。

### （四）“分配双重红利”

有关收入分配红利的研究，主要集中在两方面，一是环境税是否具有累进性，二是环境税税负是否转移给资本。若环境税是累进的或者税负转移给了资本，则环境税的收入分配红利存在。

大部分的文献认为环境税是累退的，因此收入分配红利不存在。但也有少数研究认为环境税可能是累进的，West和Williams（2004）关于汽油税的一项研究表明，如果汽油税不返还或者用于降低劳动税收，则汽油税是累退的；若以总额税方式返还，则是累进的，此时收入分配红利成立。

---

① 刘晔，周志波．环境税“双重红利”假说文献述评［J］．财贸经济，2010（06）：60－65.

而关于环境税的税负转移研究，Rapanos（1995）的研究表明，在短期中环境税主要由污染行业的资本承担，劳动力承担的相对较少，但获益最多的是非污染行业的资本；而在长期中这种效应的大小取决于资本的相对密集度，这个研究结果在一定程度上可以认为是支持收入分配红利的。Fullerton 和 Heutel（2007）的一项研究表明，如果污染部门是资本密集型企业，则资本会承担更多的环境税，这项研究也支持收入分配红利。

## 二、面源污染研究

面源污染，也叫非点源污染或分散源污染，是与点源污染相对应的一个概念。早期关于环境税规制污染问题的研究，一般都关注点源污染问题，而较少涉及面源污染问题。近期在点源污染治理问题已经取得巨大进展的背景下，面源污染问题越来越引起世界各国的关注。

环境税能够规制污染问题有一个很重要的前提就是监管者对每一个污染排放者的排污水平具有完全信息，但是与点源污染不同，面源污染有一个很大的特征就是无法有效获知个体排放水平，信息不对称问题在很大程度上阻止了环境税政策在面源污染问题当中的应用。为了解决这一问题，Meran 和 Schwalbe（1987）、Segerson（1988）率先提出用环境税控制面源污染问题，他们提出了一种罚款 + 税收的类似“两部收费制”的机制。此后很长一段时间，环境税规制面源污染的研究都是围绕 Segerson 机制展开。Xepapadeas（1991）沿着 Segerson 的思路提出了集体罚款机制和随机罚款机制。

此后，很多学者沿着不针对单个污染者个体的排放，而是依据总排放量对每一个体征税这一思路展开研究。D’Amato 和 Franckx（2010）专门研究了环境税规制农业面源污染过程中寻找污染代理变量的问题，他们设计了一种标尺竞争机制，这种机制依赖于污染源的集体绩效（总排放）和污染者的平均绩效（个体排放）之间的差异，其规制效率是否高于针对单个个体排放者的环境税，取决于污染监测中一般随机因素协方差矩阵的结构；如果面源污染数量足够多，这种标尺竞争机制通常优于现行环境税机制。

环境税规制面源污染研究的最新研究则是主要集中在合作共谋因素、团队绩效机制和实验经济学研究方法的引入。越来越多的研究论证了环境税规制农业面源污染有效率的结果在污染者合作共谋的情况下依然成立，并且在更低的税率下就可以实现同样水平的污染排放总量控制。实验经济学的发展为面源污染规制问题提供了新的工具，使研究进入一个新的阶段。Vossler 等（2006）分析了污染者通过沟通交流采取合作共谋策略时 Segerson 机制的效应，该项研究主要是通过实验经济学方法检验无约束力沟通（廉价谈判）对团队绩效机制的影响，结果表明合作共谋对污染者计提绩效和行为有重要影响，提高了罚款、税收等机制的效率却容易导致过度遵从问题。Reichhuber 等（2009）对埃塞俄比亚农民实施了一个一般受众现场试验，他们比较分析了总体税收（高税率和低税率）及税收—补贴两种机制的效应，结果表明高税率机制在达成预期最优耕种水平方面最有效率，而税收—补贴机制可能导致严重的合谋串通问题。Camacho-Cuena 和 Requate（2012）运用实验经济学方法比较了税收—补贴机制、集体罚款和随机罚款三种政策工具规制农业面源污染的效应，这是首次在同一经济框架内分析以上三种机制的效应，结果表明：税收—补贴机制倾向于导致过度减排，罚款机制倾向于导致减排不足，税收—补贴机制在控制总体污染水平上的效率比罚款机制高得多；集体罚款具有正面劝导作用，随机罚款不利于劝导，但两者在控制总体污染水平上效率差不多。

在点源污染的研究已经相对成熟的情况下，面源污染的问题或许是值得我们研究的一个新方向。虽然面源污染的研究大多依然围绕 Segerson 机制、标尺竞争机制等展开，但是我们可以加入新的经济假设条件，使其更贴近现实经济运行，这样可以为日后的制度设计提供更好的参考。

## 第三节　国内前沿文献

国内关于环境税的研究较国外相对落后，一直处于跟随的状态，因此国内的前沿研究方向与国外基本一致。最优环境税的研究对于政策的制定至关重要，而国内刚好处于环境税改革的一个阶段，因此这方面的研究仍然具有一定的现实意义。但关于“双重红利”假说的研究，由于国外已经相对成熟，加上技术创新在社会进步和经济发展中越来越重要的地位，所以国内将研究重点放在了范围更小的环境税与技术创新之间的关系上，事实上这仍然属于双重红利研究的范畴。另外，我国农业面源污染的问题也越来越严重，并且国内在这一方面的学术研究以及政策设计都存在大量空白，因此环境税规制农业面源污染问题也是未来研究的一个方向。这一节将对这三个话题在国内的研究现状进行梳理，指出现有研究存在的不足以及未来可以努力的方向。

### 一、最优环境税

2018 年 1 月 1 日起，《中华人民共和国环境保护税法》正式开始实施，在此之前，我国财税方面的环境政策采用的是排污费措施。在费改税期间，大量学者对我国环境保护税政策的制定做了研究，在最优环境税领域也做出了一些成果。尽管现在《环境保护税法》已经落实，但最优环境税方面的研究，对于日后环境保护税政策的改善仍然具有重要意义。

我国最优环境税研究起步较晚，国外已经有了一套相对成熟的理论体系，从前文关于最优化环境税研究的梳理可知，双重红利是否存在取决于收入循环效应和税收交互效应的叠加后果，而最优环境税税率高于或低于庇古税税率，也取决于环境税改革的收入效应（RE）和交叉影响效应（IE）的大小。事实上，我国早期关于最优环境税的研究结果依然是对这一理论的阐述。李齐云、宗斌等（2007）在外部性理论的基础上利用一般均衡模型考察了环境税的效率特性和在次优情形下最优环境税的决定因素。他们的模型证明，当存在其他扭曲性税种时，最优环境税的税率应当低于庇古税税率，并主张用“反复迭代”的方法来确定中国的最优环境税税率。司言武（2007）运用最优税收原理分析环境税经济效应，结论是得出环境税“双重红利”假说并不成立，最优环境税率的确定应高于庇古税率水平的观点是错误的。另外，司言武（2010）运用一般均衡分析方法，深度剖析环境税的经济福利效应，同样认为最优的环境税税率水平确定应低于庇古税率水平。

前文我们也提到了最优环境税的确定取决于政策目标的设定，所以后来我国学者在研究最优环境税时首先也是先确定最优的政策目标。多数学者都以社会福利最大化为政策目标，刘凤良、吕志华（2009）通过在总量生产函数中引入环境的外部效应构建了一个考虑环境质量和环境税的内生增长模型，他们的研究得出使得社会福利最大化的最优环境税的税率由刻画实际经济体特征的各参数内生决定，开征环境税的过程中必须使用配套政策以降低环境成本上升对经济增长和社会福利可能带来的不利影响。在开征环境税的基础上，提高居民环境偏好程度或环境边际再生能力的配套政策能同时起到改善环境质量、提高长期经济增长率和社会福利水平的作用；但单纯促进技术进步的配套政策不利于环境保护和长期经济增长，通过技术研发来提高企业对污染的“利用效率”具有动态无效率性。

樊勇和籍冠珩（2014）探索建立水污染税税率测算模型并应用设计水污染税率。首先，在比较国内外水污染税费制度的基础上，借鉴环境税和环境保护相关理论，将水污染经济损失模型与内梅罗修正指数模型相结合构建水污染税测算模型；其次，采用水污染税测算模型测算了2010年河北省水污染税税率水平应为1.4元/吨废水。这一标准远高于现行对每吨废水平均征收0.30元的标准，验证了我国水污染征收标准远不足以弥补治污成本的现状，应在环境税费改税改革中重新设计征税依据和税率水平。该文所设计的水污染税税率测算模型目前仅适用于工业废水，有待于推广到生活污水、农业污水等方面。同时，考虑各地的气候条件、产业发展程度、人口密度状况不同、不同地区环境的自净能力差异以及东西部地区由于经济发展水平不同对水污染税的支付意愿，水污染税税率应该实行差别税率。

与国外最优环境税取决于政策目标设定的观点相似，陈仪、姚奕等（2017）提出了在经济发展的不同阶段，最优污染物排放量的选择会不同，因此最优环境政策的选择自然也会不同。事实上，这与国外的观点也具有相通之处，在不同的经济发展阶段，会有不同的政策目标，所采取的环境政策自然也不同。这项研究的结果表明：在经济发展的初级阶段，侧重价格管理的庇古税是更有效率的政策手段；而当经济发展到一定阶段，特别是跨过 EKC 的拐点后，侧重数量管理的可交易排污权将成为更有效率的政策手段，并且其比较优势会随着经济继续增长而进一步强化。但这项研究的不足是，他只提出了政策的选择，并没有实际去测算环境税的税率或排污权的价格。

金成晓（2018）则测算出了一个更具体、更具可操作性的最优环境税率，他们基于创新驱动内生经济增长模型，引入健康生产函数，通过参数化和数值模拟的方法分析了我国最优环境税的选择、影响因素及配套政策效果，研究表明，基准经济下最优环境税是 23.47%。此外，这项研究的重要贡献还有对最优环境税影响因素的分析，他们认为最优环境税随着家庭健康偏好、健康生产弹性和健康污染弹性的增加而降低，随着污染治理效率的提升而增加；我国最优环境税税率的制定应建立在准确测度家庭健康偏好、健康生产弹性、健康污染弹性和污染治理效率的基础上，在开征环境税的同时，采取提高家庭健康存量的政策比提高健康意识的政策更重要，单纯提高健康生产效率的政策具有动态无效率性，需辅以提高研发部门劳动生产率的政策，提高污染治理效率的政策比降低健康污染弹性的政策效果更好。

综合来看，我国关于最优环境税的研究，基本沿用了国外主流的观点和思路，尽管没有太多突破性的观点，但结合了我国的实际国情之后，也有一些更适合我国环境规制的观点，这些观点对于我国环境保护税法的制定和完善都具有重要参考价值。

## 二、环境税与技术创新

环境税改革与技术创新之间的关系，实际上仍然可以归属于双重红利研究的范畴，也就是研究环境税改革能否获得技术红利。但国外单独研究环境税改革与技术创新之间的关系的文献较少，这方面的研究多包含于环境波特假说的研究内。环境波特假说认为，合理而严格的环境规制可以促使企业进行更多的技术创新活动以提升企业的生产效率和竞争力，技术创新可以补偿由环境保护带来的额外成本，最终可以促进经济的增长，在环境波特假说里，技术创新是作为解释经济增长的中间作用机制。

在我国，党的十八大明确提出科技创新是提高社会生产力和综合国力的战略支撑，必须放在国家发展全局的核心位置，强调实施创新驱动发展战略。在我国当前以创新驱动为主导的供给侧结构性改革背景下，科技创新将在社会进步和经济发展中发挥越来越重要的作用。鉴于技术创新在我国发展中的重要地位，在环境税的设计过程中，能否促进企业技术创新活动也被作为重要的参考因素，所以近几年我国越来越多的学者开始研究环境税与技术创新之间的关系。

国内关于环境税效应的研究，多采用计量方法进行实证检验，而理论研究方面略显不足。张同斌（2017）的研究为数不多地从理论层面分析了环境税与技术创新关系，作者将环境规制、污染累积与经济增长纳入统一的理论框架中，理论分析了不同发展阶段、不同强度环境规制政策作用下的污染治理效应与经济增长特征。文中将生产部门分为最终产品部门、作为中间投入品的能源部门两类，分别写出两部门的生产函数和目标函数；另外文中假设政府征收环境税并对家庭进行转移支付，所以参照 Barro（1990）的研究框架，假定经济中存在一个代表性家庭，写出了家庭部门的目标函数和预算约束；最后作者设置环境污染累积过程，并加入环境规制政策，将经济增长与环境污染之间的内在联系予以刻画，研究不同强度环境规制政策导致的差异化效应。

考虑到我国经济还处于快速发展阶段，作者也没有采用常见的稳态均衡求解和静态分析，而是采用了鞍点路径求解，重点分析经济增长阶段的特征。通过刻画不同强度的环境政策，作者得出高强度的环境规制能够激发污染型企业的“创新补偿”效应，使得经济增长中的环境规制效应由“短期损失”向“长期收益”转化，而低强度或较弱的环境规制难以刺激污染型企业进行技术创新，不能促进长期经济增长。

于连超、张卫国等（2018、2019）的几篇研究得出了类似的结论，发现环境税有效地提高企业创新投入但存在门槛效应，当环境税达到门槛值后，环境税才能够显著地提高企业创新投入。但与张同斌（2017）的研究不同的是，于连超（2018）的研究采用的是使用计量方法去实证检验环境税的技术创新效应，这也从另一个角度去检验了张同斌（2017）的理论分析。

另外一些研究则检验了波特效应在我国是否成立，在这些研究中，技术创新作为环境税促进经济增长的作用机制被考虑。结合我国的环境税政策变革史，这些研究无论是采用的政策冲击还是研究方法都十分集中，研究的政策冲击大多是 2007 年 $SO_2$排污权交易试点政策，而采用的方法则是双重差分等计量方法。例如任胜钢（2019）、温湖炜（2020）都是将 2007 年 $SO_2$排污权交易试点作为政策冲击节点，采用双重差分法检验波特效应在我国是否存在。任胜钢（2019）运用了双重差分法、三重差分法、工具变量法以及一系列稳健性检验和异质性分析，研究发现排污权交易试点政策显著提高了试点地区上市公司的全要素生产率，通过进一步的作用机制分析，排污权交易机制主要通过促进企业技术创新和改善资源配置效率作用于企业全要素生产率。从研究方法来看，这些研究确实采用的是国内目前的主流方法，但依然存在没有足够的理论分析来支撑观点的问题。没有足够的理论支撑，仅仅是采用计量方法进行检验，在面对不同的数据和方法上的差别时，往往会有不同的结论。尽管国外关于波特假说理论的研究已经相对成熟，但国内关于波特假说的理论研究还十分匮乏，因此也有必要结合中国的实际国情，补足这一方面的理论研究。

上述这些文献，我们发现研究的都是同一地区环境规制技术创新效应，很少有文献研究环境规制的技术创新效应的邻地扩散效应。董直庆、王辉（2019）的一篇论文则正是研究环境规制对“本地—邻地”绿色技术创新的影响，并且提出了一种新的作用机制。他们在 Acemoglu et al.（2012）环境技术进步方向模型的基础上，加入环境规制对区域间技术创新的竞争和挤出效应，数理演绎环境规制对“本地—邻地”绿色技术创新的影响。同时，他们结合城市面板数据实证检验了环境规制对“本地—邻地”绿色技术进步作用的真实效果。结果发现：环境规制的“本地—邻地”绿色技术进步效应非一致性特征突出，其对本地绿色技术进步的效应主要表现为先抑后扬的门槛特征，而对邻地绿色技术进步表现出“倒U形”作用效应，且峰值在城市经济圈300千米地域内。而这一研究相比以往研究，创新之处在于提出了环境规制促进技术创新的一种新的作用路径，他们发现高环境规制地区易引致污染产业向邻地转移，短期邻地产业承接会提高其收入水平促进绿色技术进步，但长期污染产业转移会影响邻地产业朝绿色技术方向转变，这从一个新的角度解释了环境规制的技术促进效应。在我国不同地区的环境税政策存在一定的自主性和差异性，而这一研究不但考虑到了环境规制对本地的影响，还将邻地的影响考虑在内，对于环境税政策的制定将更具有参考意义。

综合上面的研究，我们发现，绝大多数的结果都支持只要通过合理设计环境税制度，是可以达到技术创新效应的。另外这些论文在研究作用机制时，除了传统的成本增加倒逼技术创新这一机制外，还提出了地区转移效应这一机制。但我们也发现国内的这些研究也存在一些局限，从方法上来讲，这些研究大多采用的是计量回归的方法，而且采用的数据也相对一致，多为上市工业企业数据或省级面板数据，这就造成这些研究只在计量方法上存在些许差异，却没有太大的创新。而实际上，前文也提到过，在研究环境税改革效应的研究中，CGE模型相比计量回归方法要更有优势，也是更为主流的方法，所以运用CGE模型去研究环境税的技术创新效应或许是可以努力的方向。

## 三、农业面源污染研究

党的十八大提出五位一体总体布局，首次将生态文明纳入党的施政纲领。积极防控农业面源污染，是建设五位一体中国特色社会主义事业尤其是推进生态文明建设的重点。从西方发达国家的经验来看，环境税在面源污染的治理中也发挥了积极作用。我国农业面源污染问题也十分突出，但国内关于环境税规制面源污染问题的研究相对较少且存在很多不足，且规制面源污染的环境税政策制定与实施难度要远大于点源污染，我国2018年实施的《环境保护税法》也未对农业面源污染做出相关规定，因此在这一领域的研究还存在很大的空间。国内有少数学者也对农业面源污染问题展开了研究。

面源污染与点源污染在特征上存在很大不同，因此想要利用环境税解决面源污染的问题首先需要研究清楚面源污染的特点，以及规制面源污染存在的难点。李正升（2011）较早地对农业面源污染的特征作出了系统性的分析，对利用环境税政策规制面源污染做了可行性分析。作者总结出了面源污染的六大特征，并分别针对其不同的特征提出了不同的环境经济对策。其中针对农业面源污染的过程具有随机性、不确定性，污染源具有分散性这两大特征，作者提出“科斯手段”一般不适用，需要寻求适当的“庇古手段”，并且由于农业面源污染的不确定性和随机性，简单的“庇古手段”也不适用于农业面源污染，需要基于庇古税原理采取一些修正性或替代性的环境经济政策。这是国内对农业面源污染特点做出系统性分析，并提出利用环境税政策手段来解决农业面源污染的较早的一篇文献，也为后来的研究奠定了基础。

事实上，国内研究环境税规制面源污染问题的学者并不多，周志波、张卫国是这一领域研究较多的学者，他们的研究也基本代表了国内关于利用环境税规制农业面源污染研究的前沿方向。周志波、张卫国（2019a）研究了环境税的两部门规制政策的可行性，两部门规制政策源于 Segerson（1988）提出的一种罚款 + 税收的类似“两部收费制”的机制，此后很长一段时间环境税规制面源污染的研究都是围绕这一机制展开，直至目前这依然是环境税规制面源污染最具可行性的方法。两部门规制政策既具备最优庇古税的特征，同时对于监管和执行的信息需求可以实现最小化。他们在一个局部均衡框架下，比较研究了五种不同情境下，基于环境税的两部门政策对农业面源污染的规制效应，结果表明：基于环境税的两部门规制政策会诱导道德风险，因为面源污染不仅与污染性要素投入本身有关，而且与要素投入的使用方式关联。实现社会最优面源污染排放的政策组合至少有两种：一是对污染性要素投入征税，对耕地的使用进行补贴的政策组合；二是对农业产出和高污染、低成本的粪肥使用行为征税，而对非污染性要素投入和低污染、高成本的粪肥使用行为进行补贴的政策组合。

周志波、张卫国（2019b）则跟随了国际关于这一领域研究的最新方向，将环境税与博弈论知识相结合，研究了完全信息和不完全信息条件下，污染者存在合作共谋可能性时，环境税规制农业面源污染问题的机制和效应。研究表明，在不完全信息条件下，当污染者之间的合作共谋程度不明确或不能被环境监管者有效观测时，利用环境税规制农业面源污染将受到极大的限制；如果监管机构能够投入很高的成本用于监测农业面源污染排放，从而解决不对称信息问题，那么最优的监管政策对于合作共谋的污染者集体有利，会向合作共谋的集体征收税率较低的环境税，但对不合作共谋的集体中的面源污染个体，则会征收最优但税率很高的环境税。同时，如果引入风险偏好因素，当农业面源污染者厌恶风险时，社会整体福利水平会随着污染者合作共谋指数的提高而提升。

国内关于这一领域的定性研究尽管相比国外还相对落后，但还不至于存在大量空白。而在定量研究方面，国内相关的文献屈指可数，而定量研究又是政策制定必须要解决的问题。司言武（2010）的研究是为数不多的对环境税规制农业面源污染效应进行定量分析和实证的研究，他在分析中国现有的农业面源污染规制政策缺陷的基础上，提出用次优税率去代替最优税率，也就是征收污染产品税的方案来解决目前农业面源污染问题，并对农药和化肥等主要污染物质设计了污染产品税税率，力求以最小的征管成本、高效率地达到科学合理的环境目标。尽管司言武设计了对化肥的征收由其含氮和磷的比例决定，平均税率按 80～100 元/吨计算，对农药的征收按销售价格的 10%～20% 来征收，但事实上这样的税率制定仍十分的粗糙，而且没有太多的数据支撑，所以并没有太大的可靠性。

从国内现有的文献来看，我国关于农业面源污染的研究还存在较大缺陷。首先定性研究方面，环境税规制农业面源污染的机制并没有创新，更多的是参照国外现有的机制，而没有结合我国的实际国情；而在定量研究方面，相关研究十分稀少，根本没有足够的研究去支撑政策的制定与落实。因此，在环境税规制农业面源污染问题还存在很大的研究空间，主要可以从以下几方面去着手：一是从机制上仍然可以围绕国外 Segerson 机制、标尺竞争机制等展开，但需结合中国的实际国情，使其更切合中国实际情况；二是要补足相关的定量研究，政策的制定与实施必须有数据的支持；三是从研究方法上可以参照国外引入实验经济法，可以加入合作共谋因素、团队绩效机制等各种因素，使其更贴合现实情况；四是更多地关注政治经济学视角，用环境税规制农业面源污染相比点源污染要面临更多的政治可行性问题，这也是未来政策制定必须解决的一个问题。

## 文献索引


[1] BOVENBERG A L. Green tax reforms and the double dividend: An updated reader's guide [J]. International tax and public finance, 1999, 6 (3): 421 -443.

[2] BOVENBERG A L, VAN DER PLOEG F. Optimal taxation, public goods and environmental policy with involuntary unemployment [J]. Journal of public economics, 1996, 62 (1 -2): 59 -83.

[3] BOVENBERG A L, DE MOOIJ R A. Environmental taxes and labor-market distortions [J]. European Journal of Political Economy, 1994, 10 (4): 655 -683.

[4] BOVENBERG A L, VAN DER PLOEG F. Consequences of environmental tax reform for unemployment and welfare [J]. Environmental and Resource Economics, 1998, 12 (2): 137 -150.

[5] BOVENBERG A L, VAN DER PLOEG F. Tax reform, structural unemployment and the environment [J]. Scandinavian Journal of Economics, 1998, 100 (3): 593 -610.

[6] BOVENBERG A L, DE MOOIJ R A. Environmental tax reform and endogenous growth [J]. Journal of Public Economics, 1997, 63 (2): 207 -237.

[7] BAYINDIR-UPMANN T. On the double dividend under imperfect competition [J]. Environmental and Resource Economics, 2004, 28 (2): 169 -194.

[8] BAYINDIR - UPMANN T, RAITH M G. Should high-tax countries pursue revenue-neutral ecological tax reforms? [J]. European Economic Review, 2003, 47 (1): 41 -60.

[9] BABIKER M H, METCALF G E, REILLY J. Tax distortions and global climate policy [J]. Journal of Environmental Economics and Management, 2003, 46 (2): 269 -287.

[10] BENTO A M, JACOBSEN M. Ricardian rents, environmental policy and the "double-dividend" hypothesis [J]. Journal of Environmental Economics and management, 2007, 53 (1): 17 -31.

[11] BOHRINGER C, PAHLKE A. Environmental tax reforms and the prospects for a double dividend: An intertemporal general equilibrium analysis for Germany [M]. Colordo: University of Colordo, 1997.

[12] BERNARD A L, VIELLE M. Report to the MIES on the resource management [J]. Handbook of Environmental Economics, 2005 (3): 1273 - 1306.

[13] BOSQUET B. Environmental tax reform: Does it work? A survey of the empirical evidence [J]. Ecological Economics, 2000, 34 (1): 19 - 32.

[14] CARRARO C, GALEOTTI M, GALLO M. Environmental taxation and unemployment: Some evidence on the double dividend hypothesis in Europe [J]. Journal of Public Economics, 1996.

[15] CAO J, HO S, JORGENSON D W. The economics of environmental policies in China [M]. Cambrige MA: MIT Press, 2013.

[16] CIASCHINI M, PRETAROLI R, SEVERINI F, SOCCI C. Regional double dividend from environmental tax reform: An application for the Italian economy [J]. Rsearch in Economics, 2012, 66 (3): 273 - 283.

[17] CARBONE J, MORGENSTERN R D, WILLIAMS R C, BURTRAW D. Defict reduction and carbon taxes: Budgetary, economics and distributional impacts [Z]. Resources for the future, 2013.

[18] CAMACHO-CUENA E, REQUATE T. The regulation of non-point source pollution and risk preference: An experimental approach [J]. Ecological Economics, 2012 (73): 179 - 187.

[19] D'AMATO A, FRANCKX L. Nonpoint pollution regulation targeted on emission proxies: The role of yardstick schemes [J]. Environmental Economics & Policy Studies, 2010, 12 (4): 201 - 218.

[20] FULLERTON D, HEUTEL G. The general equilibrium incidence of environmental taxes [J]. Journal of Public Economics, 2007, 91: 571 - 591.

[21] FULLERTON D, LEICESTER A, SMITH S. Environmental taxes [Z]. National Bureau of Economic Research (No. w14197), 2008.

[22] FULLERTON D, KIM S R. Environmental investment and policy with distortionary taxes and endogenous growth [J]. Journal of Environmental Economics and Management, 2008 (56): 141 - 154.

[23] GRADUS R, SMULDERS S. The trade-off between environmental care and long-term growth: Pollution in three prototype growth models [J]. Journal of Economics, 1993 (58): 25 - 41.

[24] GOULDER L H. Environmental taxation and the double dividend: A reader's guide [J]. International Tax and Public Finance, 1995 (2): 157 - 183.

[25] GLOMM G, KAWAGUCHI D, SEPULVEDA F. Green taxes and double dividends in a dynamic economy [J]. Journal of Policy Modeling, 2008 (30): 19 - 32.

[26] JOHANSEN D W, WILCOXEN P J. Reducing U. S. carbon emissions: An econometric general equilibrium assessment [J]. Resource and Energy Economics, 1993 (14): 243 - 268.

[27] JORGENSON D W, GOETTLE R J, HO M S, et al. Double dividend: Environmental taxes and fiscal reform in the United States [M]. MIT Press, 2013.

[28] KNESSE A V, BOWER B T. Managing water quality: Economics, technology and institutions [M]. Baltimore: The John Hopkins University Press, 1968.

[29] KEMFERT C, WELSCH H. Energy-capital-labor substitution and the economic effects of $CO_2$ abatement: Evidence for Germany [J]. Journal of Policy Modeling, 2000, 22 (6): 641 - 660.

[30] LABANDEIRA X, LABEAGA J M, RODRIGUEZ M. Green tax reform in Spain [J]. European Environment, 2004, 14 (5): 290 - 299.

[31] METCALF G E, BABIKER M H, REILLY J. A note on weak double dividends [J]. The BE Journal of Economic Analysis & Policy, 2004, 4 (1).

[32] MCKITRICK R. Double dividend environmental taxation and Canadian carbon emissions control [J]. Canadian Public Policy, 1997, 24 (3): 417 - 438.

[33] MERAN G, SCHWALBE U. Pollution control and collective penalties [J]. Journal of Institutional and Theoretical Economics, 1987, 143 (11): 616 - 629.

[34] OATES W. Pollution charges as a source of public revenues. Washington (DC): Resources for the Future [R]. Discussion Paper no. QE92 - 05, 1991.

[35] ORLOV A, GRETHE H. Carbon taxation and market structure: A CGE analysis for Russia [J]. Energy Policy, 2012 (51): 696 - 707.

[36] OLIVER BUDZINSKI. Ecological tax reform and unemployment: Competition and innovation issues in the double dividend debate [J]. Ssrn Electronic Journal, 2002.

[37] PEARCE D W. The role of carbon taxes in adjusting to global warming [J]. Economic Journal, 1991 (101): 938 - 948.

[38] PARRY I W H. Pollution taxes and revenue recycling [J]. Journal of Environmental Economics and Management, 1995 (29): 64 - 77.

[39] PATUELLI R, NIJKAMP P, PELS E. Environmental tax reform and the double dividend: A meta-anallytical performance assessment [J]. Ecological Economics, 2005, 55 (4): 564 - 583.

[40] PEREIRA A M, PEREIRA R M, RODRIGUES P G. A new carbon tax in Portugal: A missed opportunity to achieve the triple dividend? [J]. Energy Policy, 2016 (93): 110 - 118.

[41] PIGOU A C. The economics of welfare [M]. London: Macmillan, 1932.

[42] RAPANOS V T. The effects of environmental taxes on income distribution [J]. European Journal of Political Economy, 1995 (11): 487 - 501.

[43] REPETTO R, DOWER R, JENKINS R, GEOGHEGAN J. Green fees: How a tax shift can work for the environment and the economy [M]. New York: World Resource Institute, 1992.

[44] REICHHUBER A, CAMACHO E, REQUATE T A. Framed field experiment on collective enforcement mechanisms with Ethiopian farmers [J]. Environment and Development Economics, 2009, 14 (5): 641 - 663.

[45] SCHÖB R. Evaluating tax reforms in the presence of externalities [J]. Oxford Economic Papers, 1996, 48 (4): 537 - 555.

[46] TAKEDA S. A supplement to "the double dividend from carbon regulations in Japan" [J]. 2006.

[47] STRAND J. Efficient environmental taxation under worker-firm bargaining [J]. Environmental and Resource Economics, 1999 (13): 125 - 141.

[48] SCHNEIDER K. Involuntary unemployment and environmental policy: The double dividend hypothesis [J]. Scandinavian Journal of Economics, 1997 (99): 45 - 59.

[49] SAVEYN B, VAN REGEMORTER D, CISCAR J C. Economic analysis of the climate pledges of the

Copenhagen accord for the EU and other major countries [J]. Energy Economics, 2011 (33): S34 – S40.

[50] SEGERSON K. Uncertainty and incentives for nonpoint pollution control [J]. Journal of Environmental Economics and Management, 1988, 15 (3): 87 – 98.

[51] TULLOCK G. Excess benefit [J]. Water Resource Research, 1967 (3): 643 – 644.

[52] TERKLA D. The efficiency value of effluent tax revenues [J]. Journal of Environmental Economics and Management, 1984, 11 (2): 107 – 123.

[53] VOSSELER C A. Communication and incentive mechanisms based on group performance: An experimental study of nonpoint pollution control [J]. Economic Inquiry, 2006, 44 (4): 599 – 613.

[54] WEST S E, WILLIAMS R C Ⅲ. Estimates from a consumer demand system: Implications for the incidence of environment taxes [J]. Journal of Environmental Economics and Management, 2004 (47): 535 – 558.

[55] XEPAPADEAS A P. Environmental policy under imperfect information: Incentives and moral hazard [J]. Journal of Environmental Economics and Management, 1991, 20 (3): 113 – 126.

[56] 毕茜，于连超．环境税与企业技术创新：促进还是抑制？[J]．科研管理，2019，40 (12)：116 – 125.

[57] 陈仪，姚奕，孙祁祥．经济增长路径中的最优环境政策设计 [J]．财贸经济，2017，38 (03)：99 – 115.

[58] 金晓燕．负外部性、企业行为与最优环境税机制研究 [J]．技术经济与管理研究，2016 (03)：109 – 113.

[59] 李齐云，宗斌，李征宇．最优环境税：庇古法则与税制协调 [J]．中国人口·资源与环境，2007 (06)：18 – 22.

[60] 李鹏，魏巍贤．生态文明建设视角下征收环境税对河北省的宏观经济影响 [J]．中国人口·资源与环境，2016，26 (S2)：373 – 376.

[61] 李虹，熊振兴．生态占用、绿色发展与环境税改革 [J]．经济研究，2017，52 (07)：124 – 138.

[62] 李正升．农业面源污染控制的一体化环境经济政策体系研究 [J]．生态经济（学术版），2011 (02)：254 – 256.

[63] 李香菊，贺娜．地区竞争下环境税对企业绿色技术创新的影响研究 [J]．中国人口·资源与环境，2018，28 (09)：73 – 81.

[64] 李齐云，宗斌，李征宇．最优环境税：庇古法则与税制协调 [J]．中国人口·资源与环境，2007 (06)：18 – 22.

[65] 刘凤良，吕志华．经济增长框架下的最优环境税及其配套政策研究——基于中国数据的模拟运算 [J]．管理世界，2009 (06)：40 – 51.

[66] 刘晔，周志波．环境税“双重红利”假说文献述评 [J]．财贸经济，2010 (06)：60 – 65.

[67] 刘晔，周志波．不完全竞争市场结构下环境税效应研究述评 [J]．中国人口·资源与环境，2015，25 (02)：121 – 128.

[68] 刘晔，周志波．完全信息条件下寡占产品市场中的环境税效应研究 [J]．中国工业经济，2011 (08)：5 – 14.

[69] 廖朴，郑苏晋．环境、寿命与经济发展：最优环境税研究——基于中国数据的模拟运算 [J]．

管理评论，2016，28（10）：39－49.

［70］司言武．环境税经济效应分析——一个理论框架［J］．税务研究，2007（11）：54－58.

［71］司言武．环境税经济效应研究：一个趋于全面分析框架的尝试［J］．财贸经济，2010（10）：51－57.

［72］司言武．农业非点源水污染税收政策研究［J］．中央财经大学学报，2010（09）：6－9.

［73］于连超，张卫国，毕茜．环境税的创新效应研究［J］．云南财经大学学报，2018，34（07）：78－90.

［74］于连超，张卫国，毕茜．环境税对企业绿色转型的倒逼效应研究［J］．中国人口·资源与环境，2019，29（07）：112－120.

［75］张宏翔．环境税理论和实践——基于西方先进国家的成功经验分析［M］．科学出版社，2014.

［76］张明文，张金良，谭忠富，王东海．碳税对经济增长、能源消费与收入分配的影响分析［J］．技术经济，2009，28（06）：48－51＋95.

［77］张同斌．提高环境规制强度能否“利当前”并“惠长远”［J］．财贸经济，2017，38（03）：116－130.

［78］臧传琴，赵海修，王静，刘立奎．环境税的技术创新效应——来自1995～2010年中国经验数据的实证分析［J］．税务研究，2012（09）：32－36.

［79］周志波，张卫国．基于环境税的两部门政策与农业面源污染规制［J］．西南大学学报（自然科学版），2019a，41（03）：89－100.

［80］周志波，张卫国．环境税规制农业面源污染研究——不对称信息和污染者合作共谋的影响［J］．西南大学学报（自然科学版），2019b，41（02）：75－89.

［81］樊勇，籍冠珩．工业水污染税税率测算模型的构建与应用［J］．经济理论与经济管理，2014（09）：85－95.

［82］周志波，吴钰菲．环境税规制污染问题理论前沿［M］．经济管理出版社，2019.

［83］周志波．环境税规制农业面源污染研究［D］．西南大学，2019.

［84］刘晔，周志波．环境税“双重红利”假说文献述评［J］．财贸经济，2010（06）：60－65.

［85］金成晓，张东敏，王静敏．最优环境税、影响因素及配套政策效果研究［J］．山东大学学报（哲学社会科学版），2018（03）：39－49.

［86］董直庆，王辉．环境规制的“本地—邻地”绿色技术进步效应［J］．中国工业经济，2019（01）：100－118.

［87］任胜钢，郑晶晶，刘东华，陈晓红．排污权交易机制是否提高了企业全要素生产率——来自中国上市公司的证据［J］．中国工业经济，2019（05）：5－23.

［88］周荣青．建立我国绿色税收体系的理论依据和立法思考［J］．黑龙江对外经贸，2004（12）：54－56.

［89］周志波．环境税政治可行性影响因素研究综述［J］．税收经济研究，2020，25（01）：18－25.

第八章

# 关税

关税是针对进出口货物征收的一种商品税，对关税的相关研究离不开对国际贸易研究。学者们对国际贸易理论研究往往会涉及关税的探讨，包括是否应该征收关税，应该征收多少合适。随着20世纪中后期公共选择理论的发展，学者们将其引入贸易理论，贸易政策的制定与实施因此转变为政府公共政策决策的一个政治过程，逐渐发展形成了关税内生化理论。此后，越来越多的学者也开始专注于实证研究，通过用经验实证分析来解释和验证关税理论。

关税的研究探讨最初都围绕自由贸易和保护贸易展开，在不同贸易理论中对关税问题进行阐述。后来随着全球经济的发展，学者们开始围绕着世界各国的关税政策进行实证分析，如区域贸易协定框架下关税减免分析。近些年，随着国际经济疲软，全球需求萎缩，贸易摩擦加剧，有关自由贸易和保护贸易的探讨再次掀起。本章将先梳理关税理论与实证的经典文献，然后梳理国内外前沿文献，包括结合非关税壁垒以及区域贸易协定下、贸易摩擦背景下关税效应研究的梳理。其中国内前沿文献还增加了有效保护率测算的研究总结。

# 第一节　经典文献

关税是随着商品交换和商品流通领域的不断扩大以及国际贸易的不断发展而产生和逐步发展的。有关关税理论与政策研究历史悠久，研究丰富，包括自由贸易理论、保护贸易理论、新贸易理论等角度分析关税政策的选择。

## 一、关税理论初期研究

关税理论的研究最初都是在国际贸易理论下进行展开的。自由贸易理论与保护贸易理论分别从国际贸易要素及产业发展等角度就是否应该征收关税进行讨论，得到不同的观点。后来的新贸易保护理论，结合自由贸易与保护贸易的观点提出对于关税的看法。

### （一）自由贸易理论中关税理论

1776 年，亚当·斯密从“绝对优势理论”出发，认为征收出口税会破坏最优的资本组合与劳动分配，从而丧失“绝对优势”，而出口退税则有利于实现资源的全球优化配置。1817 年，李嘉图从“比较优势理论”出发，认为对出口产品征税，既不公平也不合理，出口退税才有利于公平贸易的进行。1919 年，俄林从“要素禀赋理论”出发，认为保护性关税降低了生产要素的有效利用，破坏了经济发展的内在要求。

### （二）保护贸易理论中关税理论

17 世纪末，重商主义者汉密尔顿主张把关税作为贸易保护的主要手段之一，同时采取出口退税政策刺激本国产品的出口。1841 年，李斯特在《政治经济学的国民体系》一文中，以生产力理论为基础，建立保护幼稚产业的关税理论，强调关税是保护国内幼稚产业发展的主要手段。20 世纪，凯恩斯主义者认为国家可以综合运用财政、货币、收入分配政策实施保护贸易。主张利用关税壁垒、差别税率等措施，配合贸易管制政策，减少进口；同时采用优惠贷款、出口补贴等措施来鼓励出口。1949 年，普雷维什在《拉丁美洲的经济发展及其主要问题》的报告中提出“中心—外围”理论，主张发展中国家采用保护关税政策对其国内产业进行适当保护，改善发展中国家产业结构和贸易条件。

### （三）新贸易理论中关税理论

古典贸易理论是全部贸易理论的基础，建立在李嘉图（1817）的比较优势理论之上；新古典贸易理论主要是建立在 H-O（1919；1933）为代表的要素禀赋比较优势学说基础之上。古典和新古典贸易理论的主要理论的假设是完全竞争和规模收益不变。自 20 世纪 50 年代以来，传统贸易理论由于无法解释“里昂惕夫之谜”、资源禀赋和技术相似国家间贸易、行业内贸易等国际贸易现象，国际贸易理论需要新的革命与突破，产生了以产业内贸易理论为代表的“新贸易理论”。该理论认为，在不完全竞争的条件下，当一国商品的进口在国际市场上占有一定优势时，关税可以起到改善贸易条件并提高福利的作用。该理论为政府干预贸易的合理性提供了理论支持。一个很重要的结论是政府应该对国内企业进行税收补贴，以提高其在国际市场上的竞争力，获取更多福利。

## 二、关税理论后期研究

自 20 世纪 70 年代中后期，关税相关研究中以关税内生化理论及其实证发展为主要研究趋势，这也成为国际贸易理论发展的重要成果之一。该理论把公共选择理论引入贸易理论研究，贸易政策被视为一种社会“公共物品”，“公共物品”最好由政府而非市场提供，贸易政策的制定与实施因此转变为政府公共政策决策的一个政治过程。关税内生化理论认为贸易保护水平并非外生，而是为了增加本国产品市场竞争优势，故国内私人利益团体会加强对贸易保护的游说活动，使得政府采用高保护贸易政策（Findlay 和 Wellisz，1982；Hillman，1982，1988；Mayer，1984；Baldwin，1985；Magee，Brock 和 Young，1989 等）。

关税内生化理论最早研究可以追溯到 Marshall（1922），他认为从保护性关税中得到益处的是小群体，但这些群体利益清晰，可以明确地进行界定，因此容易集结起来在政治生活中实现自己的目标。他从政治角度对关税制定进行探讨，是关税内生化理论的早期雏形。Frey（1984）进一步发展了这一观点，认为关税是在政治市场里决定的，有关利益集团可以通过投入资源对关税政策的制定产生影响，从而在贸易保护中获得利益。在一个民主政体中，获得多数人支持的议员具有决定性的影响。

随后的研究逐渐进行深入，形成两种主要理论模型即中间选民模型和政治捐献模型，其中中间选民（Median Voters）模型假定在选民对最优政策的偏好存在差异的情况下，政府的政策选择与处在中间政策水平的选民相同。中间选民模型中代表研究包括：Stigler

(1971)将管制的需求与供给纳入分析，管制的需求使得政府必须控制大多数选票才能迫使国会通过有利于特殊利益集团的关税法案。在此基础上，Peltzman（1976）描述了压力集团寻求政治支持的动机及其如何对管制价格产生影响，并证明了存在最优管制价格，能够平衡给生产者带来的边际利益和对消费者的损害。后续的研究还包括 Mayer（1984）、Hillman（1988）、Rodick（1987，1995）对最优关税率的求解进行探讨。这些研究的不足之处在于现实生活中很少有国家每项公共政策都是由全民公决产生的，因此对现实的解释力相对较弱。

政治捐献模型包括保护待售模型和保护待售模型的拓展。Grossman 和 Helpman（1994）建立了保护待售模型，分析利益集团通过捐赠影响政府对外贸易决策，以争取更高关税或者补贴等。那么捐赠金额的多少会不会影响关税率或补贴率呢？保护代售模型假设双方进行两阶段非合作博弈，认为利益集团的组织性越强、越团结，进口商品需求弹性越小，它们得到的关税率越高。也就是说一个行业的生产者越团结，进口渗透率越低反而会得到更高的贸易保护。作为人数众多的消费者，缺乏组织，再加上搭便车现象的存在，对政府政策产生影响较小。所以保护代售模型认为不同行业的进口弹性、进口渗透率及其组织效率会对关税率产生影响。之后 Grossman 和 Helpman 逐步把保护代售模型进行运用，扩展到存在贸易摩擦、贸易谈判、贸易协定等的国家间进行解释与分析。政治捐献模型被广泛接受主要是因为模型中允许内生性的选择，认为最优关税率是由总体变量和特殊团体特征决定的。不足之处在于没有考虑到政治竞争，尤其是存在两党执政的国家。如果存在两个政党之间的竞争，当权政府不具备优势，那么政治捐赠模型结论有待完善。

## 三、对关税理论后期研究的实证分析

随着关税理论研究的不断发展，越来越多的学者开始专注于实证研究，通过用经验实证分析来解释和验证关税内生化理论。研究国别主要集中于发达国家，其中又以美国的研究居多。

Magee 和 Young（1989）利用政治需求和供给的选举最大化模型，对美国 1900～1984 年的贸易政策进行分析，研究发现劳动力—资本比率和贸易收支因素对保护率的影响不十分显著，但是经济中工业产成品贸易条件改善、低通胀率和高失业率时政府制定的关税水平较高，共和党执政时关税总水平也较高。对于保护代售模型有很多研究进行实证分析，验证该模型的合理性（Goldberg 和 Maggi，1999；Gawande 和 Bandyopadhyay，2000；Yamazaki，2004）。Rajapatirana et al.（1997）对 6 个拉美国家 1965～1994 年的数据进行研究，发现政治因素对当时的贸易政策有重要影响，政局变动和宏观经济危机推动了各国政府的贸易自由化改革。还有些研究运用保护待售模型实证研究墨西哥（Grether et al.，2001）、意大利（Terribile 和 Thornton，2002）、澳大利亚（McCalman，2004）等国的情况，得出利益集团的行为会影响政治因素进而影响政府的贸易政策和关税水平决策。

## 第二节　国外前沿文献

之后的研究对关税内生化理论进行了实证与拓展。在关税的研究扩展中，一方面，随着关税税率的普遍下降，各国开始重视非关税壁垒的启用。学者们也逐渐开始对关税与非关税壁垒进行比较分析。另一方面，随着各国的经济贸易合作发展加深，自由贸易协定开始壮大，许多研究分析在区域贸易协定背景下关税的经济学效应。近年来，全球经济疲软，贸易摩擦时有发生，关税作为引发贸易战、挑起贸易争端的主要手段也备受关注。

### 一、关税与非关税壁垒结合研究

贸易壁垒按照实施手段包括关税与非关税壁垒，然而随着各国经济贸易合作加深，全球化的发展，加之世界贸易组织以及各国签订贸易协定中对关税税率有明确的要求，致使各国为避免贸易报复等不能通过大范围提高关税来保护国内产业，从而导致各国采用非关税壁垒（NTBs）的手段实施保护。NTBs 由于其具有隐秘性、复杂性，不易被察觉，越来越受到各国青睐，具体手段也从传统的“两反一保”发展到技术壁垒、社会壁垒、蓝色壁垒等。对关税的研究逐渐拓展为关税与非关税壁垒的研究，国际经济学领域中贸易成本是影响贸易往来的重要因素。而在各种贸易成本中，关税数据由于其可获得性，故在研究中一般用关税成本代表贸易成本。然而，一国在进行国际贸易时所面临的壁垒，除了关税之外还包括运输成本、信息成本以及由于不同的货币、语言、法律体系引起的附加成本等一系列非关税壁垒（Anderson 和 Wincoop，2004），而这些因素越来越重要，用关税衡量贸易壁垒大大低估了实际贸易成本。

Hanson 和 Xiang（2011）以美国电影业的出口为研究对象，构建消费者效用函数 CES、生产者的出口及国内生产的决定函数，通过收集美国电影在不同国家票房收入的面板数据分析贸易壁垒成本的影响。贸易壁垒的测算包括地理位置、文化差异、电影进口数量限制及知识产权壁垒，研究发现电影业贸易变化遵从集约边际（Intensive Margin）规律，平均票房收入与这些贸易壁垒负相关。信息服务业出口与制造业出口不同，其售后服务方式不需要太费精力，一旦市场策略以及标准化的合同被指定，很容易复制到另一个市场，使得贸易壁垒主要表现为全球市场而非单一国家。由于非关税壁垒不易量化，在实证分析中对贸易壁垒的测算并未形成统一的标准，这也成为了制约非关税壁垒相关研究的重要因素。

Fan 和 Wang（2018）研究用最新第九版 GTAP 数据库的 GTAP 模型实证分析了传统单边主义与互惠谈判两种不同贸易自由化方式下对我国与“一带一路”（BRI）沿线国家的经济贸易影响：认为双方互惠谈判，建立区域贸易协作共同降低贸易壁垒能够最大化各自国家的经济贸易效益；通过模拟分析六套关税与非关税政策组合的经济效应，发现在中国与“一带一路”（BRI）沿线国家的区域贸易中，距离我国地理位置越近的国家，如泰国、马来西亚、印度尼西亚、新加坡，降低贸易壁垒对其经济贸易获益越大。

## 二、区域贸易协定下关税效应研究

随着各国国际贸易合作的加深，自由贸易发展为主流趋势。经济全球化的发展，各国之间开始发展水平更高的区域贸易合作。随着近年来区域贸易协定的扩大发展，有许多研究围绕自由贸易区以及区域贸易协定展开。

### （一）关税的经济效应

Bchir 与 Fouquin（2008）分析东亚地区区域经济一体化的特征及其对其他国家的影响，尤其是对欧盟的影响。采用 CEPII'S CGE 模型，提出东盟十国与中国、日本、韩国和印度之间单边或者双边实施零关税，并区分是全部商品贸易自由化还是剔除敏感产品之外的其他商品自由化，共得出四种模拟方案。研究发现这四种模拟方案都会提升东亚整体竞争力。农业是区域经济一体化的重要问题，大多数调查显示农业应该被区别对外，尤其是一些国家的农业作为贫困人民就业的首要来源。但作者研究表明区域贸易协定中农业贸易合作对东盟十国有益。研究还发现东亚地区经济一体化对欧盟影响有限，东亚竞争力提升对欧盟货物贸易有负效应，对欧盟服务贸易有正效应。此外，文章中还分别对区域一体化对韩国、日本、中国、印度、美国等国的影响展开分析。

有少量研究认为自贸区协定对成员国之间经济影响并不显著或者是负面效应，Francis（2011）研究东盟—印度自由贸易协定认为这会对印度农业产生冲击，且很有可能对印度就业和生活状况产生负面影响。印度食品生产和其他农产品制品中的小型企业会遭受损失，主要是因为亚洲其他国家更容易进入印度市场导致对当地农产品需求下降，价格会下降。但是随着生产网络高度一体化发展，尤其是在机械、化工和运输工具行业，使得印度跨国企业愿意承担部分损失。

### （二）关税的贸易效应

测算签订自由贸易协定的贸易效应的研究，以 Romalis（2007）的方法得到较为广泛的认可。作者先进行理论分析，假设完全竞争市场，柯布—道格拉斯生产函数，非同质产品，根据消费者最大化效应与厂商最大化利润以及贸易平衡下求解需求弹性与供给弹性。

然后选用北美自由贸易区与美国—加拿大自贸区数据进行分析与验证，分别用 HS－2、HS－4、HS－6 对进口产品细分，用进口最惠国关税税率数据，计算供给弹性与需求弹性。最后得出北美自贸区、美国—加拿大自贸区对国际贸易效应显著，但是对成员国与非成员国的价格以及福利的影响较小。

理论上，建立自由贸易区都会对双方贸易都带来益处。但是 2012 年韩国—美国自贸协定受到批判，特朗普政府认为这使得韩国对美国进行剥削，导致贸易赤字。Russ 和 Swenson（2019）就对此问题进行了研究，沿用 Romalis（2007）估算北美自由贸易协定和加拿大—美国自贸协定的方法，研究假设需求弹性 CES 偏好固定为一常数，并基于产品层面的关税变化比较美国从韩国进口与第三方国家进口量。为了控制会影响韩国出口至相关国家的外生变量，用澳大利亚和加拿大进口作对比。研究发现美国对韩国 HS6 位产品进口关税下降 1%，美国从澳大利亚进口量就会下降 0.7%，从加拿大进口量会下降 1.4%，间接从第三方国家的进口转移至韩国，其中转移产品中以消费品居多。这才导致了美国与韩国贸易之间的赤字。研究为以下观点提供支撑：自由贸易协定会影响双边贸易平衡，但是中长期效果来看全球贸易是平衡的。

### （三）关税逃税现象

有许多研究认为发展中国家由于官员腐败或者海关征管制度较松等原因存在逃税现象，使得自由贸易区所产生的贸易创造效应，其实是因为之前高关税时对进出口贸易的低估。但是 Stoyanov（2012）在研究加拿大与美国自由贸易区，也发现了这个问题，在较低腐败程度与严格的海关制度下的发达国家也存在同样的问题。通过采用加拿大与美国产品层面数据，选用 FOB 价格，加拿大出口数据用 HS8 产品层面，美国进出口数据用 HS10 产品层面，最后将两国数据进行比对整理，最终按照 HS6 位数产品进行划分。分析关税税率作为解释变量与贸易差额（美国统计的进口/出口加拿大产品额减去加拿大统计的出口/进口美国对应产品额）之间的关系，进而估计出建立自由贸易区后的贸易效应变化。研究发现进口关税增加 1%，会导致美国进口被报告的数据减少 3%～5%，而加拿大至少会低报 1%。自贸区成立后，关税逃税减少了，贸易量增多了主要是因为之前逃税的量不再逃税了。这篇文章的研究不足在于并没有考虑逃税的成本和假设不考虑原产地规则的前提下进行估计的。

## 三、贸易摩擦背景下关税效应研究

自 2017 年 10 月 31 日，美国国际贸易委员会发现进口太阳能电池板和洗衣机对美国相关产业造成损害后，2018 年美国开始对其加征保障性关税。特朗普政府开始发起全球贸易战，而关税作为其首要手段，重新备受重视与关注。学者们对于以关税为手段的贸易摩擦与贸易谈判展开研究。Bagwell 和 Staiger 等（2017）研究建立三个国家两种贸易品的双边关税谈判模型，分两种情况讨论，一种是两国之间不存在最惠国待遇时，即允许存在歧视性关税，双边关税谈判的结果往往会形成无效率的低关税；另一种情况则相反，双方存在最惠国待遇时，东道国和其重要进口国谈判结果是将关税考虑成外生变量，降低双方产品关税税率会达到帕累托的改善。形成一种有效率的低关税。也就是说最惠国政策为歧视性关税与无效率的低关税提供某种平衡，使得低关税是有效率的状态。有研究以史为鉴重新以《1974 年贸易法》301 条款为研究对象，认为该条款给予总统很大的权力对不公平贸易行为进行报复，同时也被用作贸易保护的重要手段。分析 1987 年里根关税对国内半导体行业的保护，认为只要保护国内经济利益，美国会不考虑其行为对经济全球化的阻碍。这跟特朗普引发贸易战初衷有相似之处，尽管美国本身鼓吹开放市场促进经济全球化以扩大其经济帝国地位，但同时会使用保护措施达到这个目的（Meinderts，2020）。

大多数国家都表现反对贸易保护主义，维护贸易自由。学者们也认为贸易战若引发全球贸易保护，关税的普遍提升则会对全球经济产生负面影响。Dixon（2017）研究分析中美贸易战会对澳大利亚产生的影响，模拟分析特朗普政府对中国进口加征 45% 关税后对澳大利亚的影响，发现这种宏观经济影响效果较小，对贸易条件的负面影响接近零。尽管中美加征关税会对全球经济产生重要的示范效果，但是并不会显著损害全球经济。值得注意的是特朗普引发的全球贸易战，是贸易保护主义的抬头，对那些主张贸易保护的国家会纷纷效仿，弱化 WTO 职能，引发全球范围内的关税提升，这将会导致全球经济衰退。

美国挑起贸易战后中美贸易战备受关注，有学者对美国引发贸易战所获得的收益提出质疑（Lazard，2017）。由于美国对市场进行干预，进口成本将会更高，而出口的利得会更少，短期内美国经济状况会恶化（Stiglitz，2018）。美国提高关税会导致消费者面临更高的价格从而降低消费者福利（Fajgelbaum et al.，2019；Amiti et al.，2019；Cavallo et al.，2019）。有研究对中美贸易战进行实证分析，研究方法以一般均衡分析为主，Guo 等（2018）通过建立标准的多国多部门一般均衡模型发现中美贸易战会导致双边贸易降低，美国社会福利会受到损失，而贸易不平衡会恶化中国社会福利。对一些小而开放的国家会有一些小的收益，其他国家则会受到连带损失。故研究建议中国最好的反击措施是减少贸易盈余与来自美国的进口。如果中国进行反击与报复，则美国制造业生产会受到损失（Li 等，2018）。这些实证分析都基于一般均衡模型进行研究，Waugh（2019）却通过双重差分模型研究分析中美贸易战中贸易政策的前后变化对美国县级层面消费的影响，发现中国对美国进行贸易反击，会使得位于前 25% 报复性关税率的县消费增长率下降 3.8%，同时伴随着可贸易部门与零售部门就业率下降；美国引发贸易战，中国进行反击会导致美国福利损失。这一研究创新性地运用 DID 方法在国际贸易领域，不足的是只是对消费进行了分析，今后的研究可以进行拓展。

### 四、贸易摩擦背景下关税税负归宿研究

贸易战的打响，特朗普政府对中国进口钢铝产品关税的提升引发经济学家对关税税负归宿的再思考，关税税负最后由谁承担，承担比重多少。Irwin（2019）对这一问题进行研究，他选用 1890 ~ 1914 年美国对糖这一产品关税的调整作为研究案例。之所以选取特殊时期特定产品关税的变化作为研究对象，是因为这段时间在糖进出口的数据可以观测到周数据甚至有时会有每天交易量的数据，而且在这段时间美国对糖的消费占据世界消费的 20% ~25%。这使得关税影响糖的世界价格进而影响需求的变化更为显著，能够更好地分析关税的税负归宿问题。1883 ~ 1891 年糖的关税税率为每磅 2.25 美分，1890 年 10 月麦金莱关税法减免了糖的关税，但直到 1891 年 4 月糖关税的废除对国内糖制造产业的影响才显示出来。1894 年又开始对糖征收 40% 从价税，之后又改为从量税，共发生五次变化。故而利用这段时间糖关税的变化分析关税税负归宿的问题。作者将关税的这五次变化作为解释变量，糖的国内或者进口价格作为被解释变量，以每周数据及月度数据进行分析。研究发现关税下降带来的益处都传递给了国内消费者；而关税增加的税负由国内消费者与国外生产商共同负担。这与之前对于贸易摩擦研究中关税增加的税负全部由国内消费者承担结论不同，今后的研究也可以探讨为什么在不同时期关税的税收负担者有所得不同。

## 第三节　国内前沿文献

国内关税的研究起步较晚，在我国加入世界贸易组织后，关税的研究才逐渐开始增多。入世后我国逐步降低关税，国内学者开始围绕着关税的有效保护率变化衡量关税降低后的效果。2007 年我国平均关税税率下降到 9.8%，此后关税总水平保持不变，直到 2018 年。这段期间，国内对关税的研究开始转向关税的经济效应，如对就业和工资的影响，还有研究围绕区域贸易协定背景对关税进行探讨。近两年来中美贸易战的爆发，也引发学者们对关税的研究。

### 一、关税有效保护率测算的传统方法

关税保护是指一个国家为了保护国内工农业生产，对外国商品进口征收关税，一般对本国需要保护生产的商品，要规定较高的进口税。保护作用作为关税政策的重要职能之一，其保护效果如何受到关注。

20 世纪 90 年代末，我国部分学者开始引入并充分阐释关税有效保护率（Effective Rate of Protection，ERP）的理论。随后，在此基础上，国内学者开始依据关税有效保护率对我国的关税有效保护进行大量多角度的实证研究。国内关税有效保护的相关研究集中于我国加入世界贸易组织前后年份。2007 年我国达到世界贸易组织要求，关税名义税率降低至 9.8%，有部分研究在此前后分析在我国关税平均税率下降后的保护程度变化。

1998 年之前，贸易保护状况在我国的已有研究文献中，大多是以单一阶段生产过程的假设为前提，对名义关税和非关税壁垒的效应进行考察。而事实上，大多数生产过程是由多个生产阶段组成的，产品的生产必须购买中间产品，其中许多中间投入品尚需进口。在这种情况下，名义关税率只是反映了对最终产品国内生产者的保护程度，但实际资源配置不仅取决于对产品本身的名义保护，还取决于对中间投入品的保护程度（比如各种税收和补贴）以及投入产出系数的影响，而关税的有效（实际）保护率（ERP）就综合了这三方面的影响因素，显示了以国内价格和国外价格计算的增加值的差别程度，因此能够比名义关税率更好地衡量对促进或遏制某种经济活动的有效性。许多学者都认为，有效保护率是反映贸易保护扭曲程度的最优度量指标，是研究在多边贸易体制给定的名义关税率约束下，如何用最小的保护成本，提高关税的有效保护程度，优化关税的有效保护结构的问题时最合适的分析工具。

基于此，金祥荣和林承亮（1999）在充分讨论有效保护率的基础上，对我国 1987 年、1992 年 12 月后、1993 年 12 月后、1996 年 4 月后、1997 年 10 月后等五次名义关税调整后的有效保护率进行了测算。有效保护率（ERP）是通过关税手段可能实现的某一产品实际价格的相对增加量，而不是名义价格的变化。假定某个产业，只生产一种产品 $j$，中间产品有 $i$ 种，那么其 ERP 为：

$$
\begin{aligned}
ERP_j &= \frac{V_j - V_j^*}{V_j^*} \\
&= \frac{(P_j - \sum_i P_i\alpha_{ij}) - (P_j^* - \sum_i P_i^*\alpha_{ij})}{P_j^* - \sum_i P_i^*\alpha_{ij}} \\
&= \frac{P_j^* t_j - \sum_i P_i^*\alpha_{ij}}{P_j^* - \sum_i P_i^*\alpha_{ij}} \\
&= \frac{t_j - \sum_i \alpha_{ij} t_i}{1 - \sum_i \alpha_{ij}}
\end{aligned}
$$

其中，$t_j$是对 $j$ 种产品的名义关税税率，$t_i$是对 $i$ 种中间投入的名义关税税率，$\alpha_{ij}$是生产单位 $j$ 产品所需投入 $i$ 产品的数量，即投入产出系数；$v_j$为商品 $j$ 在关税扭曲下的单位增加值，$v_j^*$为自由贸易下商品 $j$ 的单位增加值；$P_i$代表国内生产者面对的商品 $i$ 的国内价格，

即 $P_i^*(1+t_i)$，$P_i^*$ 为商品 $i$ 的国际市场价格。

上述公式中的 $\alpha_{ij}$ 是指在没有关税的情况下，该产品在 $j$ 产品成本中所占的比重，关税的征收会导致各种投入品之间价格比例的变动，从而出现相互替代和生产技术系数的改变。因此在 ERP 的实际量度中，必须对上述公式进行修正，将 $\alpha_{ij}$ 修正为 $\alpha'_{ij}$，它是在关税提高国内最终产品价格和国内投入产品价格之后得到的投入产品的比重。$\alpha'_{ij}$ 和 $\alpha_{ij}$ 存在如下关系：$\alpha'_{ij}=\alpha_{ij}\dfrac{1+t_i}{1+t_j}$。结合前面给出的 ERP 公式，可以得到修正后的 ERP 计算公式：

$$ERP_j=\frac{1-\sum_i \alpha'_{ij}}{\frac{1}{1+t_j}-\sum_i \frac{\alpha'_{ij}}{1+t_i}}-1$$

研究发现在 6 次降税调整过程中，出现了一些部门的关税有效保护率的下降幅度超过对应的名义保护率，关税的有效保护结构的优化与国际贸易比较优势的动态变化还不十分相适应等问题。据此提出了根据各产业部门在国际贸易中比较利益优势的动态变化，配合使用中间投入品当地含量要求的数量保护措施，以降低中间投入的名义关税率，提高对成长性强、幼稚性的资本，技术密集型产业中最终产品生产者的有效保护等进一步改革关税的建议①。

文章的最主要贡献在于：较早地引进并阐释有效保护率的理论，此后国内关税保护的研究多是在此基础上，对关税有效保护率进行测算以及以有效保护率为依据优化关税有效结构方面展开分析。

经过长达十几年的艰苦谈判之后，我国终于在 2001 年 11 月正式加入了世界贸易组织。谷成（2007）对入世后我国关税有效保护率的变化情况进行了考察，并在实证分析的基础上提出了进一步优化我国关税结构的政策建议。这对于研究如何在外部约束关税条件下优化关税结构以实现保护国内产业的目标这一课题具有重要的参考价值和借鉴意义。他计算了我国 2001 年、2004 年以及 2007 年 22 个可贸易部门（包括农业、煤炭采选业、石油和天然气开采业等）的有效保护率，并对这三年 22 个可贸易部门的名义税率和有效保护率进行了对比分析。研究发现经过不断调整和完善，我国的关税保护结构大体上符合对越低加工阶段的产品课征越低的名义关税率的关税升级原理，形成了从上游产品到下游产品保护率逐渐升高的梯形结构。然而，虽然入世后关税的调整使我国的有效保护消除了不少结构性问题，关税结构呈现出优化的倾向，但是仍存在一定的问题，主要表现在以下几个方面：一是在关税降低的过程中，一些部门（如食品制造业）的关税有效保护率下降幅度超过对应的名义保护率的下降幅度，并且有不断扩大的趋势；二是关税有效保护率与名义关税率相差不大，对某些产业（如化学工业）的有效保护不充分；三是关税有效保护结

① 金祥荣，林承亮. 对中国历次关税调整及其有效保护结构的实证研究［J］. 世界经济，1999（8）.

构的优化与国际贸易比较优势的变化不相适应。

除此之外，李聆佳（2008）也根据有效保护率的定义，运用《2002 年中国投入产出表》以及中国工业行业分类标准，对我国 2006 年 36 个工业行业的关税有效保护率及其结构进行了实证分析，考察我国入世 5 年后的关税有效保护水平和结构。研究也得出与谷成类似的结论，认为 2006 年我国各工业部门的有效保护率呈现了从上游产品到下游产品逐渐升高的阶梯型保护结构，可见我国工业部门关税有效保护的总体结构比较合理，但是此保护结构还未与国际贸易比较优势的动态变化相匹配。

## 二、关税有效保护测算的新方法：全球价值链视角

2007 年我国平均关税税率下降到 9.8%，此后基本保持不变，直到 2018 年 11 月 1 日起，我国自主降低 1585 个税目的进口关税。至此，我国关税总水平将由上年的 9.8% 降至 7.5%。这期间国内学者有关关税有效保护的测算研究逐渐减少，而在全球价值链背景中对关税的研究增多。段玉婉、刘丹阳、倪红福（2018）认为传统的关税有效保护率（ERP）在核算上游关税带来的生产成本时，只考虑到了产品最后生产阶段的进口中间品关税，忽视了其他更上游生产阶段的关税成本，因此将在一定程度上低估上游关税成本，高估关税对最终品的保护程度。近几十年来，随着全球化进程的不断加深，产品的不同生产阶段分散在世界各地，产品因为生产的多重环节而多次跨越国境，并产生了大量的中间品贸易，因此关税将被重复征收，进口中间品的关税成本将沿生产链条进一步向下游传递，贸易成本会因此被叠加而放大，各国参与全球价值链（GVC）生产的预期收益会因为层层的关税而被拉低。基于此，他们在 GVC 的背景下，充分考虑国内和国际生产网络，提出了一种崭新的测算关税有效保护率的指标 ERP_GVC，以更加准确地衡量关税对一国增加值的保护程度。利用世界投入产出表实证计算了 1996～2011 年世界 64 个国家和地区 33 个行业的 ERP_GVC 并利用 ERP_GVC 对美国近期关税政策的保护作用进行了评估。研究发现：一是发达国家的 ERP_GVC 普遍高于发展中国家。随时间看，世界上大部分国家 ERP_GVC 都有明显下降，其中发展中国家的 ERP_GVC 下降更为明显。从行业层面看，关税对货物行业给予了正向的保护作用，但给服务行业带来了损害。中国 ERP_GVC 普遍高于美国。但随时间看，中国各行业的 ERP_GVC 下降明显。

相对于已有文献，这篇文章最主要的创新点在于在考虑 GVC 的背景下，重新构建了关税有效保护率的测算方法。

一般认为减弱贸易保护有利于提高本国产业全球价值链参与度，然而关税保护对于不同产业特别是一般制造业和高技术产业的全球价值链参与度的影响差异研究仍然处于空白。为此，兰宜生和徐小锋（2019）针对关税对不同制造业的全球价值链参与度的影响差异进行了理论和实证检验，主要对中间产品关税、最终产品关税对于行业（区分高技术行

业和一般制造业）的全球价值链参与度和所处位置的影响展开实证分析。研究结果表明：中间产品关税对行业的全球价值链参与度具有负向影响，最终产品关税对行业的全球价值链参与度同样具有负向影响。不仅如此，中间产品关税、最终产品关税对于高技术的全球价值链参与度产生的负向影响要大于对一般制造业的负向影响。

## 三、关税与非关税壁垒结合研究

随着全球关税税率的普遍下降，非关税壁垒越来越多地被用于保护国内产业。王婉如（2018）以技术壁垒为分析对象，建立伯特兰德寡头模型，通过对技术贸易壁垒的分析，细化研究生产标准不同国家之间技术贸易壁垒设置的经济学影响，并对关税壁垒进行分析，以我国与“一带一路”沿线国家为研究对象，分析中国与“一带一路”沿线国家（BRI 国家）单边或双边降低技术壁垒、单边或多边降低关税与技术壁垒这四种情况建立 GTAP 模型进行模拟，研究发现：中国单方面降低关税与技术壁垒，能使中国与 BRI 国家社会福利增加，尽管对中国社会福利的增加幅度并没有仅降低技术壁垒的幅度大，但对于 BRI 国家而言，关税的降低比起技术壁垒的下降而言对这些国家的福利水平影响更大，尤其是对于一些与我国技术标准差异不太大的国家。研究建议，推动建立中国与“一带一路”沿线国家的区域贸易协定，降低贸易壁垒，从而提高中国及“一带一路”沿线国家参与国的 GDP、福利水平、国际贸易以及产出①。

## 四、区域贸易协定下关税效应研究

随着全球经济一体化的发展，各国加深区域贸易合作，加入同盟或者达成贸易协定的国家或地区有区别地减少或消除贸易壁垒。根据各参加国的具体情况和条件以及它们的目标要求，有自由贸易区、关税同盟、共同市场和经济联盟等多种形式。在此背景下的关税相关文献主要包括关税同盟理论的评述，以及自由贸易区关税减让所带来的影响实证探究。其中关税同盟理论是分析经济一体化理论的分支，最早是经济学家 Jacob Viner 于 1950 年综合提出的，认为关税同盟虽然提高了成员国之间的自由贸易程度，但是却限制了对外贸易，属于自由贸易与贸易保护的结合，故而会产生贸易创造与贸易转移效应。

国内研究实证分析大多采用全球贸易分析模型（GTAP 模型）进行分析区域贸易协定所带来的经济效应，主要包括对 TPP（跨太平洋伙伴关系协定）、RCEP（区域全面经济伙伴关系）和 EPA（日本与欧盟经济伙伴关系协议）的经济效应进行分析，其中最受关注

---

① 王婉如. 技术标准、贸易壁垒与国际经济效应研究——基于“一带一路”国家的实证分析[J]. 国际贸易问题，2018（9）.

的是跨太平洋伙伴关系协议（TPP）。余自强和蒋艳萍（2016）利用1992～2014年中美两国时间序列数据估算了GDP对关税的弹性，进而得出TPP关税协议对中美GDP的影响。结果表明：中国GDP对关税的弹性显著为负，假如中国加入TPP并按要求完成关税削减，GDP增速将增加4.33个百分点。考虑到9年过渡期，相当于这9年间年均GDP增速增加0.48个百分点；美国由于产品技术优势，GDP增速会因TPP关税协议在10年过渡期内年均增加0.72个百分点。他们由此得出结论：TPP关税协议符合中国利益，中国应以积极姿态面对TPP谈判。文章的主要贡献在于设定的回归模型是建立在GTAP模型的基础上的，既吸取了GTAP模型注重经济变量间内部联系的长处，又有效避免了GTAP模型假设太强，内生变量可能对某些外生参数过度敏感等缺陷。

朱启荣、刘璇和郭笃鹏（2019）通过对贸易现状分析，采用GTAP9分析不同情况下G7国家间实施零关税对中国经济贸易的影响，模拟分析中国采用降低国内企业税负与促进技术进步方法应对上述影响的效果。为提高模型的计算精度，他们对GTAP－9模型的数据与部门作如下处理：（1）GTAP－9模型的数据库以2011年为基准数据，为提高计算精度，利用2017年各国（地区）的人口、GDP、资本存量与贸易等数据对原有数据库进行更新；（2）为满足模型“闭合”条件，将GTAP－9原有57类产品合并为谷物、油籽脂肪及油、糖料作物及制品等24个产业部门。研究发现：在产业影响方面，G7成员间实施零关税对中国大多数产业部门的影响并不大，但可能对中国谷物、乳制品、蔬菜和水果与植物产品、纺织品、服装、皮革与鞋等出口行业产生较大冲击；在宏观经济影响方面，G7国家零关税可能引起中国居民收入、GDP、居民消费支出、资本收益率下降与贸易条件恶化，使中国贸易顺差进一步扩大；中国降低企业税负和促进技术进步可以有效应对G7零关税对中国宏观经济的不利影响，而且促进技术进步的效果可能更好。

与既有文献相比，文章主要贡献在设计G7成员关税减让政策方案时，将大米、小麦、牛猪肉和乳制品等敏感农产品进口关税减让作另外处理，力求使政策方案设计更接近于实际情况。

## 五、关税政策的微观效应研究

长期以来国际贸易与劳动力市场的关系是国际经济学与劳动经济学领域学者们广泛关注的焦点，改革开放40年来，中国抓住了经济全球化的历史性机遇，逐步融入国际分工体系，而随着国际分工体系的深化，国内劳动力市场受外部政策冲击的影响也越来越大。然而，目前有关国际贸易与中国劳动力市场关系的文献主要从出口贸易、进口贸易以及贸易自由化的角度展开研究。李胜旗和毛其淋（2018）在一个准自然实验的框架下，采用双重差分法（DID）考察2002年PNTR政策（美国给予中国“永久性正常贸易关系”）实施后关税政策不确定性（Tariff Policy Uneertainty，简称TPU）下降对中国制造业企业就业与工资的影响。通过研究发现，TPU 下降显著促进了企业就业净增长，并且这一效应随时间推移逐步增强；进一步的渠道检验表明，TPU 下降除通过“提高就业创造”与“降低就业破坏”促进企业就业净增长外，出口扩张也是其促进企业就业净增长的重要渠道。他们还进一步研究了 TPU 与企业工资的关系，发现 TPU 下降不仅显著提高了企业平均工资，还缩小了其工资差距。此外，TPU 下降显著提高了企业劳动密集型产品的出口占比，而劳动密集型产品出口规模的相对扩张会促进企业更多雇佣非技术劳动力，从而有助于缩小企业工资差距。

这篇文章主要创新点在于研究方法上，以中国加入 WTO 后获得美国给予的 PNTR 作为外生政策冲击，在一个准自然实验的框架下采用 DID 方法系统考察了关税政策不确定性下降对中国劳动力市场的影响效应及其作用机制，较好地解决了潜在的内生性问题。

随着经济全球化进程的深入，国际贸易竞争不断加剧，降低关税一般被认为是促进一国国际贸易，尤其是进口贸易发展的有效手段，但降低关税往往会受到政府财政收入能力的约束。樊勇、王婉如和蔡松锋（2017）在理论分析关税变动的财政收入效应基础上，基于 GTAP 第 9 版最新数据库模拟我国关税下降方案中的一种情况（即将我国进口关税平均水平降低至 OECD 国家平均关税水平），结果显示：（1）能够促进我国进口贸易，同时也能增加全球出口贸易活动。（2）对我国财政收入产生正向影响但这种影响作用十分小，其中初级产品以及最终产品税收收入是负向影响。（3）对采掘业、纺织业、轻工业与重工业的税收收入影响均为正向。（4）能增加实际产出，提高本国与全球社会福利水平。因此该文建议可以先降低轻工业、重工业等产业的关税税率，然后再逐步降低其他行业关税水平，弱化关税的财政收入职能，以适应经济新常态下的全球发展趋势。

## 六、贸易摩擦背景下关税效应研究

所谓贸易摩擦是指在国际贸易中，国与国之间在进行贸易往来的过程中产生的贸易利益冲突。在贸易平衡上所产生的，一般是一国的持续顺差，另一国的逆差，或一国的贸易活动触及或伤害另一国的产业，通常表现为由于一国国内经济贸易政策导致了相关企业或产业在进口或出口时引发利益冲突。国内关于贸易摩擦理论与实践的研究绝大多数都是“就贸易论贸易摩擦”，只有少数研究在关注贸易摩擦时提到了税收问题。中美经贸摩擦由来已久，这两年尤为突出。特朗普 2017 年 1 月执掌美国白宫之后，基于美国利益优先理念，多次对从中国进口的商品开启加征惩罚性关税制裁措施，导致中美经贸摩擦进一步加剧。国内以关税为手段的贸易摩擦相关文献主要都是针对中美贸易摩擦的分析①。

---

① 马文军，翟小清．美对中 25% 的惩罚性关税究竟惩罚了谁？——基于价格分担和福利损失分担等的量化测度［J］．华东经济管理，2019，33（10）：85－91．

国内文献主要集中于对中美加征关税后的价格效应和福利效应分析，国内学者们认为中美贸易战，美国加征关税会造成本国社会福利的损失，这也与国外学者相关研究得出的结论一致。长期来看，贸易战不利于全球经济发展。倪红福、龚六堂、陈湘杰（2018）从投入产出价格平衡式、道格拉斯生产函数和无穷级数三个角度阐述全球投入产出价格模型，并在模型中引入中间产品关税，首次把三个框架的价格模型协同统一起来。并利用2014年全球投入产出表（WIOT）和分行业关税率数据对关税的累加成本进行测算。研究发现：第一，加征关税后中美之间的关税率差距进一步缩小。第二，总体上，现行关税体系对中国行业的价格影响大于美国。第三，从行业横向比较来看，制造业细分行业的价格效应远大于农业和服务业的细分行业。第四，从模型模拟结果来看，这次中美贸易摩擦加征关税后，将使美国的价格水平提高幅度大于中国，进而对美国的福利影响较大。

这篇文章的创新之处在于：将单国投入产出价格模型拓展到引入关税的全球投入产出价格模型，并多角度阐述全球投入产出价格模型并论证价格效应模型与累积关税成本测算框架的一致性。不足之处在于：文章的全球投入产出价格模型只是一个局部均衡模型，也存在经典投入产出模型中的固定比例假设，即存在经典投入产出模型分析的缺陷。

## 文献索引


[1] FINDLAY R, WELLISZ S. Endogenous tariffs, the political economy of trade restrictions, and welfare [M] //Import competition and response. University of Chicago Press, 1982: 223 - 244.

[2] HILLMAN A L. Declining industries and political-support protectionist motives [J]. The American Economic Review, 1982, 72 (5): 1180 - 1187.

[3] MAYER W. Endogenous Tariff Formation [J]. The American Economic Review, 1984, 74 (5): 970 - 985.

[4] BALDWIN R E. The political economy of US import policy [M]. The MIT Press, 1985.

[5] MAGEE S P, BROCK W A, YOUNG L. Black hole tariffs and endogenous policy theory: Political economy in general equilibrium [M]. Cambridge University Press, 1989.

[6] FREY B S, POMMEREHNE W W, SCHNEIDER F, et al. Consensus and dissension among economists: An empirical inquiry [J]. The American Economic Review, 1984, 74 (5): 986 - 994.

[7] STIGLER G J. The theory of economics regulation [J]. Bell Journal of Econimics and Management Science. 1971 (2): 3 - 21.

[8] PELTZMAN S. Toward a more general theory of regulation [J]. The Journal of Law and Economics, 1976, 19 (2): 211 - 240.

[9] HILLMAN A L, URSPRUNG H W. Domestic politics, foreign interests, and international trade policy [J]. The American Economic Review, 1988: 729 - 745.

[10] RODRIK D. Policy targeting with endogenous distortions: Theory of optimum subsidy revisited [J]. The Quarterly Journal of Economics, 1987, 102 (4): 903 - 911.

[11] RODRIK D. Political economy of trade policy [J]. Handbook of international economics, 1995, 3: 1457 - 1494.

[12] GROSSMAN G M, HELPMAN E. Protection for sale [J]. The American Economic Review, 1994, 84 (4): 833 - 850.

[13] MAGEE S P, BROCK W, YOUNG L. Black hole tariffs and endogenous policy theory: Political economy in general equilibrium [M]. Cambridge University Press, 1989.

[14] GOLDBERG P K, MAGGI G. Protection for sale: An empirical investigation [J]. American Economic Review, 1999, 89 (5): 1135 - 1155.

[15] GAWANDE K, BANDYOPADHYAY U. Is protection for sale? Evidence on the grossman-helpman theory of endogenous protection [J]. Review of Economics and statistics, 2000, 82 (1): 139 - 152.

[16] YAMAZAKI T. Tariff rate as a public good [J]. Review of International Economics, 2004, 12 (1): 95 - 107.

[17] RAJAPATIRANA S, DE LA MORA L M, YATAWARA R A. Political economy of trade reforms, 1965 - 1994: Latin American style [J]. World Economy, 1997, 20 (3): 307 - 338.

[18] GRETHER J M, DE MELO J, OLARREAGA M. Who determines Mexican trade policy? [J]. Journal of development Economics, 2001, 64 (2): 343 - 370.

[19] TERRIBILE F, THORNTON J. The endogeneity of tariffs in Italy, 1890 - 1969 [J]. Applied Economics Letters, 2000, 7 (8): 517 - 520.

[20] MCCALMAN P. Protection for sale and trade liberalization: An empirical investigation [J]. Review of International Economics, 2004, 12 (1): 81 - 94.

[21] GOLDBERG P K, MAGGI G. Protection for sale: An empirical investigation [J]. American Economic Review, 1999, 89 (5): 1135 - 1155.

[22] ANDERSON J E, VAN WINCOOP E. Trade costs [J]. Journal of Economic literature, 2004, 42 (3): 691 - 751.

[23] HANSON G, XIANG C. Trade barriers and trade flows with product heterogeneity: An application to US motion picture exports [J]. Journal of International Economics, 2011, 83 (1): 14 - 26.

[24] FAN Y, WANRU W. Effects of reciprocal trade negotiations and China's belt road initiative [J]. Journal of International Trade, 2018 (5): 798 - 822.

[25] BCHIR M H, FOUQUIN M. Economic integration in Asia: Bilateral free trade agreements versus Asian single market [J]. Working Papers , 2008.

[26] FRANCIS S. A sectoral impact analysis of the ASEAN-India free trade agreement [J]. Economic and Political Weekly, 2011: 46 - 55.

[27] ROMALIS J. NAFTA's and CUSFTA's Impact on international trade [J]. The review of Economics and Statistics, 2007, 89 (3): 416 - 435.

[28] RUSS K N, SWENSON D L. Trade diversion and trade deficits: The case of the Korea-US free trade agreement [J]. Journal of the Japanese and International Economies, 2019, 52: 22 - 31.

[29] Stoyanov A. Tariff evasion and rules of origin violations under the Canada-US Free Trade Agreement

[J]. Canadian Journal of Economics/Revue canadienne d'économique, 2012, 45 (3): 879 - 902.

[30] BAGWELL K, STAIGER R W, YURUKOGLU A. "Nash-in-Nash" tariff bargaining with and without MFN [R]. National Bureau of Economic Research, 2017.

[31] MEINDERTS T. The power of section 301: The reagan tariffs in an age of economic globalization [J]. Globalizations, 2020, 17 (4): 746 - 758.

[32] DIXON J. The impact on Australia of Trump's 45 per cent tariff on Chinese imports [J]. Economic Papers: A journal of applied economics and policy, 2017, 36 (3): 266 - 274.

[33] LAZARD. New rules of engagement: Emerging markets in a trump era [J]. Lazard Asset Management Perspectives, 2017.

[34] STIGLITZ J. The US is at risk of losing a trade war with China [J]. Project Syndicate, 2018, 30: 24 - 35.

[35] FAJGELBAUM P D, GOLDBERG P K, KENNEDY P J, et al. The return to protectionism [R]. National Bureau of Economic Research, 2019.

[36] REDDING S, AMITI M, WEINSTEIN D. The impact of the 2018 trade war on US prices and welfare [R]. London School of Economics and Political Science, LSE Library, 2019.

[37] CAVALLO A, GOPINATH G, NEIMAN B, et al. Tariff passthrough at the border and at the store: Evidence from US trade policy [R]. National Bureau of Economic Research, 2019.

[38] GUO M, LU L, SHENG L, et al. The day after tomorrow: Evaluating the burden of Trump's trade war [J]. Asian Economic Papers, 2018, 17 (1): 101 - 120.

[39] LI C, HE C, LIN C. Economic impacts of the possible China-US trade war [J]. Emerging Markets Finance and Trade, 2018, 54 (7): 1557 - 1577.

[40] WAUGH M E. The consumption response to trade shocks: Evidence from the US-China trade war [R]. National Bureau of Economic Research, 2019.

[41] IRWIN D A. Tariff incidence: Evidence from US sugar duties, 1890 - 1914 [J]. National Tax Journal, 2019, 72 (3): 599 - 615.

[42] 金祥荣，林承亮. 对中国历次关税调整及其有效保护结构的实证研究 [J]. 世界经济，1999 (8).

[43] 谷成. 入世后优化我国关税保护结构的再思考 [J]. 财贸经济，2007 (6).

[44] 李聆佳. 中国工业贸易有效保护水平与结构——基于2006年关税数据的实证分析 [J]. 国际贸易问题，2008 (8).

[45] 段玉婉，刘丹阳，倪红福. 全球价值链视角下的关税有效保护率——兼评美国加征关税的影响 [J]. 中国工业经济，2018 (7).

[46] 兰宜生，徐小锋. 关税保护对不同产业全球价值链参与度的影响差异——基于一般制造业和高技术产业的比较研究 [J]. 软科学，2019，33 (4).

[47] 李胜旗，毛其淋. 关税政策不确定性如何影响就业与工资 [J]. 世界经济，2018，41 (06).

[48] 王婉如. 技术标准、贸易壁垒与国际经济效应研究——基于"一带一路"国家的实证分析 [J]. 国际贸易问题，2018 (9).

［49］樊勇，王婉如，蔡松锋．关税下降、进口贸易与财政收入效应研究［J］．财政研究，2017（11）．

［50］余自强，蒋艳萍．TPP 关税协议对中美 GDP 影响的实证研究［J］．亚太经济，2016（6）．

［51］朱启荣，刘璇，郭笃鹏．G7 成员间实施零关税对中国经济影响与对策［J］．世界经济研究，2019（12）．

［52］倪红福，龚六堂，陈湘杰．全球价值链中的关税成本效应分析——兼论中美贸易摩擦的价格效应和福利效应［J］．数量经济技术经济研究，2018，35（8）．

［53］陈爱玮．关税内生化理论在中国的适用研究——中国关税政策的政治经济学分［D］．复旦大学，2013.

［54］陈集立．我国关税政策宏观效应分析与关税征管制度创新研究［D］．吉林大学，2007.

［55］罗秦．税收竞争、贸易摩擦与中国贸易税制竞争［D］．华东师范大学，2011.

［56］马文军，翟小清．美对中 25% 的惩罚性关税究竟惩罚了谁？——基于价格分担和福利损失分担等的量化测度［J］．华东经济管理，2019，33（10）：85－91.

［57］王博．中国轿车关税变化对产业竞争力的影响［J］．经济论坛，2007（24）：64－66.

［58］王元颖，盛卓禾．名义保护、有效保护与产业竞争力培植——对中国关税的公共政策效应分析［J］．浙江学刊，2006（06）：166－172.

［59］张国红．关税内生化理论：一个理论梳理与评价［J］．海关与经贸研究，2015，36（06）：102－111.

［60］朱启荣，姚敏，杜才平．中国降低企业税负的经济效应——基于基于 GTAP 模型的评估［J］．经济学家，2018（05）：69－78.

第九章

# 国际税收竞争

税收竞争是指各地区通过竞相降低有效税率，或实施有关税收优惠等途径，以吸引其他地区财源流入本地区的政府自利行为。国际税收竞争就是税收竞争在国家之间的延伸，即各辖区竞相通过税收支出或输出税负等税收手段，达到吸收其他辖区资源流入从而增加财政收入的目的。税收竞争理论自20世纪80年代至今，一直为学界广泛关注。事实上，早在18世纪亚当·斯密就已在《国富论》中做出相关论述，他认为资产所有者是可以自由流动的，如果一国对其财产课以重税，那么他便会离开这个国家，将资本迁移他处。纳税人对税收的敏感性侧面反映了辖区若想吸引更多的生产要素流入，则需实施更多的税收减免，这种思想实质上就是最早的税收竞争。后来，蒂伯特和Oates对这一理论进行了更加深入地分析。

随着经济全球化不断深入，世界经济越来越开放，跨国商业活动愈加频繁，各国经济政策的外部性影响不断加强，国内外专家学者对国际税收竞争更加关注。第九章旨在梳理国际税收竞争相关的经典文献和国内外前沿文献。

经济全球化进程的不断加快促使世界经济逐步走向深度融合，我国的税收制度与国外的依存度也在持续加深。中国正在持续推进更高水平的对外开放，“一带一路”倡议的实施将为我国深度参与经济全球化提供机遇和挑战，BEPS 行动计划下国际税收秩序发生深刻变革。有关国际税收竞争的研究日益丰富，深入研究国际税收竞争对我国今后的税制改革和税收政策制定具有重要的理论意义。

本章主要围绕国际税收竞争的经典文献、国外前沿文献和国内前沿文献三个部分进行介绍。首先，在经典文献部分，主要梳理国际税收竞争概念的界定和分类、国际税收竞争的基础理论视角。其次，在国外前沿文献部分，主要介绍国际税收合作的深化研究、BEPS 行动计划下的国际税收竞争研究以及国际税收竞争的资本流动效应研究。最后，在国内前沿文献部分，主要包括国外国际税收理论模型的借鉴与扩展、国际税收竞争的现状与发展趋势研究、BEPS 行动计划的影响及对策研究以及国际税收竞争视角下的资本流动研究。

# 第一节 经典文献

国外学者对于国际税收竞争的认识与研究比较早，早在 1971 年 Diamond 和 Mirrlees 提出“最优税制理论”，对税制是否会影响经济行为主体的决策进行了研究，为后续研究者提供了假设前提。相较而言，国内针对国际税收竞争的研究起步较晚，在理论模型和研究方法上多借鉴参考国外研究成果。以下分别从国际税收竞争概念的界定和分类、国际税收竞争的基础理论视角对国际税收竞争领域的经典文献进行梳理。

## 一、国际税收竞争概念的界定和分类

### （一）国际税收竞争概念的界定

国内外学界对税收竞争这一概念尚无统一的界定，但通常都含有在各个地区中，政府通过实施各种各样的税收政策，以吸引资本到本区域投资的意思。根据对现有研究成果的汇总和整理，税收竞争的概念可依据侧重点不同划分为两类：“目的和手段论”和“影响和效应论”。

“目的和手段论”一般认为，政府间税收竞争是指辖区政府以增强地区经济实力、提高居民福利为主要目的，通过税式支出或输出税负等税收手段进行的各种争夺经济资源及税收资源的行为。Teather（2005）对税收竞争进行了简单阐述：政府为了吸引更多资本投资实施的一系列的税收减免政策。此外，Asher 和 Rajani（2001）也赞同上述观点。Devereux 等（2008）提出资本要素相对劳动要素其流动性更强，政府为了吸引更多流动资本，通过降低税率等手段提高竞争水平。

国内学者大多从目的和手段方面对税收竞争进行界定，黄春蕾（2000）、陈晓等（2003）及薛钢和王笛（2013）等均将税收竞争限定在实施税收优惠的范围之内。但部分学者认为税收竞争的方式不局限于税收优惠，周克清（2002）认为，政府间税收竞争是指政府间以增强本辖区的经济实力为主要目的，以税收为主要手段，辅以相关其他手段进行的争夺经济资源及税收资源的活动。谭祖铎（2002）认为，税收竞争是指辖区政府或通过税式支出吸引其他辖区资源的流入而扩张税基进而增加政府收入，或通过输出税负使得在不增加本辖区居民实际税负的前提下尽可能地从其他辖区获取收入的做法。而杨志勇（2003）则提出了更为广义上的概念"从政府的角度看，只要是减少了其可支配资源的财政决策，就与税收竞争没有多大差异"，"从企业和个人的角度来说，只要能够节约成本或减少支出的政府举措就具有税收竞争的同等效应"。

"影响与效果论"就是从政策影响的层次对税收竞争进行定义。较有代表性的定义由国际上研究税收竞争的代表人物 Wilson（1999）提出。他认为政府间税收竞争可分为广义、中义和狭义三个层次：广义的税收竞争是指独立性的政府采取的任何形式的非合作性税制设定行为，比如大国利用资本税来获取对自身有利的贸易效果；中义的税收竞争是在广义基础上限定每个政府的税收政策能够影响税收收入在政府间的分配，它包括横向税收竞争、纵向税收竞争及对来源国和东道国的税收竞争；狭义的税收竞争进一步限定了政府间预算的相互依赖性，仅指横向税收竞争。

由以上分析可知，国际税收竞争是各国政府之间的税收竞争。根据日本学者谷口和繁（1999）的定义，国际税收竞争是不同国家为了吸引更多的国际流动资本所实施的各项税收优惠政策而引发的减税竞争。国内较早研究国际税收竞争的有杨春国（2001）、邓力平（2003）、靳东升（2003）、龚辉文（2004）等。邓力平（2003）认为，国际税收竞争是经济全球化所带来的重要现象，当一国试图通过降低税率、提供各种税收优惠来吸引国外流动性要素以获取经济全球化所带来的利益时，势必不同程度地侵蚀其他国家的税基，而其他国家采取同样的税收政策时，国际税收竞争就不可避免。通过以上概念，我们可以得出国际税收竞争的以下特征：（1）经济全球化是国际税收竞争的重要前提，经济全球化使国际资本、国际贸易、国际信息交流以及劳动力的流动更加便捷，使国家之间吸引经济资源成为可能；（2）国际税收竞争的目的在于吸引国际资本等流动性生产要素，促进本国经济发展，是一种国际经济行为；（3）国际税收竞争的主体是各国政府；（4）国际税收竞争的手段包括税制要素设计和税收政策调整；（5）国际税收竞争的路径是通过国家之间的税负差别，达到减轻纳税人税收负担的效果。

### （二）国际税收竞争的分类

根据对现有研究成果的汇总和整理，国际税收竞争可依据不同的分类标准划分为三类。

首先，按竞争对象可划分为狭义的国际税收竞争和广义的国际税收竞争。狭义的国际税收竞争主要指针对资本进行的具有特定意图的税收竞争，欧盟将特定意图分为两类，一是旨在吸引证券投资，尤其是个人有息投资的税收竞争，表现为对支付给非居民的利息不课征预提所得税或降低预提所得税税率；二是旨在吸引直接投资的税收竞争，表现为一国通过给予外国投资者税收优惠政策吸引其来本国投资而非其他国家（国家税务总局教材编写组，2002）。相对而言，广义的国际税收竞争指针对国际流动性资源，如资本、技术、人才以及商品贸易开展的广泛多元的税收竞争。

其次，按国际税收竞争产生的影响可分为良性国际税收竞争和有害国际税收竞争。正当的、良性的国际税收竞争是指税收竞争的结果有利于经济资源的合理配置，减少经济扭曲，并促进各国税制的最优。而有害国际税收竞争不利于经济资源的合理配置并导致资源配置的扭曲损失，造成税基侵蚀和利润转移的现象。OECD 在 1998 年发布了题为《有害税收竞争——一个新兴的全球性课题》的研究报告（OECD，1998），该报告是 OECD 进行有害国际税收竞争规制行动的基础，其中关于有害税收竞争的认定标准和对税收优惠制度进行审议决定的基本结论得到 BEPS 规则的批判继承与发展。

最后，按主权国家参与国际税收竞争的意愿可分为主动型国际税收竞争和被动型国际税收竞争。主动型国际税收竞争是一国政府出于国家经济利益的需要，不受其他国家干扰自主进行的税收竞争。主动型国际税收竞争具有较强的目的性和攻击性，能够促进商品输出、资本流动或增强本国的国际竞争力（靳东升，2003）。与之相对应，被动型国际税收竞争突出防御性，一般是主权国家为了改变国际竞争中的不利地位、致力于本国经济增长的税收竞争。

## 二、国际税收竞争的基础理论视角

国际税收竞争的基础理论视角主要包括五个方面：最优税制理论视角、税收管辖权视角、公共物品有效供给视角、国际资本流动视角以及国际税收合作视角。这五个视角为研究国际税收竞争奠定了理论分析的基石，在相互完善中不断推动国际税收竞争研究走向更加具有现实参考意义的方向。

### （一）最优税制理论视角

追根溯源，国际税收竞争的研究始于戴蒙德和米尔利斯（Diamond 和 Mirrlees，1971）

对“最优税制理论”的经典研究。Diamond 和 Mirrlees（1971）分析了开放经济的小国在资本可以自由跨国流动从而追求世界资本市场收益率的约束条件下，如何制定最优资本所得税的问题，并认为对于开放经济的小国，原则上应该放弃按收入来源地原则对资本所得从源征税，而应采取居民管辖权原则对资本所得采取从人征税。这样，税收不会干扰国内投资与国外投资之间的选择，从而实现资本的有效配置。进而，当本国无法充分获得其居民在国外的收入的充分信息、以至不能实施监控时，开放经济的小国此时最优的选择是对资本所得不征税①。

虽然最优税制理论并未直接探讨国际税收竞争问题，但其在讨论效率与公平原则并存性时，始终将税制对经济行为主体决策的刺激作用列为首要研究问题，进而论证在不充分信息条件下对经济行为主体决策过程提供刺激的方法、目标和约束条件，这种分析思路为研究国际税收竞争奠定了理论起点。尤其是最优税制理论摒弃了孤立、封闭地看待一国税制设置的研究思路，而现实性地将经济的开放作为外部约束引入一国的最优税制分析，这正是国际税收竞争理论模型的基本假设前提②。

### （二）税收管辖权视角

Gordon（1992）对 Diamond 和 Mirrlees 的结论的假设前提进行了全面的重新审视，认为最优税制理论得出的结论——出于效率考虑应采取从人征税原则和开放经济的小国应放弃对资本所得征税，其理论假设前提应受到质疑。例如，当国家规模相对于世界资本市场较大，或者如果国家经济是不完全开放的，那么上述结论是否仍然成立？如果这些理论假设被推翻，那么最优税制理论得出的结论就站不住脚。Gordon 在此文中着重分析了一些国家规模相对于世界资本市场较大的情况，认为这些国家如果能通过其拥有的市场力量对借贷进行限制从而影响利率使自身获利，那么资本输出国和资本进口国在税制的设定上就应该有很大的差异，这显然不同于最优税制理论所推导出的标准税收模式③。

采取双重税收管辖权，并利用税收抵免法消除双重征税，是国际上对资本所得征税最普遍的做法。然而，利用税收扣除法来消除双重征税也仍然在一些国家得到使用。财税理论界对这两者的优劣争论已久。Bond 和 Samuelson（1989）的研究认为，如果采取两国博弈分析，并假定国家可以区分属于国内居民的资本和属于国外居民的资本，则在税收抵免法和扣除法的不同规则之下，国家在博弈中将采取不同的战略行为。在税收抵免法下，两国采取的战略行为将导致国家间资本流动的消除。其原因是：东道国将试图设定和母国税率一样高的税率，以试图获得最大的税收收入，而母国则会试图使自己的税率设定得比东道国更高，以从限制资本的流动中获取最大收益。这种税收竞争的纳什均衡的最终结果

① 邓力平，陈涛．当代西方国际税收竞争理论评述［J］．税务研究，2001（07）：2－7.
② 张睿．开放经济下基于税收竞争的资本所得课税研究［D］．华中科技大学，2007.
③ 邓力平，陈涛．当代西方国际税收竞争理论评述［J］．税务研究，2001（07）：2－7.

是：税率设定太高以致限制了资本的跨国流动。相对于税收抵免法，税收扣除法下得出的均衡结果表明：扣除法将不会阻碍两国间的资本流动，均衡产出在国家福利上也优于抵免法。和传统上达成共识的观点相反，这一分析结论表明，恰恰是税收抵免法而不是扣除法阻碍了资本的国际间流动，同时，采取扣除法对资本进口国和资本出口国都有好处。

### （三）公共物品有效供给视角

公共物品是衡量一国福利水平的重要指标，作为提供公共物品最主要收入形式的税收对一国的公共物品提供有着莫大的影响。由于现实中资本跨国流动频繁，国家间税收政策缺乏交流和协调，因此，母国往往对本国居民的国外收入缺乏有效监控或因成本太高而使监控实际上成为不可能。这样，居民管辖权原则实施的效果就要大打折扣。政府出于财政收入的需要，从源征税就不可避免，同时，为了吸引稀缺资本而大大降低资本所得税率①。国际税收竞争模型对此所持的主导观点是：一方面，税收竞争将导致资本所得课税的低税率，导致公共物品提供的不足（Zodrow 和 Mieszkowski，1986；Wilson，1986）；另一方面，如果不能有效地实行居民管辖权原则，政府的最优选择是应免除对流动资本的课税，而代之以对国内非流动性要素如土地和劳动征税，这样就可以有效地满足公共物品提供的需要，对开放经济的小国而言尤为如此（Razin 和 Sadka，1991）。

然而，Bucovetsky 和 Wilson（1991）的国际税收竞争模型，针对上述观点却提出了不同的看法。他们首先假定政府在给定一组税收工具的条件下，除了对资本所得从源征税以外，仅仅对工资收入征税，得出了工资所得课税缺乏效率、税率过低导致公共物品提供不足的结论。这个结论和“开放经济的小国可以通过放弃对流动资本征税而代之以对国内非流动要素征税，以有效提供公共物品”的结论显然是相左的。在 Bucovetsky 和 Wilson 看来，两种观点冲突的根源在于后者模型的假设前提是两个小国面对的是外生的、固定的世界资本市场利率，而他们的模型则假定世界上每个国家的税收政策都是内生决定的，这种模型与最优税制理论的主要区别在于：Bucovetsky 和 Wilson 强调政府是因为没有对资本所得实施居民管辖权而导致公共物品供应不足，并非缺少对劳动等非流动性要素的征税，而对劳动的征税包含在最优税制理论的范畴之中。

### （四）国际资本流动视角

在吸引国际资本方面，早期的国外相关研究主要借助于经济学模型对税率差异与税收竞争之间的关系进行理论分析（Benzion 和 Weinblatt ，1984；Trandel，1994），主要观点包括国家之间的税率差异与企业选择边际成本定价法或利润最大化定价法有关，人口密度与法定税率成正相关，税率差异将会影响宏观经济的稳定性，从而促进国际资本流动与税

① 邢成. 经济全球化条件下国际税收利益分配研究［M］. 中国财富出版社，2012.

收协定的谈判。

在这一时期，国外学者从税收协定的定义出发，认为税收协定促进对外直接投资的作用机制主要有两个：一是税收协定能够明确税收管辖权的分配主体，解决国家之间居民管辖权或地域管辖权重叠所造成的重复征税问题（Mutti 和 Grubert，1996；OECD，1997）；二是当两国之间进行相互的对外直接投资时，能够通过税收协定设定一个统一的、互利的税率，从而降低企业税负（Altshuler 和 Newlon，1991），促进对外直接投资的增长（Janeba，1995）。

### （五）国际税收合作视角

众多国际税收竞争模型都试图论证在各国经济存在异质性的条件下，国际税收合作的可能性以及可能采取的方式。Rasmussen（1999）提出的国际税收合作模型是其中的代表，他认为，既然国际税收竞争将导致无效产出，那么就为国际税收合作提供了实施空间。国际税收合作应是两国间税制的全方面合作，包括税收信息的交流、税收管辖权和税率的选择以及是否采取资本流动限制等。作为一种参与约束，国际税收合作的前提是：每一个参与国际税收合作国家的合作均衡产出必须比非合作状态下的均衡产出更好。这样，国际税收合作的可能性就取决于非合作均衡的结果。Thuronyi（2000）指出未来多边税收协定将取代现有的双边税收协定网络，这是国际税收合作发展的必然趋势。

# 第二节　国外前沿文献

纵观国外国际税收竞争领域的发展进程，可以发现其研究体系呈现出以下的路径，从早期建立诸多经典国际税收竞争理论框架和扩展模型，到自 20 世纪 90 年代中后期以来，突破传统理论框架深入探讨经济全球化背景下国际税收竞争的发展趋势和现实选择，一方面，综合运用国际经济学、政治经济学、发展经济学和计量经济学等研究手段来分析国际税收竞争；另一方面，研究国际税收竞争的视野得到进一步拓展，特别是 G20 国家和经济合作与发展组织引领的税基侵蚀和利润转移（BEPS）行动计划改变了传统的组织形式和法律框架，敦促了多边协议和全球信息交换的进程，国际税收体系亟待完善和变革。目前而言，国外有关国际税收竞争的前沿文献主要集中在以下三方面：一是国际税收合作的深化研究；二是 BEPS 行动计划下的国际税收竞争；三是国际税收竞争的资本流动效应研究。

## 一、新阶段国际税收合作的进一步研究

面对经济全球化进入新发展阶段带来的机遇和挑战，加强国际税收合作并以此协调国

家税收政策已成为许多学者的共识和研究重点（Alonso，2018；Dagan，2018；Ault，2019）。Rosenbloom，Noked 和 Helal（2014）着重讨论国际税收合作基础上的体制基础设施建设，并指出当下有关国际税收合作的平台发挥的作用有限。为了更好地促进国际税收合作，该文提议创建一个国际税收政策制定领域目前所不具备的新机构：一个在国际上具有“类似思想的团体”模式启发下的，在税收政策上有着相似利益的国家之间进行协调的非正式论坛。该论坛将使有共同利益的国家进行合作，并就必要的政策调整达成共识。FitzGerald 和 Siu（2018）认为加强国际税收协调不仅能减少国民收入分配的不均衡，也能在一定程度上取代不成功的发展援助体系，G20 集团应该持续努力推动国际税收协调取代国际税收竞争，在这一进程中 G77 集团和中国的平等参与是必不可少的。

近年来，一些学者开始从政治经济学的视角来研究国际税收合作。Hakelberg（2016）基于国际政治经济学的基本原理，假设大国基于自身国际地位进行的胁迫是促使国际税收合作成功实施的重要因素，为此，作者以 1996 年至 2014 年间经济合作与发展组织进行的税务谈判为研究对象，重点分析了政府运用强权制裁避税天堂促成税收合作的影响因素。

## 二、BEPS 行动计划下的国际税收竞争研究

BEPS（Base Erosion and Profit Shifting，税基侵蚀与利润转移）行动计划是由 G20 委托经济合作与发展组织推动的国际税收改革，主要目的在于通过协调各国税制，修订税收协定和转让定价国际规则，来应对跨国企业税基侵蚀和利润转移给各国政府财政收入和国际税收公平秩序带来的挑战。针对 BEPS 行动计划的实施效果，Mandel（2015）研究了 BEPS 行动计划之下的国际税收新规则将对美国税收收入和就业产生的影响，BEPS 规则会吸引从事高新科技研发和高利润的跨国公司将投资由美国转向税率更低的欧洲，因此白宫应该尽快改革公司所得税以应对潜在的危机。Lips（2019）从金融账户涉税信息自动交换标准（CRS）和 BEPS 行动计划入手，比较分析了美国在全球税收治理中的作用，从而得出结论，在这两个问题上，美国在税收治理方面的影响力比一般认为的要局限得多，并且不足以解释全球合作。Wagenaar（2015）将目光转至发展中国家，基于对不同发展中国家税制特点的分析，Wagenaar 认为 BEPS 行动计划以不同的方式影响着发展中国家，在 BEPS 的背景下，OECD 的一些举措和行动将帮助这些国家增强获得涉税信息的能力，打击跨国避税行为，但他同时指出，BEPS 行动计划并未解决所有问题，发展中国家应自行寻找其他方法，以避免税基遭受侵蚀。

与之相对，Baker（2013）、Eccleston 和 Smith（2016）、Büttner 和 Thiemann（2017）对 BEPS 行动计划的实际效果持观望态度。Eccleston 和 Smith（2016）认为由于 G20 集团国家的利益和动机的不同，BEPS 行动计划要想有效遏制跨国公司的税收筹划行为将面临诸多挑战，对此有必要厘清提高国际税收透明度和规范国际税收竞争之间概念差异。

Büttner 和 Thiemann（2017）认为 BEPS 行动计划的执行有赖于转让定价指南的修改，这种渐进式的变化增加了转让定价准则的复杂性和不连贯性。

如何增强 BEPS 行动计划的有效性是国外学者关注的重点。Dagan（2018）在《国际税收政策：竞争与合作》一书中详细探讨了 BEPS 行动计划下主权国家在制定税收政策时面临的多种选择，并提出“税收政策市场化”这一概念，主权国家作为国际税收竞争的参与者在争夺资源和收入的竞赛中，制定税收政策不再局限于国内市场，还要考虑到国际规则和各国经济体之间的相互依存关系。Bal 等（2015）在《BEPS 时代的国际税收结构：反滥用措施分析》一书中重点讨论了 BEPS 时代有效的反避税措施及其对国际税收治理结构的影响。

## 三、国际税收竞争的资本流动性效应研究

国际税收竞争的资本流动性效应一直是国际税收领域经久不衰的重要话题，相关文献十分丰富，早期文献大多在完全竞争市场的框架下进行研究，然而，资本流动受到地区的市场环境、经济状况等各种因素的影响，越来越多的研究在非完全竞争假设下展开，以下主要从个人和企业行为的角度出发，总结国外有关国际税收竞争的资本流动性效应的研究文献。

### （一）国际税收竞争与个人资本流动

个人的资本利得税对个人资本流动有较大的影响，国外对个人资本的研究主要集中在利息收入方面。基本结论是，投资者居住国对资本利得征收高税率会促使纳税人在国外进行储蓄。反过来，较低的预提税和严格的银行保密法吸引了外国存款流入。这对个人的普通储蓄可能有相当大的影响。部分学者通过分析 OECD 国家和一些离岸中心的双边非银行存款来间接衡量利息所得的转移。Huizinga 和 Nicodeme（2004）研究了税收政策对国际存款的影响，文章发现非银行国际存款与利息收入和财富税以及国内银行利息报告呈正相关，表明国际存款的部分目的是为了实施避税，据作者估计，外国非银行存款的份额，即存在逃税风险的存款，约占主要发达国家非银行存款总额的 20%，目前，非居民的利息预提税或国际信息交流仅涵盖国际利息流的一部分，这种不完全的覆盖可能是税收政策对国际存款影响不大的原因。沿着这条思路，Huizinga 和 Nicodeme（2006）将研究重点放到欧洲企业的外国持股比例，他们发现 2001 年欧洲企业的外国持股比例约为 21.5%，进一步估算表明，外资持股比例每增加 1 个百分点，企业平均所得税率将提高 0.5% ~1%，这说明经济全球化的深入发展可能会导致外资持股增加，从而导致公司税收水平增长。Palan 等（2013）在《避税天堂：全球化如何真正发挥作用》一书中指出，在一项被广泛引用的估计中，私人跨境逃税使全球收入损失达到 2 550 亿美元。Huizinga 和 Nicodeme（2004）

认为非存款流量与居住国的税率呈负相关关系。

### （二）国际税收竞争与企业资本流动

#### 1. 税收竞争策略

随着经济全球化的进行，国家或地区进行税收竞争的方式不断丰富。早期国家通过降低税率以吸引企业流入，随后制定出各式各样的税收优惠和税收抵免政策，近年来跨国公司兴起，各个国家开始通过对企业避税的容忍进行税收竞争。

（1）降低法定所得税税率。一直以来，各国的法定所得税税率不断降低。Devereux 等（2002）指出欧盟和美国的平均法定企业所得税税率由 1982 年的 48% 下降到 2001 年的 35%。同样，Devereux（2007）指出 OECD 国家的平均税率在 1965 年到 20 世纪 90 年代早期大约为 40%，从 1988 年的 41% 下降到 1993 年的 33%，并一直维持到 2004 年。Devereux 等（2002）、Gorter 和 Mooij（2001）、Becker 和 Fuest（2011）认为在税率下降的同时，各国不断扩大征税范围，平均实际税率并没有大幅减少。但并不是所有的国家对于降低法定税率都具有相同的动机，Garretsen 和 Peeters（2007）发现经济凝聚性较强的国家降低税率的动机较弱；Keen 和 Simone（2004）认为发展中国家的税收竞争更明显，并且他们不局限于降低税率，还会实施各种税收优惠政策。

（2）容忍企业避税。容忍企业避税看起来似乎是与政府的政策相矛盾，因为现代的工业化国家近年来一直在竭力打击企业避税，以保护国家税基，例如制定有关转让定价、受控外国公司的管理制度。然而，跨国公司有着强烈的税收筹划动机，各国可能会为了追求“最优资本税”选择牺牲部分收入，以达到吸引 FDI 流入的目的。Peralta 等（2006）、Hong 和 Smart（2010）研究发现，允许流动的国际资本的实际税率接近于零，而对国内相对稳定的资本征收高企业所得税是一个不错的选择。因为国外直接投资的避税难度低，对税率的敏感度下降，实施较高的税率能够更好地提高国内居民的福利。

Altshuler 和 Grubert（2006）指出这种现象解释了近年来各国纷纷通过容忍企业避税而不是降低税率来实施税收竞争。一旦东道国认为通过增强跨国企业的竞争力带来的好处大于相关的收入损失，他们就有动机允许或者促进跨国企业避税。Altshuler 和 Grubert（2006）通过实证分析 1997 年前后的税收变化进一步证明了这一观点，首先，他们发现 1992 ~ 2002 年期间平均有效税率依然在下降，但与之前相比下降得更慢了，在 1997 年后平均税率的相关性显著下降；其次，1997 年后跨国公司在低税国家的附属公司的报告利润大幅提高，表明利润发生了转移；最后，1997 年后跨国纳税和控股公司收入也在大幅增加，这表明跨国公司在通过各种各样的策略转移利润。

#### 2. FDI（外商直接投资）的税收敏感性

大量国外学者通过对 FDI（外商直接投资）的税收敏感性进行实证分析以研究企业投资对税收的敏感性。部分学者怀疑这种敏感性很低，Campbell（2005）认为，税收只是跨国公司区位因素中的一个因素，其他因素还包括良好的公共基础设施、能够获得的新技术、高素质的劳动力以及社会和政治稳定性。在某种程度上，税收为这些其他的因素提供资金支持，因此高税收可以吸引而不是阻止外商直接投资，丹麦就是一个典型的例子。

然而，大多数实证研究表明，FDI 受到税收的负面影响。Buttner 和 Ruff（2007）研究发现德国跨国公司在 18 个欧洲国家的区位选择对法定公司税率敏感，但对 EATR 不敏感；Mooij 和 Ederveen（2008）研究得出，公司税率降低 1% 可使 FDI 流入量增加约 3%。Feld 和 Heckemeyer（2011）在另一项分析中将该值调整到略低于 1.7%。基于此，OECD 国家税率一直在不断下降，FDI 占总投资的百分比从 1990～1994 年期间的 5.3% 增加到的 2005～2008 年的 17%，在中欧和东欧国家甚至更高。Altshuler 等（2000）、Mooij 和 Ederveen（2008）、Feld 和 Heckemaier（2011）研究发现，FDI 的税收敏感性随着时间的推移而增加，Feld 和 Heckemaier（2011）还指出，欧洲的税收敏感度高于世界其他地区。

### 3. 国际税收协定的 FDI 效应

国外学者对税收协定对 FDI 的影响进行了大量实证研究，然而结论各有不同（Blonigen 和 Davies，2004；Egger 等，2006；Egger 和 Merlo，2011；Blonigen 等，2014）。狭义的国际税收协定一般是指国家之间签订的旨在避免对所得和资本双重征税和防止偷逃税的协定。随着跨国投资规模的不断扩大，税收协定在避免重复征税、降低企业税负、解决税收争议等方面的效应越来越受到重视，对于发展中国家而言，税收协定还是引进外资的重要政策工具。联合国贸易和发展会议 UNCTAD 发布的《2017 年世界投资报告》指出，税收体系变化对外国直接投资流动的宏观影响高于全球金融监管。目前而言，国外学者普遍认为税收因素对 FDI 流动存在重要作用，但是在税收协定对 FDI 的效应方面存在较大分歧，Davies 等（2009）、Baker（2014）都曾指出无论是采用国家宏观数据还是企业微观数据，都可能得到税收协定对于 FDI 具有正向、不显著、负向效应的不同结果。另外，FDI 流出与流入的国家异质性也会影响税收协定效应的发挥（Hearson，2018）。通过建立两国贸易和 FDI 的一般均衡模型，Egger 等（2006）运用 PSM－DID 方法，研究新签订的双边税收协定对 1985～2000 年 OECD 成员国之间的直接投资的影响，结果发现双边税收协定显著降低了对外直接投资。Blonigen 和 Davies（2004）通过研究 1966～1992 年流入和流出美国的直接投资数据发现，双边税收协定对美国对外国直接投资活动不存在显著影响，新的双边税收协定甚至会对美国的直接投资活动产生显著的负面影响。

与上述研究不同，Hines（2000）从税收协定中的重要内容——税收饶让条款的角度出发，通过比较日本和美国的外商直接投资规模发现，日本的外商直接投资存量比没有税收饶让条款的美国高出 1.4～2.4 倍，Azémar、Desbordes 和 Mucchielli（2007）运用随机效应模型，以 1989～2000 年日本外商直接投资的 29 个收入来源国为样本进行实证分析，结果发现税收饶让条款持续时间每增加一年，外商直接投资规模增长 2.3%～11%。Davies 等（2009）利用瑞典的企业数据发现税收饶让即使没有直接影响投资规模，也能通过间接增加东道国的吸引力来增加母国的对外直接投资。在近期的文献中，Colen 等（2014）从税收协定效率的角度出发，指出税收协定的正向激励效应取决于 FDI 的类型。Azémar 和 Dharmapala（2019）基于 2002 ~ 2012 年 23 个 OECD 国家双边对外直接投资的面板数据，采用工具变量法发现税收饶让条款能够显著促进 FDI 流入，并且效应集中表现在税收饶让条款生效后的滞后一期。

4. 利润转移的税收敏感性

部分国外学者侧重于研究利润转移的税收敏感性。Mooij 和 Ederveen（2008）研究认为，利润转移对公司税收的敏感度高于 FDI。Huizinga 和 Laeven（2008）、Weichenrieder（2009）研究发现低税国家子公司的税前盈利能力普遍高于高税收国家：高税收国家的附属公司能够有效地从利润转移中获利。Mooij 和 Ederveen（2008）研究发现，增加 1% 的税收将使跨国公司的报告利润减少 2%。由于跨国公司通常在公司部门中占有相当大的比例（60% 以上），在欧洲这对一般公司税基会产生相当大的影响。Schwarz（2009）研究发现税前盈利和股权融资投资与来源国的法定税率和有效税率呈负相关关系。Mooij 和 Ederveen（2008）研究发现免税国家的跨国公司比其他国家的公司更有可能进行外商直接投资。联合国贸易和发展委员会数据显示，全球有 30% 的外商直接投资流向避税天堂，如爱尔兰、卢森堡、百慕大、毛里求斯或英属加勒比等地区。Palan 等（2013）指出这些投资通常用于建立金融服务公司，这些公司用来承接高税收国家的利润转移。

跨国企业主要通过转让定价、资本弱化和受控外国企业来实现利润转移。Clausing（2003）认为关联企业之间的跨境贸易转移价格的设定是为了降低在高税国家的利润，增加在低税国家的利润。Grubert（2003）、Karkinsky 和 Riedel（2012）认为专利和品牌等非物质商品特别适合战略转让定价，因为它们不存在适当的市场价格。其他研究表明了资本弱化的普遍存在。Desai 等（2004）、Mintz 和 Weichenrieder（2005）、Buttner 等（2011）和 Schwarz（2009）达成了共识：若来源国公司税率提高 1 个百分点，该国子公司的债务比率至少增加 0.2 个百分点。Weichenrieder 和 Mintz（2008）发现如果德国的预提税税率较高，低税国家的持股比例会上升；法定公司税率对持股比例没有影响。

## 第三节 国内前沿文献

国内针对国际税收竞争的研究起步较晚，在理论模型和研究方法上多借鉴参考国外研究成果，中国正在持续推进更高水平的对外开放，“一带一路”倡议的实施将为我国深度参与经济全球化提供机遇和挑战，有关国际税收竞争的研究日益丰富，拓展深化国际税收协调与合作、推动建立国际税收新秩序、平衡国内发展战略目标与国际税收竞争压力之间的关系等话题成为我国当下国际税收竞争的前沿问题。

## 一、国外国际税收理论模型的借鉴与扩展

邓力平（2003）通过跟进国外在国际税收竞争领域的理论研究进展以及对当前中国国际税收竞争实践的把握，提出国际税收竞争与国际税收协调辩证观的研究思路。靳东升（2003）从国际税收竞争基本概念入手，对国际税收竞争与有害税收竞争进行阐述。对世界各国税收竞争的发展情况与现实状态进行深入分析，点明税收竞争在经济全球化中的必然性。创造性地指出我国在税制构建中应提升对税制竞争性的关注。在此基础上，龚辉文（2004）创新地提出“税制竞争力”的概念，从影响税制竞争力的六大因素（税制的公平、合理程度；税负水平；税收优惠方式与优惠程度；出口税收政策；税收管理水平；国际税收协调水平）出发，总结出22个有关税制竞争力的评判指标，并借以对当时我国税制的现状和存在的问题进行剖析，为提升我国税制竞争力提出相应的政策建议。龚辉文的研究较为全面地分析了影响一国税制竞争力的主要因素，为深化我国税制改革提供了指导性的理论依据，中国的税制改革是与时俱进的，有关税制竞争力的研究也应当不断深入发展。

根据国际税收竞争的特征，邓力平（2006）认为，真实状态下的国际税收竞争大多具有不对称性，应将国际税收竞争不对称性的思考常态化。所谓国际税收竞争的不对称性，指的是参与国际税收竞争的主体（主权国家或地区）在各种特质或特点上的差异与不同，这些不同可以是国家或地区在人口数量、资源禀赋、基本规模、体制背景、市场特性乃至经济实力等方面的差异，也可以是国家或地区在决定国际税收竞争效应的诸因素（如拥有信息的多寡、拥有税收手段的不同等）方面的差异。一般而言，前者为狭义的不对称，后者为广义的不对称，20世纪90年代以来，越来越多的学者开始尝试将狭义的不对称现象扩展到经典国际税收竞争模型中去，由此，邓力平对国际税收竞争中不对称现象的研究进行归纳总结，提出一国税收政策的运用要充分考虑到国际税收关系的现实发展趋势，要加强对各种制约主权国家税收政策运用因素的研究，只有这样，才能使税收政策的运用取得预期效果。邓力平在回顾评述国外文献的基础上，分析了不对称情形下的国际税收竞争的特点，为寻找适度最优的国际税收竞争与协调状态提供了一个新的研究角度。

## 二、国际税收竞争的现状与发展趋势研究

全球金融危机以来，主权国家之间、国家与跨国纳税人之间的矛盾冲突日渐凸显，国家之间的国际税收博弈日益活跃，呈现出新的发展趋势。靳东升（2013）对当前国际税收竞争形势做出由激烈转向和缓的判断，以美国为例，国际税收竞争往往是通过税制改革和

国际税收政策两方面实现的，而欧洲国家的税收竞争政策区分为西欧国家提高企业竞争力的主动型税收竞争和东欧国家吸引外资的被动型税收竞争，这些税收竞争政策最直观地表现在所得税的政策制定上，换言之，所得税是国际税收竞争的最直接体现，由于OECD“反对有害税收竞争的斗争”取得较大成功，加之税收中性理念被广为接受，故而文章通过分析所得税制度得出国际税收竞争正在由对抗性竞争转为柔性竞争的结论。

国际税收竞争的本质是国家利益之间的竞争，2008年金融危机的爆发使得国家利益竞争进一步深入，在业界对国际税收研究日渐关注的趋势下，曹明星（2017）指出国际税收竞争与协调面临的现实挑战包括单边主义抬头、税收竞争难见趋缓、国际税收治理中话语权仍不对称、新的区域化和全球化发展亟需税收协调，基于此，他提出在国际税收研究领域应当遵循“求本溯源、存异求同”的原则，首先，应当基于长期协调战略找准不同经济学流派在国际税收领域的结合点；其次，针对中短期竞争态势，加强“结构应对”和“非税应对”策略研究；再次，在推进“一带一路”进程中彰显中国特色社会主义税收制度优势；最后，打造代表发展中国家利益的多边合作的专业智库，推动国际税收良性博弈。该文的创新之处在于从现象到本质深入剖析了国际税收竞争与协调的本质，国际税收竞争不仅是税企博弈，更是国家利益之间的博弈，国际税收博弈不仅影响政府宏观调控，更事关国家发展路径，这从基础理论上为完善国际税收竞争研究打开了一个新的研究窗口。

深化财税体制改革是一场关系国家治理现代化的深刻变革，是一次立足全局、着眼长远的制度创新和系统性重构。2014年6月30日，中共中央政治局会议审议通过了《深化财税体制改革总体方案》，改革重点是增值税、消费税、资源税、环境保护税、个人所得税和房产税，对此，龚辉文（2017）从国际税收竞争视角审视本轮中国税制改革，他先以爱尔兰的低税率促使英国不断降低税率和澳大利亚降低税率使新西兰面临降水压力为例，论证了经济全球化必然加剧国际税收竞争，从而影响国内税制的变化，随后以世界主体税种所得税、增值税、消费税、房产税等的变化趋势说明国际税收竞争已成为推动国内税制改革的重要因素，由此审视中国税制改革，指出本轮中国税制改革存在一定的局限性，主要表现为增值税改革不彻底、个人所得税改革失衡、房地产税改革滞后等问题，强调中国未来税制改革应更多考虑国际税收竞争因素。自提出“税制竞争力”概念以来，龚辉文积极探讨了国际国内税收政策变化和税制改革的影响和启示，不断贡献出具有国际视野的税制分析和研究成果。

2017年12月2日美国参议院通过税改法案，主要内容是修改现行企业所得税和个人所得税法案，大幅度降低税收负担，以此达到吸引制造业回流、刺激投资与消费、恢复经济活力的目的，被认为是30多年来美国税法最大的一次调整。在经济全球化的背景下，特朗普税改的溢出效应逐步显现，世界逐底税收竞争的国际进程明显加速，对此，戴悦（2019）结合特朗普税改、共同申报准则、欧盟数字服务税提议、目的地税制等国际税收前沿问题，提出我国应在国际税收体系经历重大变革之际，积极探索新路径新方法，提高我国在经济合作与发展组织中的话语权，为发展中国家在多边协议的商讨中争取更多的平等利益。

## 三、BEPS 行动计划的影响及对策研究

经济全球化促使生产要素在全球范围内自由流动，由国际税收竞争引发的跨国公司税基侵蚀和利润转移现象愈演愈烈。根据廖体忠（2014）的判断，BEPS 行动计划的实施将从税收国际规则和国内法两个层面改变现行跨境交易税收规则，对各国经济发展和税收利益分配影响深远。具体而言，从国际税收规则的角度看，BEPS 行动计划将完善和发展现行税收协定和转让定价国际规则，以使其更好适应各国税制和全球价值链变化带来的影响；从国内法的角度看，BEPS 行动计划将推动建设与现代商业模式相适应的企业所得税税制，并完善间接税制度安排，促使各国相应修改其国内法，以压缩跨国公司利用税制和征管差异规避税收的空间，在全球范围内营造公平的税收环境和秩序。

樊勇和侯京玉（2017）通过将无形资产跨境贸易反避税措施进行国际比较，发现各国采取的无形资产反避税措施，具有对无形资产宽泛化界定、采用可比非受控价格法和利润分割法、维护营销型无形资产的征税权、给予税务机关自由裁量权的相同点。但无形资产净输出国和无形资产净输入国在无形资产反避税措施上存在差异，具体表现为，无形资产净输出国法律所有权优先，而无形资产净输入国经济所有权优先。无形资产净输入国更重视维护特殊性无形资产的税收利益。此外，针对我国在无形资产跨境贸易反避税中存在的问题，樊勇和侯京玉提出明确无形资产的课税对象、完善无形资产转让定价方法、增加无形资产反避税处罚条款和建立多方合作机制的建议。

一些学者从博弈论的视角探析了 BEPS 行动计划下的国际税收关系。杨晓雯和张泽平（2018）指出 BEPS 行动计划实则表现为国际税收关系的合作博弈，各国出于共同打击不合理避税的目的维护本国的税基，但在新背景下的税收管辖权划分也同样存在着冲突，有效利用博弈维持合作关系是 BEPS 行动顺利落实的关键所在。秦川（2019）以数字货币项目 Libra 为例，指出如同 BEPS 行动计划代表着跨国企业集团与政府在税收领域的博弈，Libra 标志着后 BEPS 时代跨国企业集团与政府在金融领域对经济主权的博弈，各国政府在支持和鼓励跨国企业集团创新发展的同时，也要牢牢把握主动权，保证各自权利和义务的平衡。

还有一些学者为税基侵蚀与利润转移背景下完善转让定价制度建言献策。无形资产转移定价是跨国公司的主要避税方式之一，当前学界主要围绕独立交易原则的局限性进行探讨。曹明星（2019）从转让定价中的独立交易原则与公式分配法的传统冲突出发，指出独立交易原则限制了利润型调整方法，导致转让定价体系无力应对以无形资产扩张、集团内

协同效应为代表的新型国际经济的发展，而特殊性地域优势因素的出现给转让定价税制带来更大的挑战，曹明星认为全面改革完善转让定价税制的方法在于体系性创新，即包括国际税法、其他领域监管法等在内的所有领域新学说的发展。姚丽和宁琦（2018）将研究的重点放在利润分割法的应用上，通过最优法原则分析、探索了利润分割法对于关联交易的适用性，鉴于利润分割法将被更频繁地使用，该文建议我国在积极、合理主张收益归属和征税权的同时，应从技术与数据的角度为利润分割法的应用做好如下准备：一是充分利用《多边税收征管互助公约》。该公约按照税收情报交换国际标准，向全球所有国家开放。二是借鉴欧洲的主体文档和本地文档模式，加强对转让定价文档（同期资料）的管理，要求跨国企业集团报送合并财务报表、特定境外关联企业财务报表及集团组织管理架构、业务经营策略、财务税务数据等情况。三是重视国别报告的要求，要求跨国企业集团就其经营所在的每一税收管辖区的收入、税前利润和所得税缴纳情况进行填报，按照国别报告模板申报，为进行全球价值链分析、合并利润计算、分割要素确认做好数据准备。

中国国际地位的提升促使我国在国际税收协调与合作领域不断贡献出必不可少的中国智慧。在 BEPS 行动计划的完善与发展进程中，一些学者对中国发挥的作用和未来的着力点进行了深入探讨。廖体忠（2019）深入解读了公平和现代化的国际税收体系，指出中国在联合国税收协定范本及其注释的制定、联合国转让定价手册的编写、OECD 税收协定范本及其注释的制定、OECD 转让定价手册的编写以及 BEPS 行动计划等所得税国际共治规则方面深度参与并做出实质性贡献，未来还应继续推动我国国际税收原则和手段上的现代化。张巍和魏仲瑜（2019）指出 2013 年 OECD 发布 BEPS 行动计划以后，全球进入了以税收征管有序合作来应对激进 BEPS 行为侵害各国税收权益的新阶段，然而，另一方面，逆全球化思潮下单边主义及竞争性税收政策导致传统实体经济税源竞争日趋激烈，新时期我国应贯彻“构建人类命运共同体”理念，执行“合理保护税源”与“科学涵养税源”并重的对内建设方针，遵循“深化合作、应对竞争”的对外发展策略，落实“共商共建共享共赢”的中国行动计划，不断提高自身征管能力建设，推动建立科学合理的国际税收治理体系。

## 四、国际税收竞争视角下的资本流动研究

在国际税收竞争与资本流动的研究方面，国内文献较为稀少，且大多以定量研究为主，囿于数据的可获得性以及研究方法的限制，现有定量研究主要集中于税率变动、税收环境对企业海外投资的影响，未来该议题的研究深度和广度还存在进一步拓展的空间。

### （一）税收与 FDI

与以往研究不同，何杨、孟晓雨（2018）将全球价值链融入到税收与 FDI 的关系研究

中，采取世界投入产品表的数据，考察中国制造业行业在2008年企业所得税改革之后吸引FDI的变化，试图回答以下问题：一是行业嵌入全球价值链的程度是否会影响到FDI对税率的敏感程度；二是什么样的行业更容易通过降低税率吸引到更多的FDI；三是国际贸易和国际投资在税收政策变化时如何相互影响。研究结果表明高增值企业对于东道国所得税税率提高的反应更为明显，相比资本密集型和劳动密集型行业，投资于技术密集型行业的FDI受税收影响的程度更大。该研究是在全球价值链的背景下，考察FDI投资行业在价值链的分工地位和参与程度如何影响FDI对于税率变化的反应，为全球价值链背景下重新理解税收与FDI的关系提供了重要的经验证据。

作为最大的发达国家，美国的税制改革具有较强的国际影响力，国内有关特朗普税改的定性分析已有不少，在定量分析上有所不足。曹婧和毛捷（2019）构建税收竞争模型、拓展后的贸易引力模型和固定效应模型，实证分析了美国减税对国际税收竞争、双边货物贸易和国际资本流动的可能影响，结果显示美国宏观税率每下降1%，其他国家（地区）的投资率下降0.1826%，美国减税将吸引企业和资本回流美国，使得其他国家（地区）面临资本流失、投资降低的问题。

根据研究结果，曹婧和毛捷提醒美国减税带来的税收叠加效应将会对我国财税环境产生明显冲击，中国应保持高度警惕。此外，美国减税将会给中国造成资本外流的压力，中国应加快实施创新驱动战略，针对资本密集型产业实施定向税收优惠。

该文的贡献主要有两点：一是尝试从国际税收竞争、双边货物贸易和国际资本流动三个方面，基于1990~2016年跨国数据实证检验美国减税对中国经济的影响；二是在此基础上提出有针对性的政策建议，为中国应对美国减税提供参考。

### （二）国际税收协定与FDI

目前国内还鲜有学者探讨税收协定对FDI的影响，在对外直接投资的影响因素方面，国内学者侧重于东道国制度质量、经济环境、自然资源等因素对FDI的影响（潘春阳和卢德，2016；崔娜、柳春和胡春田，2017；钱进和王庭东，2019）。

在定量研究方面，何杨和徐润（2016）从税收情报交换的角度对跨国公司的避税行为进行了研究，结果发现，跨国投资者倾向于将有价证券资产转移至没有签订税收情报交换的国家，尤其是那些与被投资国签订了税收协定的国家，该研究完善了国际税收研究中企业跨国避税影响因素的理论框架。

邓力平等（2019）使用中国A股和“新三板”公司2005~2016年对外直接投资的企业数据实证研究了双边税收协定对中国企业“一带一路”投资的影响及异质性，在现有税收协定理论的基础上，拓宽了税收协定的影响机制，并得到以下结论：（1）税收协定的作用存在异质性，因此在不考虑东道国差异的情况下，是否签订税收协定以及协定中是否包含税收饶让条款对企业投资的区位选择无显著影响；（2）税收协定对企业到高税负水平和制度环境不足的东道国投资有显著的正向影响；（3）东道国的存量税收协定，即税收协定网络的广度可以增加东道国的投资吸引力，并且在一定程度上可以替代东道国制度环境的不足；（4）税收协定对中国企业在“一带一路”沿线国家投资的影响不足；（5）税收协定对中国企业在“一带一路”沿线国家投资的影响不存在所有制差异。该研究在一定程度上回答了“一带一路”建设是否由市场主导的问题。

在定性研究方面，崔晓静（2017）从案例分析的角度指出企业在“一带一路”沿线国家进行投资时，要熟悉并主动运用税收协定中的优惠安排，降低企业在外涉税风险。赵书博（2018）从“一带一路”沿线国家的视角出发，分析了税收协定对于我国企业进行对外直接投资的积极作用，并指出当前税收协定的条款内容与落实情况在降低企业税收负担、解决重复征税难题、应对《BEPS 多边公约》等方面存在一定问题，提出我国应根据与沿线国家的经贸关系实施税收协定相关措施以防止税基侵蚀和利润转移（BEPS）的多边公约、修订现有税收协定中的相关条款并加快与其他沿线国家谈签税收协定等方面的建议。

### （三）跨国公司的利润转移行为

根据国外最新研究，发展中国家通过避税天堂进行利润转移的现象可能更为严重（Zucman，2015；Alstadsæter 等，2017），对此，白思达（2019）推测中国跨国公司进行对外投资很可能也处于避税目的，他利用 2000～2006 年海关出口数据库、工业企业数据库及对外直接投资名录等数据分析了中国跨国公司税基侵蚀和利润转移问题。研究发现，样本期内中国跨国公司的避税程度比发达国家更严重，在影响机制方面，企业会利用国外关联公司和对外投资地区的税率降低两种机制进行避税，此外，现行国家间税收协定签订时间越早越能有效约束企业避税行为。

与以往研究相比，该文进行了如下创新性的改进：第一，针对引发企业避税动机的因果机制识别不清的问题，白思达运用两种识别策略，充分利用企业关联属性变动和对外投资地区的税制改革等相关信息对企业避税的原因分别进行检验；第二，针对发展中国家的样本存在实验组样本过少的问题，白思达将避税天堂纳入研究样本，并将避税天堂和其他低税地区在影响出口价格方面进行对比分析；第三，为解决实验组样本量稀少的问题，该文将中国海关数据库与工业企业数据库数据进行合并，采用倾向得分匹配法（Propensity Score Matching，PSM），为中国跨国公司寻找到企业特征相似的非中国跨国公司，保证了基准回归分析结果的稳健性；第四，利用交易层面的微观数据来估算企业所得税流失的规模，较好地解决了现有研究在测算税收流失规模上的不足。

如果中国跨国企业确实存在避税行为，那么学者们要回答的下一个问题便是这些跨国企业是如何实施利润转移的。刘志阔等（2019）对这一问题进行了详细研究，他们使用 1998～2013 年中国工业企业数据库和对外直接投资企业名录数据研究了中国对外直接投资企业利润转移的基本特征和具体渠道，文章的具体做法是，首先将1998～2013年中国工业企业数据库和对外直接投资企业名录进行匹配，获知企业层面在时间维度上的对外直接投资信息，并将投资地分为避税天堂和非避税天堂，然后利用双重差分的方法来识别避税天堂对于企业利润的影响。同时，考察了这种影响的动态效应，进而验证平行趋势假设和分析长期影响。进一步地，该文从“转让定价”和“资本弱化”两个渠道来考察利润转移如何进行，其中转让定价机制检验利用了对外投资企业在海关数据中出口价格，资本弱化机制解释结合了中国的资本管制政策背景，这都丰富了利润转移的中间机制。最后，通过改变不同的实证策略、更换避税天堂定义和利润衡量指标、统一样本口径、调整数据匹配方式等方面进行了稳健性分析。

文章结果发现，税基侵蚀在中国出口企业中更加明显，并且企业在对避税天堂投资后显著降低了相应的出口价格，但并未提高企业的财务费用和负债水平，这说明中国企业的利润转移可能主要是通过“转让定价”而非“资本弱化”的渠道进行。

该文的贡献和创新之处在于使用详细的微观企业数据研究中国对外直接投资企业的利润转移行为和造成的税基侵蚀，对理解中国企业的利润转移提供了经验证据，尤其为中国参与国际税收治理体系和非理性对外投资监管提供了数据支撑，具有重要的现实意义。同时，基于中国制度背景考察并解释了利润转移中的转让定价和资本弱化的中间渠道，进一步丰富了现有利润转移文献的理论机制，为国际税收治理体系中具体政策措施提供了中国经验。

从以上研究可以发现，国内学者在国际税收竞争领域已经取得了较大的进展，尽管与国外前沿文献相比仍显不足，但随着中国综合国力的不断增强以及深化改革开放的进一步实施，中国参与国际税收管理合作的影响力和话语权都在日益提升，这为国内学者讲好中国故事提供了广阔的研究空间。

## 文献索引


[1]［日］谷口和繁．国际间的税收竞争与OECD的实施对策［J］．税收译丛，1999（1）．

[2] ALONSO J A. International tax cooperation and sovereign debt crisis resolution：Reforming global governance to ensure no one is left behind［J］．CDP Background Paper N0. 41 ST/ESA/2018/CDP，2018，41.

[3] ALSTADSÆTER A，JOHANNESEN N，ZUCMAN G. Tax evasion and inequality［J］．American Economic Review，2019，109（6）：2073－2103.

[4] ALTSHULER R，GRUBERT H，NEWLON T S. Has US investment abroad become more sensitive to tax rates?［M］//International taxation and multinational activity. University of Chicago Press，2000：9－38.

[5] ALTSHULER R，GRUBERT H. Governments and multinational corporations in the race to the bottom［J］．Tax Notes，2006，110（8）．

[6] ALTSHULER R，NEWLON T S. The effects of US tax policy on the income repatriation patterns of US

multinational corporations [R]. National Bureau of Economic Research, 1991.

[7] ALWORTH J S, ANDRESEN S. The determinants of cross border non-bank deposits and the competitiveness of financial market centres [J]. Money Affairs, 1992, 5 (2): 105 - 33.

[8] ASHER M G, RAJAN R S. Globalization and tax systems: Implications for developing countries with particular reference to Southeast Asia [J]. ASEAN Economic Bulletin, 2001: 119 - 139.

[9] AULT H J. Tax competition and tax cooperation: A survey and reassessment [J]. International Taxation in a Changing Landscape: Liber Amicorum in Honour of Bertil Wiman, Jérôme Monsenego &Jan Bjuvberg, eds. , Wolters Kluwer, 2019.

[10] AZÉMAR C, DESBORDES R, MUCCHIELLI J L. Do tax sparing agreements contribute to the attraction of FDI in developing countries? [J]. International Tax and Public Finance, 2007, 14 (5): 543 - 562.

[11] AZÉMAR C, DHARMAPALA D. Tax sparing agreements, territorial tax reforms, and foreign direct investment [J]. Journal of Public Economics, 2019, 169: 89 - 108.

[12] BAKER P L. An analysis of double taxation treaties and their effect on foreign direct investment [J]. International Journal of the Economics of Business, 2014, 21 (3): 341 - 377.

[13] BAKER P. Is there a cure for BEPS? [J]. British Tax Review, 2013, 5: 605.

[14] BAL A, BETTEN R, HAMZAOUI R, et al. , International tax structures in the BEPS Era [M]. 2015.

[15] BECKER J, FUEST C. Optimal tax policy when firms are internationally mobile [J]. International Tax and Public Finance, 2011, 18 (5): 580 - 604.

[16] BENZION U, WEINBLATT J. Purchasing power, interest rate parities and the modified Fisher effect in presence of tax agreements [J]. Journal of International Money and Finance, 1984, 3 (1): 67 - 73.

[17] BLONIGEN B A, DAVIES R B. The effects of bilateral tax treaties on US FDI activity [J]. International Tax and Public Finance, 2004, 11 (5): 601 - 622.

[18] BLONIGEN B A, OLDENSKI L, SLY N. The differential effects of bilateral tax treaties [J]. American Economic Journal: Economic Policy, 2014, 6 (2): 1 - 18.

[19] BOND E W, SAMUELSON L. Strategic behaviour and the rules for international taxation of capital [J]. The Economic Journal, 1989, 99 (398): 1099 - 1111.

[20] BUCOVETSKY S, WILSON J D. Tax competition with two tax instruments [J]. Regional Science and Urban Economics, 1991, 21 (3): 333 - 350.

[21] BUETTNER T, RUF M. Tax incentives and the location of FDI: Evidence from a panel of German multinationals [J]. International Tax and Public Finance, 2007, 14 (2): 151 - 164.

[22] BÜTTNER T, OVERESCH M, WAMSER G. Tax status and tax response heterogeneity of multinationals' debt finance [J]. FinanzArchiv/Public Finance Analysis, 2011: 103 - 122.

[23] BÜTTNER T, THIEMANN M. Breaking regime stability? The politicization of expertise in the OECD/G20 process on BEPS and the potential transformation of international taxation [J]. Accounting, Economics, and Law: A Convivium, 2017, 7 (1) .

[24] CAMPBELL J L. Fiscal sociology in an age of globalization: Comparing tax regimes in advanced capi-

talist countries [J]. The Economic Sociology of Capitalism, 2005: 391 -418.

[25] CLAUSING K A. Tax-motivated transfer pricing and US intrafirm trade prices [J]. Journal of Public Economics, 2003, 87 (9 -10): 2207 -2223.

[26] COLEN L, PERSYN D, GUARISO A. What type of FDI is attracted by bilateral investment treaties? [J]. LICOS Discussion Papers, 2014: 1 -48.

[27] DAGAN T. International tax policy: Between competition and cooperation [M]. Cambridge Tax Law Series, 2018.

[28] DAVIES R B, NORBÄCK P J, TEKIN-KORU A. The effect of tax treaties on multinational firms: New evidence from microdata [J]. World Economy, 2009, 32 (1): 77 -110.

[29] DAVIES R B. The OECD model tax treaty: tax competition and two-way capital flows [J]. International Economic Review, 2003, 44 (2): 725 -753.

[30] DESAI M A, FOLEY C F, HINES JR J R. A multinational perspective on capital structure choice and internal capital markets [J]. The Journal of Finance, 2004, 59 (6): 2451 -2487.

[31] DEVEREUX M P, FREEMAN H. The impact of tax on foreign direct investment: Empirical evidence and the implications for tax integration schemes [J]. International Tax and Public Finance, 1995, 2 (1): 85 -106.

[32] DEVEREUX M P, GRIFFITH R, KLEMM A. Corporate income tax reforms and international tax competition [J]. Economic Policy, 2002, 17 (35): 449 -495.

[33] DEVEREUX M P, GRIFFITH R. Taxes and the location of production: Evidence from a panel of US multinationals [J]. Journal of Public Economics, 1998, 68 (3): 335 -367.

[34] DEVEREUX M P, LOCKWOOD B, REDOANO M. Do countries compete over corporate tax rates? [J]. Journal of Public Economics, 2008, 92 (5 -6): 1210 -1235.

[35] DEVEREUX M P, MICHAEL P. Development in the taxation of corporate profit in the OECD since 1965: Rates, bates and revenues [M]. Oxford University Center for Business Taxation WP 07/04. Oxford University Centre for Business Taxation, Oxford, UK. , 2007.

[36] DIAMOND P A, MIRRLEES J A. Optimal taxation and public production I: Production efficiency [J]. American Economic Review, 1971, 61 (1): 8 -27.

[37] ECCLESTON R, SMITH H. The G20, BEPS and the future of international tax governance [J]. 2016.

[38] EGGER P, LARCH M, PFAFFERMAYR M, et al. , The impact of endogenous tax treaties on foreign direct investment: theory and evidence [J]. Canadian Journal of Economics/Revue canadienne d'économique, 2006, 39 (3): 901 -931.

[39] EGGER P, MERLO V. Statutory corporate tax rates and double-taxation treaties as determinants of multinational firm activity [J]. FinanzArchiv/Public Finance Analysis, 2011: 145 -170.

[40] FELD L P, HECKEMEYER J H. FDI and taxation: A meta-study [J]. Journal of Economic Surveys, 2011, 25 (2): 233 -272.

[41] FITZGERALD V, SIU E. The effects of international tax competition on national income distribution

[J]. International policy rules and national inequalities: Implications for global economic governance, 2018.

[42] GARRETSEN H, PEETERS J. Capital mobility, agglomeration and corporate tax rates: Is the race to the bottom for real? [J]. CESifo Economic Studies, 2007, 53 (2): 263-293.

[43] GARRETT E. Harnessing politics: The dynamics of offset requirements in the tax legislative process [J]. The University of Chicago Law Review, 1998, 65 (2): 501-569.

[44] GORDON R H, HINES JR J R. International taxation [J]. Handbook of Public Economics, 2002, 4: 1935-1995.

[45] GORDON R H. Can capital income taxes survive in open economies? [J]. The Journal of Finance, 1992, 47 (3): 1159-1180.

[46] GORTER J, DE MOOIJ R. Capital income taxation in Europe: trends and trade-offs [R]. CPB Netherlands Bureau for Economic Policy Analysis, 2001.

[47] GRUBERT H, MUTTI J. Taxes, tariffs and transfer pricing in multinational corporate decision making [J]. The Review of economics and Statistics, 1991: 285-293.

[48] GRUBERT H. Intangible income, intercompany transactions, income shifting, and the choice of location [J]. National Tax Journal, 2003: 221-242.

[49] HAKELBERG L. Coercion in international tax cooperation: Identifying the prerequisites for sanction threats by a great power [J]. Review of International Political Economy, 2016, 23 (3): 511-541.

[50] HEARSON M. The challenges for developing countries in international tax justice [J]. The Journal of Development Studies, 2018, 54 (10): 1932-1938.

[51] HINES JR J R. Tax sparing and direct investment in developing countries [M] //International Taxation and Multinational Activity. University of Chicago Press, 2000: 39-72.

[52] HONG Q, SMART M. In praise of tax havens: International tax planning and foreign direct investment [J]. European Economic Review, 2010, 54 (1): 82-95.

[53] HUIZINGA H, LAEVEN L. International profit shifting within multinationals: A multi-country perspective [J]. Journal of Public Economics, 2008, 92 (5-6): 1164-1182.

[54] HUIZINGA H, NICODÈME G. Are international deposits tax-driven [J]. Journal of Public Economics, 2004, 88 (6): 1093-1118.

[55] HUIZINGA H, NICODÈME G. Foreign ownership and corporate income taxation: An empirical evaluation [J]. European Economic Review, 2006, 50 (5): 1223-1244.

[56] JANEBA E. Corporate income tax competition, double taxation treaties, and foreign direct investment [J]. Journal of Public Economics, 1995, 56 (2): 311-325.

[57] KARKINSKY T, RIEDEL N. Corporate taxation and the choice of patent location within multinational firms [J]. Journal of International Economics, 2012, 88 (1): 176-185.

[58] KEEN M, SIMONE A. Tax policy in developing countries: Some lessons from the 1990s and some challenges ahead [J]. Helping countries develop: The role of fiscal policy, 2004, 302.

[59] LIPS W. Great powers in global tax governance: A comparison of the US role in the CRS and BEPS [J]. Globalizations, 2019, 16 (1): 104-119.

［60］ MANDEL M. The BEPS effect: New international tax rules could kill US jobs ［J］. Progressive Policy Institute, Policy Brief, 2015.

［61］ MOOIJ R A, EDERVEEN S. Corporate tax elasticities: A reader's guide to empirical findings ［J］. Oxford Review of Economic Policy, 2008, 24 (4): 680-697.

［62］ MUTTI J, GRUBERT H. The significance of international tax rules for sourcing income: the relationship between income taxes and trade taxes ［R］. National Bureau of Economic Research, 1996.

［63］ NÖHRBAβ K H, RAAB M. Quellensteuer und kapitalmarkt: Eine theoretische und empirische untersuchung ［J］. FinanzArchiv/Public Finance Analysis, 1990 (H. 2): 179-193.

［64］ OATES W E. Fiscal federalism ［J］. Books, 1972.

［65］ OECD. Model tax convention on income and on capital ［M］. OECD Committee on Fiscal Affairs, Paris, 1997.

［66］ OECD. Harmful Tax Competition: An Emerging Global ISSue ［M］. OECD Publishing, Paris, 1998.

［67］ PALAN R, MURPHY R, CHAVAGNEUX C. Tax havens: How globalization really works ［M］. Cornell University Press, 2013.

［68］ PERALTA S, WAUTHY X, VAN YPERSELE T. Should countries control international profit shifting? ［J］. Journal of International Economics, 2006, 68 (1): 24-37.

［69］ RASMUSSEN B S. On the scope for international tax cooperation: The role of capital controls ［J］. Open Economies Review, 1999, 10 (4): 395-414.

［70］ RAZIN A, SADKA E. International tax competition and gains from tax harmonization ［J］. Economics Letters, 1991, 37 (1): 69-76.

［71］ ROSENBLOOM H D, NOKED N, HELAL M. The unruly world of tax: A proposal for an international tax cooperation forum ［C］ //H. David Rosenbloom, Noam Noked & Mohamed S. Helal, The Unruly World of Tax: A Proposal for an International Tax Cooperation Forum. 2014, 15.

［72］ SCHWARZ P. Tax-avoidance strategies of American multinationals: An empirical analysis ［J］. Managerial and Decision Economics, 2009, 30 (8): 539-549.

［73］ TEATHER R. The benefits of tax competition ［J］. IEA Hobart Paper, 2005 (153).

［74］ THURONYI V. International tax cooperation and a multilateral treaty ［J］. Brook. J. Int'l L., 2000, 26: 1641.

［75］ TIEBOUT C M. A pure theory of local expenditures ［J］. Journal of Political Economy, 1956, 64 (5): 416-424.

［76］ TRANDEL G A. Interstate commodity tax differentials and the distribution of residents ［J］. Journal of Public Economics, 1994, 53 (3): 435-457.

［77］ WAGENAAR L. The effect of the OECD base erosion and profit shifting action plan on developing countries ［J］. International Taxation in China, 2015 (8): 10.

［78］ WEICHENRIEDER A J, MINTZ J. What determines the use of holding companies and ownership chains ［J］. Centre for Business Taxation Working Paper WP08/03. Oxford University, Oxford, UK, 2008.

[79] WEICHENRIEDER A J. Profit shifting in the EU: Evidence from Germany [J]. International Tax and Public Finance, 2009, 16 (3): 281 – 297.

[80] WILSON J D, WILDASIN D E. Capital tax competition: Bane or boon [J]. Journal of Public Economics, 2004, 88 (6): 1065 – 1091.

[81] WILSON J D. A theory of interregional tax competition [J]. Journal of Urban Economics, 1986, 19 (3): 296 – 315.

[82] WILSON J D. Theories of tax competition [J]. National Tax Journal, 1999: 269 – 304.

[83] ZODROW G R, MIESZKOWSKI P. Pigou, Tiebout, property taxation, and the underprovision of local public goods [J]. Journal of Urban Economics, 1986, 19 (3): 356 – 370.

[84] ZUCMAN G. The hidden wealth of nations: The scourge of tax havens [M]. University of Chicago Press, 2015.

[85] 白思达. 中国跨国公司税基侵蚀和利润转移问题新研究 [J]. 世界经济, 2019, 42 (04): 174 – 192.

[86] 曹婧, 毛捷. 美国减税对中国经济的影响——基于跨国数据的实证研究 [J]. 国际贸易问题, 2019 (02): 100 – 112.

[87] 曹明星. BEPS 背景下转让定价税制的冲突与协调——以特殊地域优势的利润分割原则与方法为中心 [J]. 税务研究, 2019 (06): 57 – 61.

[88] 曹明星. 国际税收竞争背景下的大企业税收管理 [J]. 中国税务, 2017 (03): 22.

[89] 陈晓, 肖星, 王永胜. 税收竞争及其在我国资本市场中的表现 [J]. 税务研究, 2003 (06): 19 – 24.

[90] 崔娜、柳春和胡春田. 中国对外直接投资效率、投资风险与东道国制度——来自“一带一路”沿线投资的经验证据 [J]. 山西财经大学学报, 2017, 39 (04): 27 – 38.

[91] 崔晓静. 中国与“一带一路”国家税收协定优惠安排与适用争议研究 [J]. 中国法学, 2017 (02): 194 – 214.

[92] 戴悦. 国际税收体系的现行问题与发展方向分析 [J]. 中央财经大学学报, 2019 (05): 13 – 18.

[93] 邓力平, 马骏, 王智烜. 双边税收协定与中国企业“一带一路”投资 [J]. 财贸经济, 2019, 40 (11): 35 – 49.

[94] 邓力平. 国际税收竞争的不对称性及其政策启示 [J]. 税务研究, 2006 (05): 3 – 8.

[95] 邓力平. 经济全球化下的国际税收竞争研究: 理论框架 [J]. 税务研究, 2003 (01): 11 – 18.

[96] 龚辉文. 国际税收竞争是现代税制改革的主要推动力 [J]. 税务研究, 2017 (09): 14 – 19.

[97] 龚辉文. 税制竞争力初探 [J]. 税务研究, 2004 (02): 29 – 36.

[98] 国家税务总局教材编写组. 税收基础知识 [M]. 北京: 中国税务出版社, 2002.

[99] 何杨, 孟晓雨. 全球价值链与 FDI 税收敏感度: 理论分析与实证检验 [J]. 中央财经大学学报, 2018 (10): 3 – 13.

[100] 何杨, 徐润. 税收情报交换、双边税收协定与国际避税——来自全球离岸证券投资的证据

[J]. 财贸经济, 2016 (06): 35 - 50.

[101] 黄春蕾. 当前我国国内横向税收竞争的实证分析 [J]. 税务与经济 (长春税务学院学报), 2004 (1): 51 - 54.

[102] 靳东升. 国际税收领域若干发展趋势 [J]. 国际税收, 2013 (07): 26 - 29.

[103] 靳东升. 论国际税收竞争与竞争性的中国税制 [J]. 财贸经济, 2003 (09): 73 - 80 + 97.

[104] 廖体忠. BEPS 行动计划的影响及我国的应对 [J]. 国际税收, 2014 (07): 13 - 15.

[105] 廖体忠. 公平和现代化的国际税收体系: 回顾与探索 [J]. 国际税收, 2019 (11): 5 - 12.

[106] 刘志阔, 陈钊, 吴辉航, 张瑶. 中国企业的税基侵蚀和利润转移——国际税收治理体系重构下的中国经验 [J]. 经济研究, 2019, 54 (02): 21 - 35.

[107] 潘春阳, 卢德. 中国的对外直接投资是否改善了东道国的制度质量? ——基于"一带一路"沿线国家的实证研究 [J]. 上海对外经贸大学学报, 2017, 24 (04): 56 - 72.

[108] 钱进, 王庭东. "一带一路"倡议、东道国制度与中国的对外直接投资——基于动态面板数据 GMM 的经验考量 [J]. 国际贸易问题, 2019 (03): 101 - 114.

[109] 秦川. 合作与竞争: 从 Libra 看后 BEPS 时代跨国企业集团对国家经济主权的博弈 [J]. 国际税收, 2019 (12): 75 - 77.

[110] 谭祖铎. 浅论税收竞争 [J]. 税务与经济 (长春税务学院学报), 2000 (02): 12 - 14.

[111] 薛钢, 王笛. 中国地方政府税收竞争对 FDI 地域选择的实证分析 [J]. 中南财经政法大学学报, 2013 (01): 53 - 58 + 159.

[112] 樊勇, 侯京玉. 无形资产跨境贸易的反避税问题研究 [J]. 税务研究, 2017 (01): 66 - 70.

[113] 杨春国. 经济全球化推动下的税收竞争及其对我国税制的挑战 [J]. 涉外税务, 2001 (02): 10 - 14.

[114] 杨晓雯, 张泽平. BEPS 背景下对国际税收合作博弈的思考 [J]. 国际税收, 2018 (01): 73 - 76.

[115] 姚丽, 宁琦. 利润分割法是独立交易原则的最后选择? [J]. 税务研究, 2018 (02): 78 - 81.

[116] 张巍, 魏仲瑜. 新时期国际税收征管竞合关系研究 [J]. 国际税收, 2019 (12): 24 - 27.

[117] 赵书博. 我国与"一带一路"沿线国家税收协定问题研究 [J]. 税务研究, 2018 (02): 74 - 77.

[118] 周克清. 论我国财政分权体制下的政府间税收竞争 [J]. 税务与经济 (长春税务学院学报), 2002 (03): 11 - 14.

[119] 邓力平, 陈涛. 当代西方国际税收竞争理论评述 [J]. 税务研究, 2001 (07): 2 - 7.

[120] 张睿. 开放经济下基于税收竞争的资本所得课税研究 [D]. 华中科技大学, 2007.

[121] 邢成. 经济全球化条件下国际税收利益分配研究 [M]. 中国财富出版社, 2012.

第十章

# 数字经济税收

随着现代信息技术的蓬勃发展，数字经济已然成为经济增长和企业创新的重要引擎，然而数字经济所具有的隐蔽性、流动性等特征也给运行近百年的国际税收体系带来严峻挑战。传统的国际税收规则已经无法应对跨境数字贸易的迅猛发展，为应对经济数字化税收挑战，OECD 等国际组织及专家进行了诸多尝试和努力，但是囿于自身税收利益的考量，各国难以就核心问题达成共识，因此多采取单边数字经济税收政策，对数字经济的税收挑战，我国应在积极参与国际税收规则制定的同时理性借鉴国外做法，适时做好国内税法的良好衔接。第十章分别就数字经济税收的经典文献、国外前沿文献和国内前沿文献进行评述，旨在帮助掌握数字经济税收发展的前沿动态，为数字经济税收研究提供必要参考。

数字经济是信息时代的产物，是以计算机技术、互联网技术和数据为必要且关键生产资料的商品和服务的生产活动，其本质是数字技术与产业的融合。中国庞大的经济体量为数字经济发展提供广阔的发展空间，《中国数字经济发展与就业白皮书（2020 年）》显示，我国数字经济规模在 2019 年已经占到 GDP 比重的 36.2%，总规模高达 35.8 万亿元。2020 年李克强总理在政府工作报告中明确提出要打造数字经济新优势，数字经济代表着新的组织关系和形式，不仅为产业的优化升级赋能铺路，更在推动经济高质量发展过程中发挥重要作用。

毋庸置疑，数字经济尚处于不断发展革新的过程中，其与生俱来的交易的虚拟性、非中介性、数据依赖性等特征，给传统的税收规则和税收制度造成巨大冲击。数字经济时代如何在保持税收中性和税收公平的基础上改革现有税收制度，成为国内外学者高度关注的重要话题。

本章将围绕数字经济税收的经典文献、国外前沿文献和国内前沿文献三个部分展开。首先，经典文献部分主要介绍数字经济的概念界定、OECD 有关数字经济的研究成果、常设机构认定规则研究以及无形资产转让定价问题研究。其次，国外前沿文献部分聚焦于 OECD 关于数字经济问题的最新研究进展，随后介绍了当下热议的数字服务税开征问题以及国外学者有关数字经济税收问题的进一步探讨。最后，国内前沿文献部分主要包括数字经济下常设机构规则面临的挑战和应对、数字经济视角下对国际税收规则的思考与探索、数字经济下税收征管问题研究、国际经验借鉴与思考。

# 第一节　经典文献

自 20 世纪末，电子商务这一商业模式开始兴起时，OECD 等国际组织以及国内外的相关学者、政府机构就开始对数字经济税收问题开展了重点研究。本节分别从数字经济的概念界定、OECD 有关数字经济税收的研究成果、常设机构认定规则研究、无形资产转让定价问题研究四个方面进行介绍。

## 一、数字经济的概念界定

在互联网得到广泛应用之前，学界还没有专门的分类学科研究讨论数字经济带来的伟大变革。1996 年，美国 IT 专家唐·塔普斯科特（Don Tapscott）在《数字经济：网络智能时代的希望和危险》（The Digital Economy：Promise and Peril In The Age of Networked Intelligence）一书中最早提出“数字经济”一词，该书站在经济学的高度颇具预见性地展示了互联网经济的发展之路，该书将数字经济定义为由互联网和万维网正在推动的以人类智慧网络化为基础的新型经济。1997 年，另一部具有重要影响力的著作出自美国麻省理工学院教授尼古拉斯·尼葛洛庞帝（Nicholas Negroponte）的《数字化生存》（Being Digital）。该书将数字经济描述为“利用比特而非原子的经济”，深入浅出地描绘了数字技术的发展给人们生活、工作、教育和娱乐方面带来的各种冲击并深入思考了未来的发展前景，被誉为20 世纪信息技术及理念发展的圣经。

随着互联网科技的蓬勃发展，美国商务部 1998 年发布了《浮现中的数字经济》（Margherio 等，1998），分析了互联网和电子商务对经济的潜在影响，由此对政府和企业所带来的机遇和挑战，包括技术、人才、标准和资本等方面。报告的基调是将美国 20 世纪 90 年代突出的经济表现归功于 IT 和互联网的驱动，并列举了大量应用实例。该报告及其之后的系列报告持续跟进了数字经济的发展态势，推动着数字经济内涵的与时俱进。

进入 21 世纪以来，数字经济的发展日新月异，其内涵愈加丰富，界线不断模糊，并逐渐成为各国普遍接受的经济概念和发展战略。美国将数字经济的内涵重点放在测量上，2016 年，美国经济分析局咨询委员会在《测量数字经济》的展示报告中指出，测量数字经济除应包括电子商务的部分外，还应测量新的数字服务，如共同乘坐等共享经济和广告支持下的免费互联网服务。[①] 法国则侧重于行业的划分，定义数字经济为依赖于信息通信技术的行业[②]。英国政府将数字经济的着眼点放置于其所带来的产出效益上，根据英国经济社会研究院的定义，数字经济是指各类数字化投入所带来的全部经济产出（Nathan 和 Rosso，2013）。与欧美国家不同，韩国将数字经济归结于一种经济活动，即以互联网在内的信息通讯产业为基础进行的所有经济活动，这一定义使数字经济的内涵更加宽泛。

尽管各国学者对数字经济的定义不尽相同，但都认为数字经济与信息和通讯技术的发展紧密相连。2016 年，G20 杭州峰会上通过的《二十国集团数字经济发展与合作倡议》将数字经济界定为“以使用数字化的知识和信息作为关键生产要素、以现代信息网络作为重要载体、以信息通信技术的有效使用作为效率提升和经济结构优化的重要推动力的一系列经济活动”[③]，这是中国作为主席国首次将数字经济列为 G20 创新增长蓝图中的一项重要议题，该倡议的通过也标志着数字经济的概念和内涵基本得到国际社会的认可和确立（谢波峰、陈灏，2019）。

① Erich H. Strassner，BEA Advisory Committee. Measuring the digital economy [EB/OL]. https://www.bea.gov/about/pdf/Measuring%20the%20Digital%20Economy.pdf.

② 田丽. 各国数字经济概念比较研究 [J]. 经济研究参考，2017（40）：101-106+112.

③ 李国杰. 数字经济引领创新发展 [N]. 人民日报，2016-12-16（007）.

## 二、OECD 有关数字经济税收的研究成果

### （一）数字经济的税收特征

数字经济税收问题起源于信息和通信技术的迅猛发展所带来的商业模式和价值创造模式的改变。OECD 是最早研究数字经济税收问题且具有重要影响力的国际组织。OECD 发布的相关工作报告是早期数字经济税收问题研究的重要成果，有力推动了数字经济税收问题的研究进展。2013 年 7 月 19 日，经济合作与发展组织（以下简称“OECD”）公布了就有关税基侵蚀和利润转移（以下简称“BEPS”）问题开展多边合作的行动计划。自发端起，应对数字经济下的税收挑战始终是 BEPS 项目的重点内容，早期工作成果主要体现在 2015 年 BEPS 第一项行动计划报告《应对数字经济的税收挑战》中①（以下简称“第一项行动计划报告”），在该行动计划报告中，OECD 数字经济特别工作组研究了数字业务模式可能带有的一些税收特征，包括以下几个方面：第一，数字经济具有流动性，这主要体现在数字经济所高度依赖的无形资产、用户以及业务功能上。第二，数据依赖性、计算能力和存贮容量的提高以及数据储存费用的降低促进了数据的大量使用。在应用所谓的“大数据”技术时这一点尤为明显。第三，网络效应。指用户的决定可能会对其他用户获得的利益产生直接影响。第四，多层次商业模式的扩展。通过此方式，多组不同的群体通过一定的中间平台相互作用，每个群体的决定可能通过正面或负面的一些外部效应影响其他群体。第五，垄断或寡头垄断倾向。在某些商业模式中，这一特性很大程度上依赖于网络效应。第六，多变性。源于较低的市场准入、快速的技术发展，以及消费者日渐加快的对产品和服务选择的更新换代速度等②。

### （二）数字经济带来的税收挑战

在第一项行动计划报告中，OECD 对数字经济带来的税收挑战进行了详细的探讨。

在所得税方面，数字经济给国际税收规则带来了关联度失灵、与数字价值相关的利润难以归属、收入难以定性等挑战。同时，这些挑战也引发了更多关于当前国际税收框架的体制问题，即该体制是否有能力应对数字经济及可能导致的商业模式所带来的改变，是否

① OECD. Addressing the tax challenges of the digital economy, action 1 - 2015 final report. OECD/G20 Base Erosion and Profit Shifting Project, OECD Publishing, Paris, 2015.

② 杨得前，齐亚伟. 我国区域税收收入差距及其收敛性分析［J］. 税务研究，2016（10）：94 - 100.

能够确保利润在经济活动发生地和价值创造地被征税，等等[①]。具体而言，首先，数字技术的发展与应用改变了传统业务对广泛的物理存在的依赖，同时消费者互动引发的网络效应不断增强，这一切都对基于实体存在的判定规则是否仍然适当提出质疑。其次，信息技术的先进性增长使数字经济中的公司能够以前所未有的程度收集和使用信息，这引发了一系列问题，比如对通过数字产品和服务而产生的数据所创造的价值如何划定收入归属地、远程数据收集是否会产生税务意义上的联结度问题、所有权问题，以及如何判定个人或实体在交易中提供数据的性质（如商品的自由供给、以物易物交易或者其他方式），等等[②]。此外，新数字产品的发展或提供服务的新方式对在新商业模式下如何恰当地确定“支付”的性质产生了不确定性，这一点在云计算中尤为明显。

在间接税方面，跨境货物、服务和无形资产的交易，尤其是个人消费者向境外供应商购买电子产品和服务的B2C模式给增值税征管带来了挑战。数字技术的发展极大地提高了私人消费者在线购物的能力，以及企业向全世界消费者销售产品的能力，而无须亲自出现在消费者所在国。这通常会导致对这些流动征收的增值税没有征收，或征收的增值税数额过低，对各国的增值税收入以及常住和非居民供应商之间的公平竞争产生不利影响。在数字经济中，与增值税相关的税收挑战主要涉及：（1）网购进口低价值货物。许多国家对这类货物不征收增值税，造成跨国企业避税隐患；（2）服务贸易和无形资产的跨境交易，尤其是对私人消费者的销售。考虑到此类交易实施增值税征管的复杂性，通常对这类交易不征收或仅征收少量的增值税。

OECD分析，造成数字经济下增值税征管难题的根本原因在于目前尚未建立全球公认的增值税征收管理框架，导致境外服务供应商税收遵从成本大大增加，增强了跨国公司利用先进的数字技术进行国际避税的动机，造成数字服务税款的严重流失，给税务机关的行政管理工作带来巨大挑战，从国际贸易角度出发，一旦形成恶性循环将对国际投资产生负面影响。

### （三）应对数字经济税收挑战的早期方案

#### 1. OECD《应对数字经济的税收挑战》2014年报告

2014年，OECD在广泛征求意见的基础上形成了《应对数字经济的税收挑战》报告（以下简称“2014年报告”）[③]。该报告涵盖了五个方案：一是采取三种“移除”的办法规避避税行为以防止借助常设机构例外条款达到避税的目的；二是创设新的联结度规则，以

---

① 高运根. BEPS行动计划1、成果1 数字经济面临的税收挑战［J］. 国际税收，2014（10）：15－17.

② 李平. 数字经济下新商业模式的税收治理探析［J］. 国际税收，2018（05）：16－19.

③ OECD. Addressing the tax challenges of the digital economy. OECD/G20 Base Erosion and Profit Shifting Project, OECD Publishing, Paris, 2014.

“显著数字化存在”(Significant Digital Presence)的概念来对数字型企业依赖位于来源地国的少数实体，即可进行主要业务活动的情形进行常设机构的判定；三是以“显著存在”(Significant Presence)理论来判断能否对企业和其紧密联系的客户在信息互通中实现的价值征税，抛弃了现行的常设机构理论，以是否存在“亲密”关系来认定“显著存在”，如何向数字收入征税可以参照方案四及方案五；四是提出“终端预提税”，由收入来源地在消费者支付跨境数字商品或服务费用时预提税费，预提的责任不再附加给消费者，而是转向金融机构；五是基于网站的网络使用，以累进方式只向网络使用高于限定数额的企业开征税费。

### 2. OECD《应对数字经济的税收挑战》2015 年最终报告

尽管 2014 年报告提出了上述五个方案，但并没有明确操作细节，对各方案的倾向和态度也不明显，这些缺陷在 OECD《应对数字经济的税收挑战》2015 年最终报告（以下简称“2015 年最终报告”）中都得到了较大改进。比如，2015 年最终报告明确了常设机构概念中准备性和辅助性活动实质的认定依据，只有当其确实符合准备性和辅助性活动实质的时候，才可以作为常设机构概念的例外条款。除此之外，该报告还进一步指出常设机构概念新联结度规则应当考虑的技术因素及利润归属方法，其中，技术因素包括收入因素、数字技术因素和用户因素，这表明 2015 年最终报告扩展并深化了 2014 年报告。

2015 年最终报告区别于 2014 年报告的另一个重要方面在于，2015 年最终报告对于常设机构原则下的新联结度的表达并未引入前版报告中的“显著数字化存在”以及“显著存在”的表达，反而是把两种表达概括为了崭新的“显著经济存在”(Significant Economic Presence)的说法，也就是说，如果在综合前述各要素的情况下，非居民企业与其所在国的经济之间以自动化技术为工具而对彼此都产生了实质性意义的影响，那么该企业在其所在国具有纳税实体。最终报告还特别说明了居民与境外开展特定类别的数字经济贸易应缴纳“终端预提税”及其可行性研究。

## 三、常设机构认定规则研究

现今国际组织以及学者对税收管辖权划分原则的研究中，都是围绕着居民税收管辖权以及来源地税收管辖权进行讨论，而讨论最多的当属来源地税收管辖权的划分。常设机构的认定作为来源地管辖权行使的门槛，受到了较多的关注。早期国外学者就注意到了数字经济对税收管辖权的影响，认识到以有形物理存在来确定常设机构的不合理性，想要找到一个新的常设机构标准连接因素，而争议的对象集中在网址、服务器以及网络服务提供商。

传统的常设机构认定及利润归属要求跨国公司必须在收入来源国具有物理实体，而数字经济的发展打破了这种传统定义，跨国企业可以脱离于物理“应税存在”开展跨国业务，使跨国企业可以在所得来源地国家不“出场”的情况下获得利润。这也意味着传统的常设机构认定原则和利润归属方法已经难以适应数字经济时代的发展，不同学者对这一问题的改进方案形成了不同看法。Soete 和 Kamp（1996）和 Cordell（1997）等人提出可以对网上信息流量开征“比特税”。这种观点是基于考虑到电子商务的特点而对其开征新税。然而，征收“比特税”这种方案过于激进，完全超出了传统的税收规则框架，没有得到国际上的共识。安特卫普大学的 Hinnekens（1998）则提出了“虚拟常设机构”这个概念。该方案同样保留了常设机构的概念，但其认为在数字经济下的交易，不能仅仅关注交易的表面性质，需要从多个方面探查该交易的实质内容。因此 Hinnekens 提出了“经济忠诚”的概念，并主张以该原则为基础来划分来源国的征税权。Doernberg 和 Hinnekens（1998）提出了预提税方案。该方案摒弃了常设机构原则，认为当发生跨国交易时，非居民企业只要从来源国境内取得收益，来源国就有权对其征收预提税，而不论其是否在来源国构成常设机构。

与之前学者不同的是，Hughes 和 Glaister（2001）从税收策略的角度考察了电子商务公司（E-company）的概念。结合传统的公司发展和全球扩张模式，对电子公司发展进行了研究。他们发现，这家电子公司可能是跨国公司，起源时不受地域限制甚至没有实体存在，但是，当交易基于不同的税收管辖区时，此业务形式与旨在处理其他业务形式的法规冲突。Hughes 和 Glaister 考虑了是否可以通过将税收策略更充分地整合到电子公司的业务运营中以确保与现有税收法规保持一致来解决这种冲突，还是考虑新形式是否需要新法规。Hoffart（2007）提出一种新的观点：将常设机构作为获取信息的代理市场。他认为，常设机构的“价值创造的位置”观点的流行表明，电子商务应按销售点或消费点分配。

Hongler 和 Pistone（2015）研讨了基于数字存在下的新常设机构联结的核心问题：第一，数字经济下的新常设机构关系是否有理论依据，第二，如何定义基于数字存在的新常设机构关系，第三，如何解决潜在的实施问题。他们指出新的常设机构联结规则并不是对抗 BEPS 的工具，而是数字经济时代对跨境所得税收权利分配规则的结构性修订。

## 四、无形资产转让定价问题研究

数字本身便具有无形资产的特征，这使得数字型企业的利润和价值高度依赖于无形资产，从而导致无形资产在全球范围内的高度流动，促使跨国公司在全球范围内实施以价值链整合为核心的业务重组，这使得跨国公司的避税筹划变得更加容易。

Wagey（2005）是较早研究数字化企业无形资产转让定价行为的学者。他著作中最大的亮点是在分析无形资产转让定价问题时，积极地去考虑了各个时期的经济背景，对于后续研究提供了方向性指南。并且他关注了数字化企业对于无形资产的法定所有权和实际所有权存在的割裂情况，从完善无形资产转让定价调整的角度，对原有的转让定价规则和新经济背景下的规则做了对比分析，给出了预约定价安排（APA）的相关建议。Bradley

（2015）指出，转让定价税收问题是跨国公司（MNF）与税务机关之间紧张关系的重要根源。这种紧张关系涉及跨国公司和税务机关的不同观点。跨国公司将与转让价格相关的税收视为应避免的成本，而监管者和税务机关从确保跨国公司向其产生利润的国家或地区缴纳其应得的税款的角度来看待与转让定价相关的税收。

Mazur（2015）重点研究了云计算下跨国公司转让定价问题，在他看来，云计算的基本特征加剧了一些已经存在的更困难的转让定价问题。具体而言，由于云计算的性质，当前的转让定价规则赋予跨国企业充分的自由，可以将利润转移到低税收管辖区，这种激进的国际税收筹划通常会导致无国籍收入，即出于税收目的而消失的收入。因此，它已成为世界范围内的紧迫问题，给税收主权、税收公平和企业所得税的完整性带来严重风险。为了应对这些不良的税收政策结果所带来的巨大政治压力，OECD 已经启动了一项行动计划，以解决 BEPS 问题。尽管迈出了重要的第一步，但 OECD 的工作未能提出创新的解决方案，该解决方案将恢复无国籍收入的税收。对此，作者建议，鉴于这种新的商业环境的特征，应当在国际协调的基础上采用公式分配法或利润分割法的国际税收改革解决方案以更好地解决 BEPS 问题，并最大程度地减少当前转让定价规则带来的不良政策结果。

## 第二节　国外前沿文献

随着全球经济数字化的快速发展，税收领域的变革也随之而来。为应对数字经济给税收工作带来的挑战，欧盟以及经济合作与发展组织（OECD）等国际性组织，正在积极地发起和推动数字税收体系建立的工作，国外学者就此展开了众多富有成效的研究，因而国外有关数字经济税收问题的前沿研究包括 OECD 关于数字经济问题的最新研究进展、数字服务税的争议、数字经济税收问题的进一步探讨。

### 一、OECD 关于数字经济问题的最新研究进展

#### （一）《数字化带来的税收挑战——2018 年中期报告》

2018 年 3 月 16 日，OECD 发布了由其数字经济工作组（TFDE）撰写的《数字化带来的税收挑战中期报告》（以下简称“《中期报告》”）①。该报告回顾了税基侵蚀与利润转移

① OECD. Tax challenges arising from digitalisation-interim report 2018: Inclusive framework on BEPS. OECD/G20 Base Erosion and Profit Shifting Project [M], OECD Publishing, Paris, 2018.

（BEPS）项目在应对双重不征税和激进税收筹划问题方面取得的进展，2013～2015 年 BEPS 项目的酝酿与推出正是为了通过改变全球税收规则来解决上述问题。《中期报告》还发现越来越多的国家开始或准备开始采用单边措施以对数字化企业征税。不仅如此，其还提供了一个新的理论框架，用来分析数字化商业模式中的价值创造过程，这为国际税收规则的修订奠定了基础。更为重要的是，《中期报告》明确指出，尽管目前各国尚未就如何修改数字时代的国际税收框架达成共识，也未就采纳短期流转税措施达成一致，但 BEPS 包容性框架将力求在 2020 年达成新的全球共识。《中期报告》总共分为八章，主要总结了 BEPS 行动措施发布以来的实施成效，对一些重要概念做出明确定义，为下一步工作的改进和完善指明了方向。

《中期报告》在第三章《BEPS 项目的实施和影响》（Implementation and Impact of the BEPS Package）指出，虽然各国对 BEPS 常设机构规则的采纳低于预期，但已有证据表明，随着各国陆续采纳 BEPS 措施，在解决跨国公司税收筹划行为问题上已经取得了一些成效，不过，《中期报告》也承认仅通过 BEPS 措施不足以解决数字化和商业模式变化给传统国际税收规则带来的更为根本的长期问题①。

针对各国采取的单边措施，《中期报告》第四章《相关税收政策发展》（Relevant Tax Policy Developments）将单边数字经济征税措施分为四类，即：（1）常设机构门槛的不同应用（如印度、以色列）；（2）预提所得税；（3）流转税（如印度、意大利、法国）；（4）应对大型跨国公司的特定制度（如英国、澳大利亚、美国）。报告指出，这些措施的采纳不仅反映了各国对目前国际税收规则产生的税收结果日益不满，还增加了改革现行税收框架的紧迫性。

展望国际税收规则的长期改革，《中期报告》第五章《调整国际税收制度以适应经济数字化》（Adapting the International Tax System to the Digitalisation of the Economy）将持不同意见的国家分为三组。第一组国家认为，考虑到高度数字化企业的商业模式对用户参与/贡献的依赖，应仅对特定企业采取有针对性的措施。第二组国家认为，鉴于整体经济正在不断数字化，因此需要对国际税收框架进行更广泛的重新审视，以便同时适用于数字化企业和传统企业。但是，第二组国家间的意见也高度分化，其中一些国家认为在重新设计税收规则时不应特别强调用户参与/贡献，而另一些国家则认为需要对联结度和利润分配规则进行重大修改。第三组国家则认为现行国际税收框架无需改动。

### （二）《形成应对经济数字化税收挑战共识性解决方案的工作计划》

2019 年 5 月，OECD 在 BEPS 的包容性框架内发布了《形成应对经济数字化税收挑战共识性解决方案的工作计划》（以下简称“工作计划”），该工作计划提出应对数字经济税

① 杨舒. 国际税收体系跨入“动荡期”[N]. 国际商报，2018－04－12（004）.

收挑战的两大支柱。

“支柱一”致力于解决各税收管辖区之间的税收权利分配问题，并考虑了针对新的利润分配和关联规则提出的各种建议。值得注意的是，“统一方法”超越了独立交易原则，重点关注利润与数字业务的联结度，并做到兼顾传统业务和数字业务，试图创造一种区别于传统的物理存在的利润联结方式，这就是由金额 A、金额 B 和金额 C 组成的三层利润分配机制。具体而言，“统一方法”将数字业务在市场国获得的利润分为金额 A、金额 B 和金额 C，其中，金额 B 和金额 C 仍适用传统的独立交易原则，而金额 A 则是不考虑物理存在的剩余利润，这一金额由公式计算得出，显然，金额 A 的确定是“统一方法”能否成功推行的关键，当前 OECD 正在对具体的技术细节作进一步研究。可以预见的是，“支柱一”的提出很可能会动摇现行国际税收体系的根本，推动现行转让定价规则的变革。

“支柱二”（也称为“GloBE”提案）以实现国际经营业务的利润适用最低税率为目标，旨在全面解决 BEPS 面临的挑战。“GloBE”提案通过对所有收入征收最低税率的方式，降低纳税人进行利润转移的动机，并为解决辖区之间税收竞争问题奠定基础。“支柱二”包含两大内容：一是所得纳入规则（An Income Inclusion Rule），即如果跨国公司国外分支机构或受控外国公司的所得适用的有效税率水平低于最低水平，则对该所得课税；二是税基侵蚀支付课税规则（A Tax on Base Eroding Payments Rule），即要求来源国对跨国公司向境外关联方进行的税基侵蚀性支付（Base Eroding Payments）采取应对措施。由此可以看出，“支柱二”方案的征税对象包括但不限于数字型企业，它的提出反映了数字经济所带来的税收挑战已扩展至 BEPS 其他问题，这进一步体现了数字经济税收问题的发展趋势。

2020 年 1 月底，OECD/G20 税基侵蚀与利润转移包容性框架第八次会议决定采纳两个支柱的建议方案，加速推进应对数字经济税收挑战的进程。2020 年 2 月 13 日，包容性框架如期公布了数字税对经济影响的评估结果①，显示前景一片光明。根据 IF 公布的评估报告，拟推出的解决方案预计可以实现全球范围内企业所得税增收 4%，即每年增收 1 000 亿美元。包容性框架的分析报告称以上结论基于 200 多个国家以及 27 000 多家跨国公司数据的测算结果。从构成上看，“第一支柱”下的“统一方法”通过向市场所在国分配征税权，会让很多国家分一杯羹，而且中低收入国家受益会稍高于发达国家。而增收的 1 000 亿美元中的大部分会由“第二支柱”通过缩小各国实际税负的鸿沟带来，而且中低收入国家从中受益会明显高于发达国家。

---

① OECD. OECD releases preliminary results of economic and impact assessment analysis on two-pillar proposal towards taxing digital economy [EB/OL]. News IBFD. https://research.ibfd.org/#/doc? url =/document/tns_2020 - 02 - 14_o2_1, 2020 - 08 - 19.

## 二、数字服务税的争议

数字服务税（Digital Service Tax，DST）目前已被越来越多的国家采纳。在当下国际社会围绕经济数字化税收政策的热议中，主流观点将 DST 作为一种临时性措施，待国际社会就经济数字化税收政策达成一致意见后，便不再适用 DST。DST 作为一种过渡性方案，无论是在理论基础还是实务操作层面，都难免存在不尽完善之处，因而从一开始就备受争议①。

### （一）DST 的正当性：是否符合价值创造原则

目前推出 DST 的国家或地区，均强调用户在价值创造中的贡献，因此用户所在地的国家有权征税。然而，对于用户通过“用户参与”的方式提供的数据本身，是否创造了价值、如何创造价值，以及创造了多少价值，目前并无共识。Nugroho（2019）从理论分析层面详尽讨论了欧盟 DST 的可行性问题，试图回答两个问题：一是当前欧盟关于 DST 的建议是否可行？二是如果不可行，那该如何改进？作为对第一个问题的回答，作者指出当前欧盟委员会提出的 DST 建议是不可行的，DST 将直接税（即所得税）与间接税（即增值税）的特征混为一谈，在理解“价值创造”问题上，欧盟委员会和欧洲经济安全委员会存在分歧，不仅如此，由于 DST 税种性质的混淆导致对某些在欧盟内拥有庞大客户基础的非居民数字公司受到歧视，这一观点也得到 Stevanato（2020）的认同。作为对该文第二个问题的回答，作者得出结论，欧盟在平衡 DST 措施与建立公平税收制度目标之间的努力显然已经完成。数字平台的用户被认为是价值创造的重要贡献者，但不是唯一的贡献者，一个健全的 DST 制度还需要进一步改进。

### （二）DST 的合法性：是否违反税收协定

根据双边税收协定的规定，除非一方缔约国的居民企业在另一方缔约国境内构成常设机构，否则该企业在另一方缔约国境内取得的营业利润，应仅在其居民所属国征税。在经济数字化背景下，一国企业通常不需要在另一国设立常设机构就可以取得来源于另一国的利润②。Nugroho（2019）认识到这一矛盾，指出一个被利用的常设机构应该能够构成数字型企业的“实体存在”或设定其他有效的判定标准。除此之外，在将用户数据库视为无形资产从而产生使用费支付观点的支持下，也可以利用双边税收协定内的特许权使用费概念。Cui（2019）指出，英国政府提出的数字服务税是与税收协定相兼容的临时性措施，

---

① 管彤彤．数字服务税：政策源起、理论争议与实践差异［J］．国际税收，2019（11）：58－63.
② 管彤彤．数字服务税：政策源起、理论争议与实践差异［J］．国际税收，2019（11）：58－63.

他将“显著数字存在”的概念引入所得税税收协定中，通过比较分析，认为数字服务税是比显著数字存在能更加直接有效地解决跨国公司数字业务利润分配问题，但是他也强调，加强国际税收协作应成为未来的工作重点。

## 三、数字经济税收问题的进一步探讨

### （一）有关 OECD 研究方案的讨论

在 BEPS 行动计划提出之后，众多学者针对 OECD 提出的解决方案展开积极讨论。在常设机构的认定标准方面，B. H. Groenewald（2016）在其论文中尝试着做出了虚拟常设机构的具体判别标准，并希望 OECD 将其写入范本之中。Yariv Brauner 和 Andrés Baez（2015）认为在所有的应对方案中，预提税方案具有显著的优势，他们分析了预提税在各种交易中的具体应用的可行性，并进行了税制的设计。Gianni（2018）批评 OECD 在 2015 年发布第一项行动计划后迟迟未提出解决实际问题的措施，从而导致各国纷纷采取单边行动，Gianni 建议 OECD 应考虑使用要素存在标准替代传统的物理存在标准。Edet（2020）评估了必须执行“显著经济存在”规定的原因以及它对尼日利亚经济的影响，并分析了税收执法和缺乏可靠数据库可能带来的挑战。他建议建立一个可靠的数据库和有效的信息收集系统，以帮助政府和法律评论员跟踪在尼日利亚开展的数字业务。

在无形资产转让定价方面，Juranek 和 Schindler（2018）数字经济的特点之一就是使用诸如软件，专利和商标之类的知识产权，这种无形资产的定价被广泛用于将利润转移到低税国家。对此，他们分析了不同的 OECD 方法来规范转让定价的含义，以及源头税对滥用转让定价的特许权使用费的作用。首先，他们证明了在传统的转让定价方法下，特许权使用费的定价错误不会影响投资行为。相比之下，OECD 提倡的用于评估数字经济中企业的交易利润分配法会触发更高的投资，以促进更高的利润转移。其次，特许权使用费税收有效地减少了这种利润转移行为，但总是会减少投资。最后，低于公司税率的特许权使用费税率会导致对具有公司股权津贴（ACE）的税制进行过度投资。

当前的利润分配框架（即独立交易原则）主要基于事实判断和情况分析，但也存在使用预定公式或办法的情况。Chand 等（2020）探究了 OECD 有关利润分配的“支柱一”方案，并得出结论，如果目标是针对“支柱一”范围内讨论的利润分配解决方案，则不可避免地会使用预定的方法。一种简化的解决方案是对跨国公司应用公式化方法，对独立实体应用独立交易原则（ALP）方法。更具体地说，可以在跨国企业集团层面采用简化但修改后的剩余利润分配方法形式的预定公式化方法，以重新分配剩余利润（所谓的金额 A）。同时，可以将基于公平交易法的预定公式应用于单独的实体，即应用于常规分销和/或营销活动（所谓的金额 B）。后一种方法将通过事实和情况的独立分析来补充和支持（所谓的金额 C)。在这种情况下，作者针对金额 A、金额 B 和金额 C 的一些关键问题发表了自己的看法。对于金额 A，作者表达了他们在确定跨国公司税基和损失、收入来源规定、信息报告、税收征收以及跨国公司集团方法的稳定性上的看法。对于金额 B，作者就确定适用范围和固定收益、法律资格及其可能的稳定等问题发表了看法，并特别指出针对金额 C，有必要引入更强大的争议解决制度框架。最后，作者分析了新的利润分配机制对跨国公司选择业务类型的影响。应当指出的是，该文并没有在适当背景的情况下讨论关于新范围、新联结或新救济规则问题，而是着重于“支柱一”提出的新的利润分配机制所带来的挑战。与 Chand 等不同的是，Förste（2020）从 OECD BEPS 项目之后遇到的问题开始，并将它们转换为具体目标：有效性，中立性，效率，弹性和灵活性。随后，针对这些目标对“支柱一”方案下的“统一方法”进行了评估，在他们看来，确定“金额 A”的方法应当是一种长期且可持续的解决方案，在这种方法下，数字化将是机遇而不是挑战。因此，他们认为应在 2020 年初之前实现的关键步骤是达成一般性政治协议，并就实现这些目标和所要采取的方法做出明确声明，并逐步采取明确措施计划有固定和切实的里程碑，以达到预期的结果。

总体而言，大多数学者认为目前的 BEPS 行动还未完全解决现存的数字经济税收问题，还需继续后续研究并通过实践的检验（M. Wettersten，2016；Olbert 和 Spengel，2017；Grinberg，2018）。

### （二）数字经济税收问题的深入探索

一些学者进一步深化了数字经济下的转让定价问题。Olbert 和 Spengel（2017）指出，在不久的将来，向数字业务征税的主要压力来自转让定价领域。作者通过对工业经济学、会计学和管理学的实际案例研究，得出了数字业务价值创造的概念。作者建议制定有关数字业务模型转让定价的具体指南，这需要分析数字经济资产、功能和风险的同时，加强国际税收协调与合作，以为数字经济中的创造价值的要素制定全球标准。

Grinberg（2018）指出，欧洲各国政府正在推进的一个核心主张是在专门针对数字经济的制度中，用户数据或用户参与数字经济可证明对数据征税以及新的利润归属标准或特殊的公式分配系数是合理的。他认为在当前的转让定价系统和基于目的地的方法之间分配对“超额”收益的征税权是复杂的，会产生新的潜在冲突源，并且需要相对广泛的税收协调，如果坚持采用这种机制，他建议采用一种用于分割超额收益的公式化系统，此外，作者还认为最低有效税收为多边合作提供了一条更好的途径。

另一些学者探讨了数字化过程如何影响税收制度，Kind 和 Koethenbuerger（2018）将研究重点放在增值税的制度设计上。增值税通常扩展到涉及通过数字平台进行交易的数字商品和服务的交易。数字媒体商品和数字媒体平台表现出成本结构和网络效应，这可能意味着与我们通常为实物商品所发现的价格和数量相比，消费税的价格和数量效应在质上有所不同。例如，在大多数欧洲国家和美国，印刷的报纸和书籍面临着增值税（VAT）或营业税的优惠。这很可能增加了他们的发行量。相反，降低数字报纸的增值税率则有相反的效果。Kind 和 Koethenbuerger 通过构建最优税收模型发现，对电子书而言，如果旨在降低价格，那么低税政策是无效的，对电子书免除增值税的主要作用是增加发行商的利润。Li 等（2020）重新构想了数字经济时代的所得税制度，他们指出在自动化时代，越来越多的工人失业或成为零工，预计劳动收入在国民收入中的比重将进一步下降。这些事态发展威胁到加拿大长期将所得税作为政府收入主要来源和收入分配重要手段的可持续性。为此，他们建议所有工人均应缴纳相同的税款，将收入来源重新定义为人力资本，并利用技术进步来扩大预扣税的范围。

2020 年初爆发的新冠肺炎疫情给经济发展带来前所未有的冲击，在整体经济发展形势不振的情况下，数字经济的发展引人注目，成为逆势而上的一抹亮点。在最新的研究中，部分学者在新冠肺炎疫情全球蔓延的背景下重新审视了数字经济税收问题。Magalhaes（2020）提出一个新观点，为了有效应对新冠肺炎疫情引发的财政危机，世界需要“全球超额利润税”（GEP 税）。新冠肺炎疫情在给全球经济造成巨大冲击的同时，也促使一些公司要求征收通常与战时经济相关的超额利润税，将其作为一种纠正措施。作者解释这是专门为数字经济而建立的词汇，作者研究了该税种的税收要素，并证明了它与当前不断发展的关于创造利润以及在何处创造利润的思考的兼容性。

## 第三节 国内前沿文献

国内有关数字经济税收问题的研究起步较晚，随着我国数字经济的迅速发展，近年来我国加快了该领域的研究，并取得了一定成果。国内学者主要围绕数字经济下常设机构规则面临的挑战和应对、数字经济视角下对国际税收规则的思考与探索、数字经济下税收征管问题研究、国际经验借鉴与思考展开研究。

### 一、数字经济下常设机构规则面临的挑战和应对

常设机构是国际社会普遍认可的国际税收课税规则，是国际税收中一国拥有征税权门槛的重要依据。根据《OECD 税收协定范本》的定义，常设机构通常要求企业在收入来源国有显著的经济实体，比如在管辖地设立生产、销售等经营场所等，崔晓静（2017）将《OECD 税收协定范本》对常设机构认定的主要依据总结为三个关键词：固定位置、营业场所和营业活动。数字经济在全球范围内的快速发展让传统的国际税收常设机构原则遭受

巨大的考验和挑战，国内学者通常把这些挑战归结于常设机构的认定和常设机构的利润归属划分上（张巍、郭晓霏，2016；崔晓静、赵洲，2017；王宝顺等，2019）。

王宝顺等（2019）详细分析了这两类挑战，数字经济对常设机构认定的影响主要体现在三个方面：一是数字经济对营业场所的挑战。数字经济下，企业的资源配置和业务开展更加灵活，互联网技术的发展使得企业的业务活动可以轻易地跨越地理障碍实现全球的运营和管理，减弱了对机构场所的依赖，以地理联系和物理存在为主要特征的常设机构规则已经无法反映具有数字经济特征；二是数字经济对固定性的挑战。当前《OECD 税收协定范本》尚未明确对服务器是否有固定的判定标准，导致各国政策规定差异较大，给税收征管带来困难；三是数字经济对营业活动的挑战。信息通信技术被越来越多地运用到企业中，企业得以将很多核心营业活动剥离到境外或者线上，而在现有常设机构规则下，专门从事辅助性或准备活动的机构或者场所被排除在常设机构的范围之外，因其在整个价值形成和利润产生过程中的贡献有限而豁免纳税，这就给企业规避收入来源地的税收征管带来了操作空间。王宝顺等主要围绕公平交易法讨论了数字经济对常设机构利润分配的影响，他们认为数字经济给公平交易法的正常运行带来了适用性的难题，主要体现在功能分析步骤难以适用和难以找到可比类似交易上。

数字经济背景下有关常设机构认定标准的研究屡见不鲜，该文的创新点在于从常设机构视角分析数字经济对国际税收征管影响机制，提出常设机构的认定和常设机构利润分配的两大影响机制，并由此就我国在数字经济背景下加强国际税收征管提出了政策建议，包括积极参与国际税收规则的制定，寻求双边或区域的税收合作，修改国内税法中常设机构定义，修订常设机构例外条款，对常设机构利润划分实行公平交易法为主、零星分配法为辅的方法。

## 二、数字经济下国际税收规则重塑的思考与探索

2019 年 5 月，OECD 发布《制定应对经济数字化税收挑战共识性解决方案的工作计划》（以下简称“《工作计划》”），随后二十国集团（G20）财长会议批准了该《工作计划》。《工作计划》明确了应对数字经济税收挑战的两大支柱，其中“支柱一”集中于税收管辖权的分配，旨在解决数字经济带来的更为宽泛的挑战；“支柱二”则集中于悬而未决的税基侵蚀和利润转移（BEPS）问题，并提出“全球最低税率”作为解决方案，“最低有效税率”方案旨在确保所有跨国公司缴纳不低于最低税率的税款，以期系统地解决 BEPS 遗留问题，其适用范围不限于高度数字化的企业①。国内学者十分关注 OECD 的双

① 金方剑. 数字经济税收问题的第三条改革道路：对全球“最低有效税率”方案的研评［J］. 国际税收，2019（05）：31－36.

支柱方案的内容及其影响，并从不同角度提出许多创新性观点。

### （一）对“支柱一”方案的研究

樊轶侠和王卿（2020）重点梳理和分析了OECD《工作计划》中的支柱一方案中的“统一方法”。首先，他们分别从四个角度解析了OECD制定“统一方法”的动因：第一，从数字业务创造利润这一活动本身讲，利润因归属、来源相脱节而变得“隐形”，原有的属地原则无法继续适用；第二，从纳税人认定的角度讲，数字经济下强大的技术手段强化了纳税人的避税动机、增加了偷逃税的可能性，亟需一种简单高效的一致性规则来防范税收流失风险；第三，从税收征管的角度讲，数字经济带来的双重征税和双重不征税等窘境让税收征管进退维谷；第四，从国际税收治理角度讲，当前各国应对数字经济挑战的单边行动给国际税收秩序带来了极大的冲击。

樊轶侠和王卿指出，作为一种兼顾传统业务与数字业务、发展中国家与发达国家的国际税收新规则，“统一方法”的设计理念是“不破不立”，即对于当前仍然适用于传统业务的转让定价规则等，仅作必要补充以使其同时适用于传统业务和数字业务；对于新兴的数字业务，则制定新的计算标准以便从利润创造本质的角度对数字经济业务公平征税。他们特别强调和分析了“统一方法”所具有的两大特点，一是“统一方法”超越了独立交易原则，坚持实质重于形式原则，抓住数字业务创造利润这一经济活动的本质，不考虑跨国企业在利润来源国是否有传统意义上的物理存在，而是重点关注利润与数字业务的联结度，以此来确定利润和税权在市场辖区的重新分配。二是“统一方法”创造了一种不需要物理存在的利润联结方式，据此实施新的三层利润分配机制。

最后，基于对“统一方法”内容和特点的剖析，樊轶侠和王卿得出了基于“统一方法”的思考和启示：①“统一方法”将引发国际税收规则的重塑。②“统一方法”引发对数字服务税定性的思考。③“统一方法”暗含提高税收确定性的重要意义。④国际税收规则发展从表面上看是税收管辖权的重新划分，实则体现国际税收治理的大国博弈。

张义和汪成红（2020）将研究重点放在现行数字经济征税提案可能引发的涉税争议上，就“支柱一”而言，可能产生的争议点包括两点：第一，范围内业务如何界定，这主要是由“支柱一”的适用范围引发的争议：一是当前对自动数字服务尚缺少明确定义；二是在面向消费者的业务中，当消费者本人也是某跨国企业集团子公司的法定代表人时，为了规避范围内收入，此类消费者很可能将本应属于个人消费的商品以公司名义进行购买，存在一定的筹划空间，也容易引发税企双方的争议。第二，如何准确计算金额A、金额B和金额C。“统一方法”提案主要是运用“三层机制”在税收管辖区之间共享利润，即金额A、金额B和金额C。这三类关键金额的清晰界定有待进一步明确，金额A、金额B和金额C实施后所引发的双重征税风险也可能成为争议焦点之一。

“统一方法”为“支柱一”提出了实质性、可操作的方案设计，但距离具体落地还有诸多细节问题有待考量。高金平（2020）就“支柱一”之“统一方法”可能涉及的国际税收规则构建发表了看法。关于收入来源地的确定问题，他提出可将用户接受服务所在地作为用户所在地，并建议税务机关与银行之间达成数据共享，通过银行资金支付流水追溯可能的终端消费者。在金额 A 的计算方面，高金平认为统一方法在税会差异的调整、业务线或区域核算、亏损、金额 A 分配参数的设置等细节上需要进一步明确，在消除重复征税问题上，高金平认为免税法可更加简便、彻底地消除金额 A 的重复征税问题。此外，高金平分析“一站式申报”的方式有助于跨国企业集团总部最高效地计算分配至各市场管辖区的剩余利润并缴税，但对于系统设计的要求极高，一旦实施，将需要设计一套全新的跨国征管系统，统筹解决集团总部向各市场管辖区解缴税款，市场管辖区税务机关获取、核实、反馈相应的申报数据，涉税信息动态管理等一系列问题。

### （二）对“支柱二”方案的研究

随着全球经济数字化程度的不断提高，跨国企业更容易将利润或实际经济活动转移到避税地，各国政府和公众非常关注税收公平和现行税收体系的有效性，金方剑（2019）指出，尽管部分国家表示在税基侵蚀和利润转移（BEPS）项目各项措施得以充分实施前不考虑对现有规则作重大调整，但实际情况是，很多国家已经酝酿出台一些单边国内措施，甚至考虑重新划分征税权等深层次的改革措施。在这一背景下，“最低有效税率”方案被提出并已经受到越来越多国家的关注和支持。

随后，金方剑结合目前通过 OECD 公众咨询等渠道公布的该方案相关信息，介绍了方案中的主要内容收入纳入规则和税基侵蚀支出税，并将其与部分国家的现有措施进行对比，通过分析，他认为收入纳入规则仿照了 CFC 规则的实践，也借鉴了美国 GILTI 制度，而税基侵蚀支出税也与日本、英国的一些改革措施思路类似，需要注意的是，相比 CFC 规则等现行规则（如欧盟《反避税指令（ATAD）》），“最低有效税率”方案还有两处实质区别：一是该方案不只局限于恶意税收筹划；二是税率设置不使用国内税率，而是设置“合适的”最低税率。

再次，金方剑对该方案的预期政策效果进行了评价，在他看来，“最低有效税率”方案是结果导向型，旨在确保企业利润的总体有效税负不低于“适当”的水平，因此，该方案更强调“适当的征税数额”，而不是“适当的征税地点”。从这个意义上说，税收筹划有望得到有效限制，毕竟即使利润向避税地转移，税负无法低于最低税率。

最后，金方剑对“最低有效税率”方案执行前景进行了分析，他认为“最低有效税率”方案还有许多技术层面的细节目前仍不够明确，对于欧盟成员国而言，“最低有效税率”方案与现行欧盟法律兼容也存在一定制度障碍，通过预提所得税征收最低税的方案在目前的欧盟法律框架下无法完全施行，目前唯一可行的路径是先在欧盟层面就“最低有效税率”方案达成共识并一致实施。

朱青和杨宁（2020）对“支柱二”的实际效果持保留意见，他们认为，“支柱二”是在应对经济数字化条件下税收挑战的大框架内提出的，但实际上已经超出了数字经济的范畴。应对经济数字化对税收制度的挑战主要应从公司所得税征收的联结点入手，即“支柱一”中的金额A，这是当前最需要研究的问题。如果在解决经济数字化税收挑战的过程中，将挑战国家税收主权的“支柱二”一并推出，只能使问题复杂化，同时还可能影响BEPS行动计划1的落实。此外，他们还提出，通过修改和完善现有国际税收制度也可以达到“支柱二”的目的，并不一定非要“另起炉灶”。例如，“所得纳入规则”就是要解决跨国企业海外投资在来源国所面临的税负过低问题，而这个问题只要实行参股免税的国家严格执行免税条件是完全可以解决的。

## 三、数字经济下税收征管问题研究

数字经济时代，互联网、物联网与传统产业融合，改变了原有的有形商品生产与销售模式，生产经营主体、经营形式更加复杂多变。随着数据大量扩充，税源和税基的控制难度不断加大。这给基于传统经济构建的税收管理体系造成巨大冲击。

就数字经济下税收征管面对的挑战而言，一些学者从静态角度考察了现有税收征管中存在的问题：第一，国内外经济环境变革对税收征管提出的挑战。刘奇超（2015）认为，随着金融时代的到来，受世界经济全球化、区域一体化、信息技术创新化、纳税主体复杂化、纳税需求多样化、税源结构变化等变革的影响，我国税收征管事业面临巨大的挑战。第二，税收征管实践存在的问题。一是税务机关工作人员纳税服务意识有待加强，缺乏专业技能；二是税务机关征税效率低，风险管理能力弱；三是信息化程度不高，具体表现在涉税信息的获取和处理机制不健全、信息整合度不够以及信息管税未能有效实现等方面（胡连强，2019）。第三，税收征管改革存在的问题。一是税收征管体系滞后于税制改革；二是征管程序不健全，征纳双方权利义务不明确；三是税收征管战略和立法的缺失（蔡登明、许建国，2016）。第四，国际税收征管秩序被破坏。一是传统的常设机构课税原则无法满足对税源有效管控的需要；二是数字经济下经济活动的收入性质和来源难以确定，从而引发数字经济交易的税收管辖权问题（李香菊等，2020）；三是原有的独立交易原则无法适应数字经济下产品和服务的需要，加强了跨国企业通过转让定价方式的避税动机。

还有一些学者从数字经济技术发展的动态的角度研究了互联网背景下我国税收征管面临的冲击与挑战。袁娇等（2018）指出，互联网背景下新技术、新业态、新模式已成为新的发展趋势，导致税收要素需要重新认定，个人与个人（C2C）之间的电子商务纳税遵从度较低，不仅如此，他们还特别提到以区块链技术下的比特币为代表的互联网金融将带来税源追踪困难、比特币收益税、诱发地下经济等税收征管难题。对此，该文创新性地提出了互联网背景下税收征管改革推进的整体思路：第一，在技术层面上，审慎抓住技术红利，“制度 + 技术”双管齐下。应密切关注“互联网 +”背景下人工智能、区块链等新兴技术，以技术倒逼税收征管改革。第二，在管理层面上，动态审视“互联网 + 税收征管”，强化风险管理。第三，在治理层面上，立足于现代化税收治理能力的提升，强化国际竞争意识。要从“整体政府”的治理视角出发，制定相应的改革计划。此外，鉴于税收具有宏观调控职能，税收征管要服务于国家战略。

顺着这一整体思路，文章进一步提出“互联网 +”背景下税收征管的改革路径：①制度层面：以“痛点”为导向，重塑内部组织结构，优化人员配置，完善立法与执法。一是以“痛点”为导向，关注税收征管所面临的具体挑战。二是以“互联网 +”为契机，重塑内部组织结构。三是完善税收征管的相关法律法规，加强执法统一性。②技术层面：区块链技术与人工智能双管齐下，助力“互联网 + 税收征管”改革。一是分别从个人所得税、增值税、转让定价三个方面利用区块链技术重塑核心征管流程。二是利用人工智能多层次推进税收征管、助力税务中介转型。

高金平和李哲（2019）详细分析了互联网经济存在的税收管理问题及成因，他们指出，在某些特殊的互联网经济业务或商业模式中，由于税法本身的局限导致某些交易的税务处理存在模糊特征，易引发税收争议，乃至形成普遍性的漏征漏管，具体而言，互联网经济造成的税收征管问题可分为以下三方面：一是增值税和个人所得税面临制度性缺陷，二是互联网企业机会主义行为未得到有效遏制，三是互联网平台无扣缴义务导致税收流失。

高金平和李哲认为，传统的征管办法已难以应对互联网经济面临的税收问题，税务机关应当化被动为主动，积极顺应时代发展潮流，推动互联网与税收各领域工作深度融合。唯有根据商业活动的实质，明确税收政策，统一征收标准，改进管理办法，方能从源头上堵塞税收漏洞。对此，该文基于我国推动“大众创业、万众创新”的时代背景，立足于我国税收征管现状，提出六点解决思路：一是明确税收政策，统一征收标准；二是依据规则导向，正列举明确争议事项的适用税目；三是坚持税收中性原则，明确电子商务中市场营销方案的税务处理；四是采取“电商平台预扣预缴与个人申报相结合”以防止税收流失；五是严格税收优惠管理，出台互联网企业研发费用加计扣除和高新技术企业优惠指引；六是建立健全税收征管制度及配套措施。

## 四、国际经验借鉴与思考

数字经济不断发展背景下，中国的税收征管制度亟需改革，而其他国家在数字化税收征管制度改革中已取得一些经验，可为中国的改革提供重要参考。李香菊等（2020）指出，尽管国际社会对于数字经济的全球性税收征管问题的解决方案有了越来越深入的进展，但由于各国的立场及税收制度依然存在差异，使得各国难以在短期内达成共识，且针对方案本身仍然有很多实施细节上的问题亟待明确，促使各国采取针对本国数字经济税收问题的单边措施，李香菊等将各国的单边措施分为以下四类：①调整常设机构。如意大利政府在 2015 年，通过修改常设机构定义，引入了“隐匿常设机构”的判定规则，将在意大利境内没有固定营业场所但仍有显著且持续的经济存在的机构认定为常设机构。与意大利的“隐匿常设机构”判定规则相似，印度在 2018 年引入了“显著经济存在”的联结度判定规则，将原有常设机构中关于固定场所的定义取消，对企业来源于印度的收入、交易总额及活跃用户数量设置门槛，通过定量原则判定是否存在常设机构；②完善转让定价规则。如英国在 2015 年开征转移利润税，对于转移利润税是否应该征收的判别标准主要依据“有效税收错配标准”，以及对于造成别国税收增加额低于英国税收减少额 80% 的企业征收额外 25% 的转移利润税。与英国类似，澳大利亚自 2017 年起征收转移利润税，以避免跨国企业的实际税率过低，低于税务机关认定的适当税率；③扩大间接税范围。如，印度于 2016 年起开始对在线广告等相关服务征收“均衡税”，匈牙利和法国政府分别征收“广告税”及“YouTube 税”等举措；④应用区块链等新技术。如，北欧部分国家计划将通过区块链技术进行企业工薪税的征管，以减少政府和企业部门的征管成本；欧盟初步提出了将区块链技术应用于增值税管理的初步方案。对于中国而言，深圳市税务局在 2018 年首次推出区块链电子发票，打造了“微信支付—发票开具—报销报账”的全流程、全方位发票管理应用场景，对于未来区块链技术在税收征管领域的应用有重要影响。

随后，李香菊等分析了中国数字经济税收征管现状及问题，除了以往学者反复提及的税收要素不确定性问题及数字经济交易的税收归属权问题外，李香菊等还特别提及传统代扣代缴难以适用的问题，他们分析认为，数字经济使得个人收入的透明度减弱，比如受益于网红经济的群体，收入较高且不稳定，给传统的代扣代缴的实施带来很大困难。最后，李香菊等对数字经济背景下我国税收征管制度提出完善数字经济相关税收制度、深化数字经济时代税制改革的研究、正确评估税收征管新技术的可行性、加强国际交流与合作以提升我国话语权等改革建议，其中，在完善数字经济相关税收制度方面，就国内税收制度而言，应当尽快制定对数字经济征税的相关法律，明确数字经济交易中纳税人、纳税时间、纳税地点，税率等各类征税要素，尽快将其纳入税收法律的范畴；就涉外税收制度而言，应当在常设机构认定规则及转移定价方面进行相关制度的改革，可参考欧盟、OECD 等国家相关的税收征管经验，对常设机构定义中固定营业场所等进行拓展，打破传统税制中地理位置的空间限制。

廖益新和宫廷（2019）针对英国数字服务税的规则内容进行了详细分析，并对其制度进行反思与讨论。

首先，他们提出，用户参与是英国数字服务税的核心概念，传统的价值产生于市场之外，包含在生产与服务中，数字经济时代使消费者作为用户更多地参与到价值创造过程中，用户参与主要集中于两方面：一是用户与企业交互行为是否构成互易行为，英国数字服务税规定，只有用户“积极参与”的行为才会形成企业核心价值，如用户评级、用户点击等，而企业“消极”数据收集和数据货币化的行为，无论是直接行为抑或是间接行为，都无法构成企业的主要收入。然而“积极参与”和“消极参与”的边界难以界定。二是价值创造是否发生在用户所在地。BEPS 行动计划的总体目标是利润应当在价值创造地征税。但是，何为价值创造，以及其体现在战略决策、融资、生产、销售的哪个环节，仍然众说纷纭，根据英国数字服务税的内容，满足特定条件的数字化企业应当修改当前利润分配规则，以体现用户参与价值创造的理念。然而这一规定遭到廖益新和宫廷的质疑，他们指出，实际上，用户参与作为税收管辖权的分配标准与发展中国家扩大来源国征税权的主张并不能一概而论。用户参与是针对特定范围的数字化企业在用户所在地所赚取的特殊性地域租金而征收的新税种，而基于目的地的利润分配规则并不专门针对某一特定行业。以用户参与所在地作为价值创造地这一提议属于一种以结果为导向的税制改革方案。由于价值创造概念的模糊性，对于数字化企业而言，根本无法验证价值创造地是否真正发生在用户参与所在地。

随后，廖益新和宫廷解剖了英国数字服务税的构成要素，建立起由纳税主体与客体、确定用户所在地、确认用户参与形式的利润分配规则、双起点额与安全港规则、纳税申报组成的制度框架。

再次，廖益新和宫廷对英国数字服务税方案的潜在问题进行深入探究：第一，英国数字服务税是一种“旧瓶装新酒”的举措，这表现在其利润分配方案与实质上仅是一种有限度地向销售市场地国分配税权的改革尝试，并不是全盘接纳了发展中国家所倡导的“以供应—需求为基础”（Supply-Demand Based Approach）的营业利润来源分配理论。第二，英国数字服务税的开征很可能导致国际税收秩序混乱。当前，许多国家的政府正忙于创设新的数字经济税收管辖权，并没有简化当前的税收制度，反而使其更加复杂与多变。这将破坏国与国之间原有的税收协定网络，而原有税制缺陷并没有得到有效解决。第三，用户参与价值创造的理念使税收制度愈加复杂。由于目前并没有一套完整客观的方法来确定用户参与价值，对用户创造的价值征税很可能会使已经很复杂的税收制度更加复杂化，评估用户贡献也将使税收制度变得更加不公平。

最后，通过对英国数字服务税内容的梳理和反思，作者得出短期内就数字经济税收问题达成国际共识似乎是一个遥远的梦想的结论，对于拥有全世界最多的互联网用户的中国而言，面对错综复杂的国际税收秩序变革，应当结合考虑本国实际国情，在推进国际税收秩序重构与保护本国税收利益之间实现相对平衡。对于“走出去”企业而言，应当尽早建立相应预案，密切关注相关国家税收政策变化，积极采取应对策略。

该文的创新之处在于，细致入微地梳理了英国数字服务税的内涵与主要内容，既肯定了英国数字服务税为解决价值创造地和利润征税地的错配问题提供了新思路，但也考虑了可能给国际税收秩序带来的混乱，文章分析有理有据，能够给构建合理公正的数字经济税收制度带来有益思考和启示。

## 文献索引

[1] BRADLEY W E. Transfer pricing: increasing tension between multinational firms and tax authorities [J]. Accounting & Taxation, 2015, 7 (2): 65 – 73.

[2] CORDELL A J. Taxing the internet: The proposal for a Bit tax [J]. The Journal of Internet Banking and Commerce, 1997, 2 (2): 1 – 8.

[3] CUI W. The Superiority of the digital service tax over significant digital presence proposals [J]. Available at SSRN 3427313, 2019.

[4] DOERNBERG R L, HINNEKENS L. Electronic commerce and international taxation [M]. Kluwer Law Intl, 1999.

[5] EDET JR B. DIGITAL TAX: Significant economic presence in Nigeria and the "ahmed order" [J]. Available at SSRN 3630299, 2020.

[6] FÖRSTER H, GREIL S, HILSE A. Taxing the digital economy – The OECD secretariat's new transfer pricing ABC and alternative courses of action [J]. International Transfer Pricing Journal, 2020, 27 (1).

[7] GIANNI M. OECD BEPS (In) Action 1: Factor presence as a solution to tax issues of the digital economy [J]. Tax Lawyer, 2018, 72 (1): 255.

[8] GRINBERG I. International taxation in an era of digital disruption: Analyzing the current debate [J]. Taxes, 2018: 85 – 118.

[9] HINNEKENS L. Looking for an appropriate jurisdictional framework for source-state taxation of international electronic commerce in the twenty-first century [J]. Intertax, 1998, 26 (6): 192 – 200.

[10] HOFFART B. Permanent establishment in the digital age: Improving and stimulating debate through and access to markets proxy approach [J]. Nw. J. Tech. & Intell. Prop, 2007, 6: 106.

[11] HONGLER P, PISTONE P. Blueprints for a new PE nexus to tax business income in the era of the digital economy [J]. Available at SSRN 2586196, 2015.

[12] HUGHES J F, GLAISTER K. Electronic commerce and international taxation: A square peg in a round hole? [J]. European Management Journal, 2001, 19 (6): 651 – 658.

[13] JURANEK S, SCHINDLER D, SCHJELDERUP G. Transfer pricing regulation and taxation of royalty payments [J]. Journal of Public Economic Theory, 2018, 20 (1): 67 – 84.

[14] KIND H J, KOETHENBUERGER M. Taxation in digital media markets [J]. Journal Public Economic Theory, 2018, 20: 22 – 39.

[15] LI J, CHOI A, SMITH C. Automation and workers: Re-Imagining the income tax for the digital age [J]. Canadian Tax Journal/Revue fiscale canadienne, 2020, 68 (1): 99 – 124.

[16] DINIZ MAGALHAES T, CHRISTIANS A. Rethinking tax for the digital economy after COVID – 19 [J]. Available at SSRN 3635907, 2020.

[17] MARGHERIO L, HENRY D, COOKE S, et al., The emerging digital economy [J]. 1998.

[18] MAZUR O. Transfer pricing challenges in the cloud [J]. Boston College Law Review, 2015, 57

(2).

[19] NATHAN M, ROSSO A, GATTEN T, et al., Measuring the UK's digital economy with big data [M]. London: National Institute of Economic and Social Research, 2013.

[20] NEGROPONTE N, HARRINGTON R, MCKAY S R, et al., Being digital [J]. Computers in Physics, 1997, 11 (3): 261-262.

[21] NUGROHO A D. The salad days of The EU digital service tax [J]. Indonesian Comparative Law Review, 2019, 1 (2): 82-92.

[22] OECD. Tax challenges arising from digitalisation-interim report 2018: Inclusive framework on BEPS [M]. OECD Publishing, 2018.

[23] OECD/G20 base erosion and profit shifting project, addressing the tax challenges of the digitalisation of the economy, public consultation document [EB/OL]. [2020-08-20] http://www.oecd.org/tax/beps/public-consultation-document-addressing-the-tax-challenges-of-the-digitalisation-of-the-economy.pdf.

[24] OECD. Addressing the tax challenges of the digital economy, OECD/G20 base erosion and profit shifting project [M]. OECD Publishing, Paris, 2014.

[25] OECD. OECD releases preliminary results of economic and impact assessment analysis on two-pillar proposal towards taxing digital economy [EB/OL]. [2020-08-19] News IBFD. https://research.ibfd.org/#/doc? url=/document/tns_2020-02-14_o2_1.

[26] OECD. OECD/G20 base erosion and profit shifting project, addressing the tax challenges of the digitalisation of the economy-policy note, as approved by the Inclusive Framework on BEPS on 23 January 2019 [EB/OL]. [2020-08-20] https://www.oecd.org/tax/beps/policy-note-beps-inclusive-framework-addressing-tax-challenges-digitalisation.pdf.

[27] OECD. OECD/G20 base erosion and profit shifting project, programme of work to develop a consensus solution to the tax challenges arising from the digitalisation of the economy, inclusive framework on BEPS [EB/OL]. [2020-08-20] http://www.oecd.org/tax/beps/programme-of-work-to-develop-a-consensus-solution-to-the-tax-challenges-arising-from-the-digitalisation-of-the-economy.pdf.

[28] OECD. OECD/G20 base erosion and profit shifting project, programme of work to develop a consensus solution to the tax challenges arising from the digitalisation of the economy, inclusive framework on BEPS [EB/OL]. [2019-07-20] http://www.oecd.org/tax/beps/programme-of-work-to-develop-a-consensus-solution-to-the-tax-challenges-arising-from-the-digitalisation-of-the-economy.pdf.

[29] OECD. Addressing the tax challenges of the digital economy, action 1-2015 final report, OECD/G20 base erosion and profit shifting project [M]. OECD Publishing, Paris, 2015.

[30] OLBERT M, SPENGEL C. International taxation in the digital economy: Challenge accepted? [J]. World Tax Journal, 2017, 9 (1): 3-46.

[31] SOETE L, KAMP K. The "Bit tax": The case for further research [J]. Science and Public Policy, 1996, 23 (6): 353-360.

[32] STEVANATO D. A critical review of Italy's digital services Tax [J]. Journal Articles & Papers IBFD, 2020.

［33］TAPSCOTT D. The digital economy：Promise and peril in the age of networked intelligence［M］. New York：McGraw－Hill，1996.

［34］CHAND V，TURINA A，BALLIVET L. Profit allocation within MNEs in light of the ongoing digital debate on pillar I：A “2020 compromise”？［J］．World Tax Journal：WTJ，2020，12（3）：2.

［35］ABDALLAH W M. International transfer pricing polities：Decision making guidelines for multinational companies［M］．NewYork：Quorum Book. 2005：193－211.

［36］蔡登明，许建国．浅析税务机关推进“互联网＋税务”的路径选择［J］．税务研究，2016（7）．

［37］崔晓静，赵洲．数字经济背景下税收常设机构原则的适用问题［J］．法学，2016（11）：15－27.

［38］崔晓静．后 BEPS 时代常设机构定义的新发展［J］．法学评论，2017，35（05）：43－57.

［39］樊轶侠，王卿．经济数字化背景下国际税收规则发展——对 OECD“统一方法”的解读与研究［J］．税务研究，2020（06）：79－85.

［40］高金平，李哲．互联网经济的税收政策与管理初探［J］．税务研究，2019（01）：74－80.

［41］高金平．“支柱一”之国际税收规则构建若干问题思考［J］．税务研究，2020（08）：62－66.

［42］胡连强，杨霆钧，张恒，李海燕．基于数字经济的税收征管探讨［J］．税务研究，2019（05）：119－122.

［43］金方剑．数字经济税收问题的第三条改革道路：对全球“最低有效税率”方案的研评［J］．国际税收，2019（05）：31－36.

［44］李香菊，刘硕，姚琴．数字经济背景下税收征管体系的国际经验与政策建议［J］．经济体制改革，2020（01）：156－163.

［45］廖益新，宫廷．英国数字服务税：规则分析与制度反思［J］．税务研究，2019（05）：74－80.

［46］刘奇超．我国新一轮税收征管改革的制约、重点与实现路径——以国外税收征管发展新趋势为借鉴［J］．经济体制改革，2015（1）．

［47］王宝顺，邱柯，张秋璇．数字经济对国际税收征管的影响与对策——基于常设机构视角［J］．税务研究，2019（02）：86－91.

［48］谢波峰，陈灏．数字经济背景下我国税收政策与管理完善建议［J］．国际税收，2019（03）：20－24.

［49］袁娇，陈彦廷，王敏．“互联网＋”背景下我国税收征管的挑战与应对［J］．税务研究，2018（09）：82－88.

［50］张巍，郭晓霏．数字经济下常设机构规则面临的挑战及应对［J］．税务研究，2016（07）：85－88.

［51］张义，汪成红．数字经济征税争端预防与解决机制探索［J］．国际税收，2020（08）：44－49.

［52］朱青，杨宁．关于 OECD 应对经济数字化国际税收改革方案的评论［J］．国际税收，2020（08）：3－7.

［53］田丽．各国数字经济概念比较研究［J］．经济研究参考，2017（40）：101－106＋112.

[54] 李国杰. 数字经济引领创新发展 [N]. 人民日报，2016-12-16 (007).

[55] 杨得前，齐亚伟. 我国区域税收收入差距及其收敛性分析 [J]. 税务研究，2016 (10)：94-100.

[56] 高运根. BEPS行动计划1、成果1　数字经济面临的税收挑战 [J]. 国际税收，2014 (10)：15-17.

[57] 李平. 数字经济下新商业模式的税收治理探析 [J]. 国际税收，2018 (05)：16-19.

[58] 杨舒. 国际税收体系跨入"动荡期" [N]. 国际商报，2018-04-12 (004).

[59] 管彤彤. 数字服务税：政策源起、理论争议与实践差异 [J]. 国际税收，2019 (11)：58-63.

第十一章

# 税收征管与税收遵从

提高税收征管效率是使政府征税最大化地发挥其作用的重要环节。英国古典政治经济学派代表人物亚当·斯密指出，“一切赋税的征收，须设法使人民所付出的，尽可能等于国家所收入的。”但税收征管是在强制性、非自愿的基础上进行的，纳税主体存在很大的动机去逃避自己的纳税义务，即产生税收不遵从行为。在实际的税收征管的过程中，征管主体与纳税主体处于不断地博弈之中。因而，增加纳税人纳税遵从度对于提高税收征管效率是极其重要的。第十一章旨在对税收征管与税收遵从相关的经典文献和国内外前沿文献进行梳理，以期为提高我国的税收征管水平及纳税人的税收遵从度提供参考借鉴。

税收遵从是纳税人按照税收法律法规和相关税收政策要求履行纳税义务的行为。税收遵从是税收征管的重要组成部分，如何提升纳税遵从对于征收税收、保障国家财力具有重要意义。

本章节主要围绕税收征管与税收遵从的经典文献、国外前沿文献、国内前沿文献三个部分进行介绍。在经典文献部分主要介绍税收遵从的基础理论及研究方法。国外前沿文献导读介绍了近年来西方学者在税收遵从的影响因素、税收遵从与企业行为、社会公平感及税收遵从度的测度方面的主要研究进展。国内前沿文献导读包括国内学者在纳税遵从概念辨析与分类、对于国外纳税遵从理论模型的借鉴与扩展、纳税不遵从所产生问题以及纳税遵从的影响因素方面的研究成果。

# 第一节　经典文献

前期研究税收遵从的基础理论主要是 A－S 模型及前景理论在税收遵从问题的应用。税收的研究方法主要包括随机审查法、收入比对法、实验室实验法、现场实验法、行动者网络理论。

## 一、税收遵从的基础理论

国外对税收遵从的研究始于 1931 年发表于《耶鲁法律季刊》第 41 卷第 1 期上的《租赁公司财产所导致的所得税逃税问题》。而目前关于税收遵从的研究大都起源于 Allingham 和 Sandmo（1972），其基于期望效用最大化理论，分析逃税者的最优决策以及影响逃税决策的主要因素，通过建立 A－S 模型得出税收遵从水平与罚款率和稽查率正相关，而与税率之间的关系不明确的结论，这是企业税收遵从行为的首次提出，企业税收遵从理论由此产生。该文所应用的期望效用理论也成为企业税收遵从理论的基础。A－S 模型建立后，税收遵从的理论研究迅速发展。之后的研究逐步向企业税收遵从角度过渡，即从反面视角向正面视角转化，其中最具有代表性的是前景理论。前景理论放宽了期望效用理论中完全理性人的假设，将心理学分析引入经济学研究中，为研究税收遵从行为提供了一个新的视角。

### （一）A－S 模型

最早研究税收遵从的模型是 A－S 模型（Allingham 和 Sandmo，1972）。Allingham 和 Sandmo 根据犯罪经济学及风险和不确定性经济学理论，分析了逃税者的最优决策以及影响逃税决策的主要因素，提出了期望效用最大化模型，该模型成为以后人们研究税收遵从问题的一个“基本模型”。

A－S 模型是一个相对静态的研究模型，分析了税率、稽查概率和罚款率与逃税额之间的关系。A－S 模型的基本假设：作为纳税人的个人是“理性经济人”，他以预期效用最大化为目标，是不存在道德是非观念的风险规避者；纳税人的行为符合冯·诺依曼—摩根斯坦（VNM）效用函数，且效用函数以个人可支配收入为唯一参数；税收制度是比例税制，对纳税人申报所得按固定税率征税①。A－S 模型的结论：逃税额与罚款率和稽查概率负相关，而与税率之间的关系不确定。稽查概率和罚款率的提高，会抑制纳税人的冒险心理，从而减少逃税行为，故税务机关可以通过提高稽查概率与罚款率来减少逃税行为。因此，理论上只要罚款率足够高，厌恶风险的纳税人的期望效用就会小于零，故其不会逃税。但实际上，出于企业可能因此破产所带来的风险约束或社会公平的考虑，罚款率不可能过高。

随后的研究不断放宽 A－S 模型的假设条件，并对其中的结论进行检验。Witte 和 Woodbury（1985）将模型中税率的假设条件放宽，从比例税率扩展到累进税率。研究结果表明除非惩罚的可能性提高引起相互抵消的刺激效应，否则累进所得税制会对纳税人申报收入产生抑制作用，即在累进所得税制下，如果边际税率提高的效应更强，纳税人就会少申报应税收入；但如果预期处罚率提高的效应更强，那么他就会多申报应税收入。Srinivasan（1973）等学者考察了纳税人的逃税—避税综合决策问题。研究表明，人们根据税率和威慑变量（稽查率和处罚率）的变化，在逃税与避税之间自由转换，两种行为可能是互补的。比如，如果威慑力度加大，可能会抑制逃税，但同时也可能促使纳税人从逃税转向避税，结果就不一定会扩大税基。

然而，A－S 模型则面临了诸多纳税遵从异象的挑战，例如现实中的不遵从程度远低于模型所预测的值，“Yitzhaki puzzle”等（例如 Andreoni et al.，1998；Slemrod et al.，2001 等），因此随后的文献中尝试关注了其他的因素，前景理论就是其中一个成果。

### （二）前景理论与 A－S 模型

在 A－S 模型中假设纳税人是理性人，即所有纳税人对待税收遵从问题时都是理性的。但在现实生活中，由于信息不对称的存在、时间和成本的限制以及一些心理因素的影响，纳税人的税收遵从决策存在一定的非理性的行为②。尽管用期望效用理论可以解释纳税人在风险或不确定性下的一般决策，却无法解释那些看来并没有使其期望效用最大化的遵从行为。比如，有些纳税人不断多申报应纳税额，尽管多报的税额往往很小。认知心理学的

---

① 宋丽颖，李倩倩．基于征税行为的 A－S 模型的探讨［J］．当代经济科学，2014，36（02）：118－123＋128.

② 刘华，阳尧，刘芳．税收遵从理论研究评述［J］．经济学动态，2009，000（008）：116－120.

引入为解释这些现象提供了新思路。

1. 前景理论

Kahneman 和 Tversky（1979）将认知心理学引入经济学，成功地把心理学分析与经济学研究结合在一起，创立前景理论。他们通过大量实验发现人类决策具有不确定性（或系统不一致性），即人类的决策常常与根据标准经济理论做出的预测大相径庭。前景理论认为，人们在应付复杂环境时虽然想理性，但由于受到注意力、记忆力、计算能力以及信息收集能力等认知能力的限制不可能做到完全理性，导致实际决策往往无法实现期望效用的最大化。

前景理论假设风险决策过程分为编辑和评价两个过程。在编辑阶段，个体凭借框架、参照点等采集和处理信息，在评价阶段，依赖价值函数和主观概率权重函数对信息予以判断。

前景理论的价值函数（见图 11－1），具有以下基本特征：①人们是厌恶风险的，倾向获得确定收益。前景理论的价值函数是由决策者所感觉到的收益或损失，即同其参照点的偏离程度来界定的，反映了决策者赋予行为结果的主观价值；②人们对损失的敏感程度高于对风险的偏好。价值函数的形状通常具有特殊的 S 形，在收益区域，即在参照点上方是凹型的，表现出人们对风险的厌恶特征。而在损失区域是凸型的，表现出人们对风险的偏好特征。这说明人们在面临收益的情况下更加倾向于风险厌恶，而在面临损失的情况下更倾向于风险偏好；③人们在面临损失时倾向于风险偏好，其敏感性越强。一般而言，损失区域的曲线比收益区域的曲线陡峭，而向两端延伸时，由于人们对风险损失的敏感性递减，效用函数曲线越平坦。这意味着，人们对损失的感受比对同等数量的收益更为敏感，有损失厌恶倾向①。

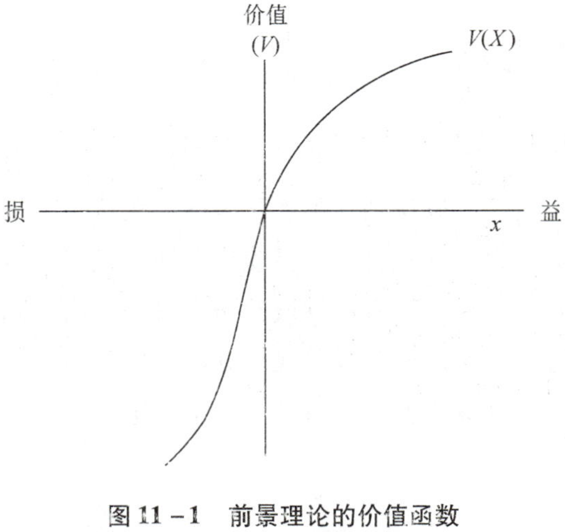


**图 11－1 前景理论的价值函数**

① 张宝英．大学毕业生考研的经济行为分析——基于行为经济学的诠释［J］．福建教育学院学报，2009，10（03）：34－37.

### 2. 前景理论研究税收遵从问题的主要成果

前景理论的发展，将纳税人的有限理性假设、部分利他和个人偏好等因素纳入分析范畴，使之更加接近现实，为纳税遵从行为研究提供了新的理论支撑①。

第一，解释了 A－S 模型经典谜题。Bernasconi 和 Zanardi（2004）将随意设置的参考点引入前景理论中解释逃税问题，认为在逃税行为可能被查获和可能不被查获的假设条件下，纳税人依赖不同的参考点来确定在这两种情况下可能得到的三种结果：都处于收益状态、都处于损失状态、被查获时处于损失状态而没有被查获时处于收益状态。当纳税人在逃税时没有被查获且处于收益状态，而在逃税行为被查获且处于损失状态的结果下，前景理论能很好地解释 A－S 模型中的逃税问题。

第二，预缴税款可以提高纳税遵从水平。在期望效用理论下，有无预扣税款对纳税人的期望效用没有影响，因此，预缴税款也不会对纳税遵从水平产生影响。而在前景理论下，预扣税款却会对纳税人的期望效用产生的重要影响：补税将被纳税人视为损失，退税将被纳税人视为收益。对于企业而言，如果预期到要补税，就会降低纳税遵从度，如果预期到要退税，就会提高纳税遵从度。因此，对于企业而言，预缴税款可以影响他们的纳税遵从决策，并提高纳税遵从度（Kirchler 和 Maciejovsky，2001）。

期望效用理论和前景理论对于解释纳税人的税收遵从行为都有一定的价值。但都各有其适用条件和局限性。期望效用理论适用于提高纳税人的制度性遵从行为，减少自私性不遵从行为，但提高稽查概率的成本比较高。前景理论放宽了纳税人的理性假设，从心理学的角度解释了 A－S 模型的经典谜题，并探讨了提高纳税人遵从行为的方法，如预缴税款。期望效用理论是分析遵从行为的基本理论，而前景理论是分析遵从行为的补充，将多种理论相结合是研究税收遵从行为的发展方向。

## 二、纳税遵从的研究方法

和其他类型的违法犯罪行为一样，判断和衡量逃税行为是具有挑战性的工作，并且纳税人的逃税行为在客观上无法准确识别受害者，因此无法从受害报告或受害者调查中获得数据，法律惩罚的威慑力和自身的社会耻辱感使许多纳税人不愿意准确回应甚至与税务机关无关的组织进行的调查，这给纳税遵从领域的研究带来了诸多困难。国外学者在确定逃税的程度及影响因素等方面已经形成较为成熟的方法论体系，主要包括：随机审计法、收入比对法、实验室实验法、现场实验法、行动者网络理论。

---

① 马岩，姚轩鸽．国外纳税遵从研究的知识图谱与热点主题——基于国际 SSCI 的文献计量分析（1972－2015）［J］．国际税收，2017（05）：62－66.

### （一）随机审计法

这一方法的研究主体为政府税务部门或相关官方经济组织，税务局进行审计通常重点关注那些具有潜在纳税不遵从可能性的纳税人，这就会导致对逃税行为的高估，而如果税务局及有关部门在进行审计时，对纳税人不做重点划分，随机安排审查，将有助于得到更为真实的逃税率和税收流失的缺口。在美国，美国国税局国家研究计划（NRP）整理了关于纳税人税收遵从和逃税行为的简要介绍，其中包括多年来大约13 000份纳税申报单的年度分层随机样本，其主要目标是优化IRS的审计策略，更准确地衡量税收流失的程度。由于实施的难度和相关成本较高，并且涉及到一定的政治敏感性，只有少数国家进行了此项研究（HMRC，2015；IMF，2013；OECD，2015）。在早期的文献中，Klepper，Mazur和Nagin（1991）使用来自美国国税局1982年随机审计项目中纳税申报数据的汇总表，通过研究发现明确的收入来源有助于减少纳税不遵从行为的发生，不明确的收入来源则助长了不遵从行为的发生。

### （二）收入比对法

受雇员工和自由职业者的纳税遵从率之间的较大差异引发许多学者的研究兴趣，尤其是自由职业者这一特殊群体的纳税遵从行为。目前国外有关自由职业者的纳税遵从行为多用到收入比对法（traces-of-income）。收入比对法是指通过比较真实税基（即与收入相关的指标）与官方统计的收入之间的差距来测算逃税的程度。该方法由Pissarides和Weber（1989）开创，他们将食品消费支出作为收入指标，利用英国家庭支出调查报告中的食品消费数据估算逃税程度，假设只有自由职业人员逃税，并且食品消费和真实收入与就业状况无关。通过这些假设，能够预测自由职业调查者的真实收入，从而计算出这些自由职业者低报的收入水平。研究发现，英国自由职业者的平均申报收入约为真实收入的1/3。

收入比对法发展至今，已为许多国家使用以估算逃税程度。加拿大（Schuetze，2002）、爱沙尼亚（Agostini，2015）、芬兰（Johansson，2005）、西班牙（Martinez - Lopez，2013）、瑞典（Engström和Holmlund，2009）、新西兰（Cabral和Gemmell，2018），美国（Hurst，Li和Pugsley，2014）。

### （三）实验室实验法

实验室实验是指在实验室背景下，严格控制实验条件，给定刺激观察行为反应的心理实验。Friedland等（1978）通过实验室实验来考察税率、处罚的确定性和严厉度等因素对逃税的影响。Spicer和Becker（1980）通过为期10个月的税收实验来考察逃税与感受到的税制不公平之间的关系。Spicer和Hero（1985）通过税收实验来考察逃税程度与对别人逃税的感觉之间的关系。结果表明，尽管被告知他人存在不同程度的逃税，但这对于参与者的逃税决策并没有明显的影响。Baldry（1987）做了两个对比实验来考察道德和社会规范对逃税的影响。第一个实验让参与者在给定条件下做出逃税决策，结果是有些人从来不逃税。第二个实验是一个简单的赌博游戏，给参与者的支付条件与前一实验相同，结果是所有的参与者都乐于赌一下。

尽管税收实验和样本调查这两类经验研究方法得出了许多有用的研究结果，但其中不少结果可能无法让人完全信服，因为调查对象在纸上的回答和实验参与者在实验环境下做出的遵从决策很可能与他们在现实环境中的真实决策不同。

### （四）现场实验法

现场实验（Field Experiments）通常由税务机关和学术机构合作实施，按正常征管程序进行，纳税人一般不知道自己是实验的参与者。在近期的文献中，有不少运用现场实验检验 A－S 模型的研究（Slemrod，Blumenthal 和 Christian，2001；Kleven et al.，2011；Ariel，2012；Del Carpio，2013；Carrillo，Pomeranz 和 Singhal，2014；Gangl et al.，2014；Pomeranz，2015；Castro 和 Scartascini，2015；Dwenger 等，2016；Bott 等，2017），然而这些研究大多将重点放在纳税人的初次申报纳税的决定上。Vlaev 等（2017）运用两个现场实验检验了税收政策的官方文件中传达的社会规范信息对于纳税遵从的影响。第一个现场实验是与英国税务总局和英国内阁行为观察组合作完成的，研究对象是那些已申报收入但尚未缴纳税款的纳税人，将政策信息分为五组，三组为基于社会规范的信息，两组为公共服务类信息，随机传达给 100 000 个纳税人，控制组则为没有收到包含这些劝说性信息的官方文件的纳税人，实证结果显示，包含社会规范和公共服务信息的官方文件能够有效促使纳税人尽快缴纳税款。在第二个现场实验中，作者主要对比了描述性社会规范（其他人在做什么）和强制性社会规范（其他人认为应该怎么做）对纳税遵从的影响，结果表明，描述性社会规范比强制性社会规范对提高税款缴纳率的作用更大。另外，这些效应在官方文件颁布后 70 天之内仍然具有显著的经济意义和统计意义，这表明社会规范信息对纳税人的行为具有持久的影响（Allcott 和 Rodgers，2014）。

### （五）行动者网络理论

行动者网络理论（Actor-Network Theory）是以法国社会学家 Michel Callon（1986）和 Bruno Latour（1996）为代表的巴黎学派科学知识社会学家提出的社会学分析方法，其基本思想是科学技术实践是由人与非人行动者直接之间相互联系、相互建构形成的动态网络过程。Boll（2014）提出使用行动者网络理论研究纳税遵从行为。Alstadsæter，Kopczuk 和 Telle（2016）使用来自挪威的详细行政数据来识别家庭网络体系，并描述如何在网络中采取避税措施。如上所述，这一网络可能涉及以家庭为单位的纳税主体，也可能涉及税务师和税务机关工作者。Drago，Mengel 和 Traxler（2015）在奥地利电视许可费制度的背景下研究了纳税遵从行为在邻近网络中的扩散与影响。

# 第二节　国外前沿文献

国外学者对于税收征管与税收遵从的研究主要是在税收遵从的影响因素、税收遵从与企业行为、社会公平感以及税收遵从度的测度这几个方面。

## 一、税收遵从的影响因素

Clotfelter（1983）、Feinstein（1991）通过实证研究方法研究了年龄对纳税遵从的影响，研究结果表明，税收遵从程度随年龄的上升而上升。Yaniv（1999）与 Elffers 和 Hessing（1997）的实证研究表明，有意提高预缴税款可以提高纳税遵从水平。Copeland 和 Cuccia（2002）通过实验研究了纳税人在填写年度纳税申报表时，是否可获得退税还是要补缴税款等不同的损益“框架”对其遵从决策的影响①。

Torgler（2004）研究了道德因素对于税收遵从的影响。他们在 2002 年随机选择了 580 名纳税人，向其中一部分人发送了印在粉色纸张并单独装信封的信，参与者没有被告知他们被选为实验对象从而使他们的行为能够更真实。这封信里提到了以下因素：对于社区活动的积极参与、公民的责任感和纳税遵从在“保持民主和自由”以及“保持城市对居民吸引力”方面的重要作用。最终实验组并没有对道德刺激做出申报或是汇款时间上的显著变化。此实验结果在很大程度上证实了道德因素对遵从没有影响的结论。该作者的另一篇文章使用了不同的因变量（过度扣除、低纳税申报、低收入申报），同样未发现道德因素对纳税遵从的任何促进作用（Torgler，2013）。

Friedrich 和 Martin（2013）认为税收改革通过改变税率和激励措施影响了税收遵从，并证明从比例税制到累进税制的改革会降低税收遵从度。但累进税制下的税收遵从度通常高于比例税制。

Hoope，Reck 和 Slemrod（2015）在谷歌、维基百科和国税局信息平台上查询税收相关的资本收益数据以确定纳税人何时以及如何获取信息，并发现信息搜索量在纳税申报期限截止日期前明显增加，这表明纳税人通过寻求信息帮助他们履行纳税义务。

Cullen，Turner 和 Washington（2018）在一个实验研究中发现，与美国执政党保持政治一致性的程度与纳税遵从存在正向相关关系。实验围绕 2000 年和 2008 年的总统换届选

---

① 程仙．纳税遵从研究文献综述［J］．现代商贸工业，2009，21（14）：235－236.

举，通过分析 1999 年、2001 年、2007 年和 2009 年的数据，研究执政党的改变与选民逃税行为之间的关系。

## 二、税收遵从与企业决策

Ralph 和 Frank（2009）在对税收政策的经济分析中加入对企业行为的考虑，集中研究了寡头垄断环境下的企业逃税行为。研究表明，税收征管政策可以从企业的市场决策及税收遵从度两个维度对企业产生影响。政府可以通过制定适当的税收征管法规影响企业行为，获得“双重红利”：（1）减少企业逃税；（2）提高税收征管的效率。

Erik 和 Frank（2017）通过整理企业生命历程的相关文献，基于传统的企业发展模型及不确定性下企业动态发展模型，从企业性质变化和企业创立者的角度出发，构建了一个新的企业生命周期纳税遵从的模型，该模型重点关注了企业在发展过程中，其税收遵从的潜在动机及能力的动态变化，认为企业在不同的发展阶段，它的税收遵从度也随之发生变化。

## 三、税收遵从与社会公平感

Angel Solano（2015）研究了在政党竞争模型下税收遵从与社会公平感的关系。文章中假设政党竞争分为两个阶段：第一阶段，两个政党在税率和税收征管政策的强度上进行竞争和决策；第二阶段，选民根据政党竞争的结果选择他们的税收遵从度。研究表明，若大多数选民重视收入再分配的公平性，则整个社会会达到一种均衡，在这种均衡中，收入程度中等的选民的偏好会被忽略，偏好由相对贫穷和富有的选民组成的联盟所决定。即使在税收征管力度低的情况下，税收的遵从度也会很高，即公民的社会公平感越高，税收的遵从度也就越高。

## 四、税收遵从度的测度

税收遵从度是指纳税人受主观心理态度的支配所表现出来的对税法的遵从程度。Fismam 和 Wei（2004）采用了相似的比对方法，探究逃税率与中国特定产品进口关税和增值税税率之间的关系。Feldman 和 Slemrod（2007）使用美国所得税申报表中真实收入里慈善捐赠的部分作为收入指标，并得出结论，自营职业者的纳税不遵从率为 35%。Artavanis，Mors 和 Tsoutsoura（2016）运用一种巧妙的研究设计，分析希腊十大银行之一的家庭微观数据，以估算按职业类型划分的自雇希腊工人的真实收入，估算的真实收入与报告收入之差即为逃税部分。结果显示医生、律师、工程师、科学家、会计师和金融服务机构经纪人的报告收入不到真实收入的一半。

## 第三节　国内前沿文献

纳税遵从作为我国税收征管的重要理论问题，是我国税收体制改革的主要目标，现有国内研究主要是在前人研究的基础上结合我国国情展开的，主要包括对纳税遵从概念的辨析与分类、国外纳税遵从理论模型的借鉴与扩展、纳税不遵从导致的税收流失问题、纳税遵从的影响因素及对策等方面①。

### 一、对纳税遵从概念的辨析与分类

马国强（1999）从税收管理理论的角度出发，将纳税遵从划分为防卫性遵从、制度性遵从和忠诚性遵从；将纳税不遵从划分为自私性不遵从、无知性不遵从和情感性不遵从。同时他分析了决定税收遵从与不遵从的因素：税收观念、税收知识、税收制度、纳税程序、逃税被发现的概率和税收处罚标准等 6 个方面，并提出为了提高纳税遵从度，在税务管理中必须建立 3 个系统：纳税服务系统、税收处罚系统、环境建设系统。这篇文章的创新之处在于对税收不遵从的分类及影响税收遵从的因素的讨论与传统研究的不同。西方学者一般将税收不遵从分为程序性不遵从、无知性不遵从、懒惰性不遵从、自私性不遵从、象征性不遵从、社会性不遵从、代理性不遵从、习惯性不遵从 8 类，将影响税收遵从的因素概括为利益刺激、社会压力、自责心理、人的类型等②。

长期以来，人们主要对税收的经济成本和管理成本进行细致的研究，而税收遵从成本研究相对滞后，随着 20 世纪八九十年代纳税人权利运动的兴起，发达国家纷纷制订《纳税人权利宪章》，税收遵从成本作为影响纳税人权利的重要因素，开始受到各国税务当局和专家学者的广泛关注③。雷根强和沈峰（2002）按不同的标准将税收遵从成本分为社会遵从成本和纳税人遵从成本、初始遵从成本和经常遵从成本、可计算成本与税收筹划成本，并分析了税收遵从成本的主要构成要素：货币成本、时间成本、非劳务成本和心理成本。该文章通过分析之前外国税收遵从成本的经验研究，得出税收遵从成本的两个特点，第一，税收遵从成本数额巨大；第二，税收遵从成本负担分布很不均衡，具体为低收入者

---

① 韩晓琴. 有关纳税遵从的国内研究文献综述［J］. 税收经济研究，2011，16（02）：33－39.

② 张文先，阮家福. 西方税收征管研究前沿问题评析［J］. 财政研究，2004（09）：60－62.

③ 薛菁. 税收遵从成本研究：国外文献综述［J］. 西安财经学院学报，2009，22（05）：118－123.

承担的税收遵从成本明显高于高收入者、小型企业的税收遵从成本负担高于大型企业、高税收遵从成本会引发偷税问题。该文简要介绍了税收遵从成本的概念和分类，分析其组成因素，在借鉴国际经验的基础上，提出了我国应重视税收遵从成本的研究、完善税制、加强税收征管的政策建议，丰富了有关税收遵从成本的研究。

我国的经济体制经过20多年的变革，由传统的计划经济体制过渡到了今天的市场经济体制，明确个人利益并正确地按照规则追求利益成为市场经济成长的最起码的条件，社会由原来的集体本位向个人本位发展，个人利益逐渐受到尊重和保护。在这样的时代背景下，麻勇爱（2002）通过对西方纳税人遵从理论的研究，提出纳税人的地位及征税人在税收工作中对纳税人的态度直接影响税收的效率的观点，从而进一步指出对待纳税人不能简单化、“一刀切”，应因“人”而异，重视对纳税人个性的分析以及尊重纳税人个体利益，重视对税收遵从成本核算的研究。该文的创新之处在于将研究对象聚焦于纳税人，更加关注纳税人的“个性”特征及个体利益，提出建立以纳税人为中心的征税关系。

## 二、国外纳税遵从理论模型的借鉴与扩展

### （一）基于预期效用理论模型的纳税遵从研究

当前，我国正向市场经济过渡，新的税收制度实施时间也不长，逃税自新中国成立以来就是一个严重的问题。在该背景下，郁维（2000）对国外个人所得税逃税模型进行文献梳理，具体有逃税的组合模型、内生收入型逃税模型、考虑社会名誉逃税模型、信息不确定的逃税模型、考虑逃税者之间的互相作用的逃税模型以及运用博弈理论和委托—代理理论构建的逃税模型，认为随着研究的不断深入，逃税经济模型正在从研究单个纳税人到多个纳税人；从研究静态的单个阶段到研究动态的多个阶段；从假设信息是完全的到信息不确定和不完全的；从假设纳税人是完全理性“经济人”到考虑社会因素，等等。郁维进一步指出逃税经济模型研究的未来方向，即更多地考虑信息经济学在模型中的应用、对纳税人进行分类的标准、政府行为的刻画、税务执法效应问题等方面还需进一步研究，使经济模型更具现实意义并在实证中得到检验。

谷成（2009）在对A－S模型进行考察的基础上，对该模型做出如下扩展：假设报税的人口众多，每个申报者的真实收入为$y$，应缴纳的税收为$t$（$y$）。实际收入按照密度函数$f$（$y$）分布于连续区$y$和$\overline{y}$之间（可能为正无穷大）；$F$（·）是有关$f$（·）的分布函数。征税过程包括两个阶段。在第一阶段中，每个纳税人都应向税务机关报告应税收入并交付应纳税额。在第二阶段，税务机关对部分案件进行稽查。由此得出对于一个实际收入为$y$的纳税人，其申报收入为$x$时的效用期望值的新函数。在此框架下，税务机关的行为可以分为两类。第一类假设税务机关在纳税人填报申报表之前规定和宣布稽查的原则。在

这种情况下，模型与委托—代理问题存在着很多共性。相反，第二类模型假设税务机关事先不制定稽查准则，而是当所有申报表填报完成后决定对哪些纳税人予以稽查。第二类模型使用标准的博弈论中的均衡概念，尤其是序贯均衡。研究发现：在税收遵从方面，委托—代理模型指出在受到稽查的范围内，高收入纳税人的申报收入都会处于或接近界定稽查分隔点的临界值。在博弈理论模型的序贯博弈状态下，很多受到稽查的纳税人的申报都是不诚实的；当不存在混同均衡和局部混同均衡时，一些受到稽查的纳税人的申报不诚实，而另一些则诚实申报，申报模式与经验观察相符。此外，该文还对稽查策略、税务机关所需了解的纳税人信息进行了研究，在稽查概率的确定、稽查策略的选择以及税务惩罚的优化等方面提出建议。

### （二）基于前景理论模型的纳税遵从研究

预期效用理论在解释不确定性条件下的纳税决策已明显乏力，这对纳税遵从行为的理论解释提出了挑战。何红渠、肖瑛（2005）从新的研究视角出发，在前景理论五个基本观点的框架下进一步研究逃税理论，建立了纳税预期模型，并得出纳税模型的相关结论：税务稽查率、惩罚率、声誉成本率、税务操作成本率与纳税遵从水平正相关；税率与纳税遵从水平负相关；风险厌恶程度与纳税遵从水平正相关；纳税主体对较低概率税务检查的高估程度与纳税遵从水平正相关；纳税主体对较高概率税务检查的低估程度与纳税遵从水平负相关。从而，该文章证明了期望理论的解释与纳税人行为的一致性，解释了预期效用理论下的纳税困惑。该文章的创新点：首先，从新的研究视角出发，在以往对期望理论的研究基础上，借鉴其思想建立了纳税期望模型，解决了预期效用下的纳税困惑。其次，将有关人们的纳税行为在预期效用理论和期望理论框架下作了对比分析，对已有相关成果进行综述和评价，填补了这一领域的空白。

王韬、许评（2007）通过控制实验方法探讨了我国纳税人的税收遵从决策中是否存在框架效应，即是否可以通过改变税收申报决策问题的表达方式，进而影响纳税人的申报。研究结果表明，框架效应显著存在于我国纳税人的税收遵从决策之中，预缴税款的数额大小决定了一项纳税决策被表述为退税或补缴，纳税人面对退税决策时的纳税遵从度高于面对补缴决策时的纳税遵从度。该文章的主要贡献在于：（1）验证了我国纳税人的税收遵从决策中存在框架效应，弥补了这一部分的研究空白。（2）探讨了纳税人在税收遵从决策过程中的变化，有利于进一步认识纳税人决策的本质，充实税收遵从领域的研究内容，增强研究结论的应用性，为提高纳税人遵从水平提供有意义的借鉴。（3）为规范税款预缴制度提出建议：确保纳税人足额预缴，并提高处罚力度；简化退税手续；适当补偿纳税人。

同样对我国纳税人遵从行为决策的框架效应进行研究的还有刘华、黄熠琳、尹开国（2011），其通过问卷调查的方式进行研究，将问卷分为四个部分：第一部分为调查对象的基本信息；第二部分为说服性沟通的信息；第三部分为一个纳税情景，包括如何处理应税收入；第四部分为纳税不遵从态度测量表。该文采取协方差分析法对收集的样本数据进行分析，将调查对象是否会依法纳税作为因变量，将调查对象所处的框架、调查对象的性别以及受教育程度作为自变量，将调查对象对纳税不遵从行为的态度作为协变量。此外，本研究运用 SPSS 对数据进行统计分析，考察我国纳税人的纳税决策行为中是否存在框架效应以及性别、受教育程度等因素对纳税决策行为是否有显著影响。实证结果表明我国纳税人的税收遵从决策行为中存在显著的框架效应，正框架信息下的纳税遵从水平高于负框架信息下的遵从水平。同时，研究结果还表明男性的纳税遵从度低于女性。该文章的不足之处：（1）采集的样本数量较少，且集中于一个地域；（2）对纳税人的说服性沟通次数较少；（3）从沟通到作出纳税决策的整个过程并没有完整地进行真实模拟。

樊勇、李昊楠和蒋玉杰（2018）对有限理性经济分析框架下的税收凸显性进行研究，为分析税收经济关系提供了更为符合现实的研究视角。该文对税收凸显性及相关概念进行了辨析，尝试用心理账户理论解释税收凸显性的内在机制，并利用 2011 ~ 2015 年的微观企业数据首次考察了企业固定资产投资行为的税收凸显性。不同于以往研究结论认为直接税税收凸显性较高的观点，该文研究发现，对于企业固定资产投资行为而言，企业增值税税负的税收凸显性显著高于企业所得税税负的税收凸显性，同时我国企业间存在税收凸显性两极分化现象。

### （三）基于信息不对称理论的纳税遵从研究

马拴友（2001）将税收流失放到财政交易制度框架内进行研究，把税收流失看作一种交易成本。纳税人与税务当局的非合作博弈，不存在纯战略纳什均衡，但存在混合战略纳什均衡，即税务机关和纳税人分别以一定的概率随机选择稽查和逃税。同时，税收流失也表现为征税中存在的纳税人与政府、政府与纳税人以及政府、税务机关与税务人员三种委托—代理问题。研究表明，抑制税收流失包括四方面的激励制度设计：第一，保证财政交易制度中的支出方面与税收收入基本对称。第二，优化税制。权衡公平与效率使社会福利最大化。第三，税务机关激励纳税人讲实话的制度安排。第四，税收流失的治理结构还应包括对税务人员的激励。适当提高税务代理人的相对工资，或根据税收业绩酌情给予奖励，是一种相对有效的执法激励机制。

首先，刘艳、原铁忠、金慧青（2003）利用预期效用最大化模型对税收流失影响因素进行理论分析，得出三个结论：（1）个人收入的变化对纳税人申报额的影响是不确定的。（2）税率对偷逃税的影响是不确定的。（3）罚款率和查获率的提高将使得纳税人减少偷逃税活动。其次，刘艳、原铁忠、金慧青对税务机关与纳税人行为选择进行博弈分析。在纳税人偷逃税的混合策略静态博弈模型中，得到混合策略纳什均衡（$\gamma^*$，$p^*$），同时研究表明税务部门检查纳税人的纳税情况的概率与税务机关的检查成本、检查纳税人纳税的情况与获得的期望收益有关。在纳税人偷逃税的混合策略动态博弈模型中，通过分析得出以下结论：第一，税收检查的成本越小，行贿成功的概率越小，对逃税的惩罚 F 大，应纳税额越大，纳税人的逃税概率越小。第二，对逃税的惩罚越大，纳税人的最初申报越大，税务部门检查的概率越小。第三，当纳税人的初次申报额比较大时，往往有较大的逃税机会，因为在这个时候税务机关检查的概率也同时下降了。第四，是否受行贿成功对纳税人逃税有比较大的影响，同时纳税人不太考虑行贿的数量。第五，纳税人行贿的数额越大，也就越能使税务部门向有利于纳税人的方向发展。

樊勇、贺利平（2013）通过构建完全信息静态博弈模型，研究税务代理市场上纳税人与税务代理中介以及税务代理中介与监管机构之间的博弈关系，研究表明，纳税人的有效需求取决于政府干预下优质代理市场占比，而优质代理市场占比取决于监管因素。

## 三、纳税不遵从导致的税收流失问题研究

改革开放以来，随着市场经济体制的逐步建立，我国经济取得了令人瞩目的长足进展。与此同时，地下经济作为一种“影子经济”也随之扩展。我国的地下经济已成为影响国民经济的重要因素。其规模的扩大不仅破坏了国民经济核算的准确性，冲击着现有的经济理论，更为重要的是，给宏观经济调控带来种种困难和障碍①。在此背景下，朱小斌、杨缅昆（2000）对我国的地下经济理论进行研究，将一个国家的整体经济活动分为地上部门可观察到的经济活动、地上部门不可观察到的经济活动以及地下部门的经济活动。后两者组成地下经济的规模。以 1978 年为基年分别测算出“流通地下 GDP”与“浮现地下 GDP”的大小，二者相加得到 1979～1997 年的我国地下经济规模的估算结果。研究表明，由地下经济导致的税收流失对国家的经济运行和发展产生诸多不利影响。

贾绍华（2002）采用现金比率法、税收收入能力测算法并利用国家公布的统计数据对我国 20 世纪 90 年代的税收收入流失情况进行测算。具体测算过程为，首先，将“地上经济”分为国内非农业部门税收流失、关税流失及个人所得税流失三个方面进行测算，加总求得“地上经济”税收流失的规模；其次，加上对“地下经济”税收流失规模的测算，合并得出税收流失的总体规模。文章表明，从纳税人收入转化为税收收入是惊险的一跃，其中涉及的因素相当复杂。纳税人的收入在产权上归纳税人控制，而财政收入归政府支配，由纳税人的应税收入到政府的财政收入这种产权分配是一个极大的转变和跳跃。环境恶化、监管不严、处罚不力等是造成税收流失的重要原因。贾绍华进一步指明了治理税收流失的方向。首先，进一步完善现行税制，避免制度漏洞导致税收流失。其次，清费立税，规范政府收入机制。第三，树立“科技加管理”的治税理念，完善税收征管模式，进一步加快税收信息化建设，提高税收征管水平。第四，坚持依法治税，综合治理税收流

① 李海涛. 我国地下经济规模核算及变化趋势［J］. 统计与决策，2007（13）：55－57.

失，加重对偷逃税行为的惩罚，提高税法的威慑力。第五，坚持以德治税，加强素质教育，为治理税收流失夯实基础。

伍云峰（2008）采用现金比率法测算我国地下经济规模，而为使测算数据相对更为准确，伍云峰对现金比例模型进行改进：（1）放宽现金是唯一交换媒介的假设，采用货币供给中的狭义货币 $M_1$ 和广义货币 $M_2$ 来推算地下经济的规模。（2）重新定义 $K_0$，将现金和短期存款的时间趋势方程的系数之比作为 $K_0$。此外，在测算我国地下经济规模的基础上，伍云峰进一步对公开经济中增值税、关税、个人所得税的流失规模进行估测。研究表明：第一，中国税收、投资、消费和进出口总额四者至少存在一个协整关系，但四者之间有频繁的短期波动，而且这种短期波动向四者之间长期均衡状态转化的速度较慢，说明除中国税收、投资、消费和进出口总额之间有相互作用以外；还有许多因素对税收产生冲击，使税收波动较大。第二，给税收、社会消费品零售总额、投资和进出口总额一个冲击以后，会引起税收的剧烈波动，消费的正向冲击对中国税收收入的增长具有促进作用且有长期性。投资的正向冲击对中国税收收入具有显著的促进作用且有较长的持续效应。进出口总额的正向冲击对中国税收收入的影响起伏较大，但从长期看，具有促进作用且有较长的持续效应。第三，自 1994 年税制改革以来，税务部门着力进行税收制度变革和加强税收征管，极大地促进了税收增长。

刘黎明、刘玲玲（2005）将纳税人的收入作为一个随机变量，从纳税人个人收入的分布密度函数入手，利用税率计算标准，计算出理论纳税额，再与实际纳税额进行比较，估算出 1995 ~ 2002 年个人所得税的税收流失率。刘黎明、刘玲玲认为目前个人所得税征管存在三个难点：第一，个人收入的隐形化。第二，纳税申报不实和不完善。第三，对于逃税个人所得税惩罚手段不力和软弱。对于未来税制改革方向，刘黎明、刘玲玲提出税制结构调整应与国民经济发展相协调，宽税基、间接税的税率改革，有利于国民经济效率的提高。同时，个人所得税和开征遗产税等直接税改革有利于提高财政收入，但应注意发挥直接税调节收入分配差距的功能，有利于处理好社会发展中的公平问题。为逐步消除我国个人所得税税收流失的较大空间，择机进行金融实名制改革应是治本之策。

## 四、纳税遵从的影响因素及对策研究

孙玉霞（2007）认为，税收遵从决策是纳税人行为选择的一个复杂过程，其中起作用的因素很多，除稽查概率和罚款率以外，在纳税人的遵从决策过程中起作用的还包括以下一些因素：（1）税收遵从成本。不适当的税收遵从成本容易使纳税人对税收产生不满情绪，进而可能导致偷逃税行为。（2）税制。税制的复杂性以及税制中的税收优惠政策会对纳税人的纳税遵从度产生较大影响。（3）纳税人的个体特征，包括纳税人的年龄、性别、受教育程度、职业、风险偏好、纳税心理等因素。（4）对政府的满意程度。如果政府不能为公众提供满意的公共服务，就会失去公众的支持，进而公众就可能消极地对待自己的纳税义务。(5) 税收文化。该文章的不足之处在于仅对税收遵从决策的影响因素进行相关文献的总结，缺乏数理分析。

在影响纳税遵从的宏观经济因素上，李孜（2006）结合前景理论中参照点的思想，考察了公平感与纳税遵从行为之间的关系，结果表明，纳税人感觉到公平时的纳税遵从意愿更加强烈。应从税率设置、税务工作与服务方面增进纳税主体的公平感，从而提高纳税遵从水平。

李俊生和林秀香（2017）为了分析影响我国企业纳税行为的主要因素，围绕影响企业纳税行为的因素，分别在企业内部和代表政府的税务部门内部就同一问题进行了调查。调查结果表明，我国企业偷逃税比较严重，企业的各种纳税行为紧密联系，单方面研究偷逃税行为难以达到管理目标。影响企业纳税行为的因素很多，不仅受企业自身的因素，还受政府和其他环境因素的影响，因此政府应首先从完善环境因素的角度提高企业的纳税遵从行为，其次要通过细致的工作了解企业需求，做好政府和企业的沟通，做好纳税服务。

樊勇（2011）通过在全国 105 个地区发放调查问卷，运用 Kruskal – Wallis 检验与 One – Way ANOVA 等定量方法研究了纳税人个体因素（婚姻状况、年龄、收入水平、自我与旁观）与个人所得税纳税遵从行为之间的关系。研究显示，在个人的外在特征上，婚姻状况、年龄对纳税遵从度有一定的负相关性趋势，收入对纳税遵从程度有一定的正相关性趋势，其中婚姻状况具有显著性影响。在个人心理特征上，自我与旁观心理对遵从行为具有显著性影响。因此提出按家庭状况对个人所得税进行分类管理，建立、健全纳税人信息反馈与信用等级评价制度的相关建议。

近年来，国内外对税收遵从成本的研究日益重视，研究的重心集中在对税收遵从成本的测算以及对税收遵从成本影响因素的探讨上。而对于税收遵从成本的影响效应却缺乏细致的研究。在此背景下，薛菁（2010）提出 3 条待检测假设：（1）税收遵从成本越低，企业越倾向于选择税收遵从。(2) 税收遵从成本对不同所有制类型企业的税收遵从的影响程度不同，其中对民营企业税收遵从的影响较大。(3) 税收遵从成本对不同规模企业税收遵从影响程度不同，对规模较小的企业影响较大。薛菁以对企业的问卷调查获取基础数据，并进行实证检验，得出税收遵从成本越低，企业的纳税遵从度越高；民营企业的纳税遵从决策受遵从成本影响，规模小的企业受遵从成本影响较大等结论。她认为税收征管效率、纳税服务体系的完善、税收制度的复杂性和公平性、税率高低、税法的稳定性与确定性等因素，是影响企业纳税成本的主要因素。

樊勇、席晓宇、赵玉亭（2018）从纳税遵从风险管理理论出发，借鉴澳大利亚税务局税收风险管理模型（ATO 模型）研究我国企业增值税的征收管理制度，将 2014 年某直辖市财政入库企业进行遵从等级划分，分别考察应纳增值税额、补缴税额、罚款和滞纳金、企业年龄、注册资本、企业性质对不同纳税等级企业的影响。结果表明：我国企业增值税纳税遵从分布状况大致符合金字塔分布，绝大多数因素影响显著且影响程度并不一致；ATO 模型适合我国企业增值税税务管理，将 ATO 纳税遵从模型引入我国的增值税税收管理符合我国实际情况大多数情况。樊勇、席晓宇、赵玉亭提出：（1）针对不同遵从度的纳税人，设置不同的行政处罚方案；（2）根据纳税规模不同，实施差异化监督；（3）根据企业年龄不同，有侧重地加强税收宣传；（4）根据不同的企业规模，实施纳税遵从分类管理。该文章为加强增值税管理提供理论与决策依据，具有重要的理论与现实意义。

樊勇和李昊楠（2020）基于全国税收调查数据，采用双重差分和三重差分评估了“金三”的政策效果，探究了税收信息化的程度对于纳税遵从的影响。研究发现，“金三”显著提高了纳税遵从度，促进了“应收尽收”，即优化税收信息系统有利于提高纳税遵从度。此外，该文的研究论证了“金三”的双重效应：一方面优化信息系统，提高纳税遵从度；另一方面提高纳税服务质量，促进税收优惠政策的落实。

该文的贡献包括：（1）填补了我国税收征管措施相关研究定量分析的空白，“金三”作为由试点阶段开始逐步推行的税收征管改革，为研究我国税收征管措施的效果提供了难得的识别机会，同时基于宏观政策背景研究“金三”的结构性政策效果，相比于以往单一研究征管与逃税的关系，对政策效果的评估更为全面，避免落入“就征管论征管”，却与宏观政策背景产生矛盾的情况；（2）一般而言，税收征管的强化会带来企业税负的上升，然而如果将改革目标定位在遏制逃税和落实税收优惠政策两方面，则可以有效缓解这种负效应，该结果为其他相关的税收征管改革，甚至环境规制等政策提供借鉴意义；（3）“金三”的主要变化体现在信息的共享和获取，信息在税收征管中的作用是近年来的热门话题，因此该文也是对信息和税收征管相关文献的丰富；（4）该文将纳税遵从度、企业税负和税收优惠的相关衡量口径细化到企业真实的纳税数据中，可以更为真实地描述企业受到的政策影响，同时也对各指标的衡量有借鉴意义。

该文的不足在于“金三”是一项系统工程，没有办法将这一系统细分成具体的措施，并进行一一对应分析，而只能把这一系统定义为两大功能作用。此外，该文对于税收征管中税收稽查和纳税服务的具体影响机制的研究不够深入。

## 五、税收征管模式及评价方法研究

樊勇（2012）对税务行政效率的评价方法进行研究。当前，税务行政效率的评价方法实际上可以归纳为两类：一类是主要是以成本—收益法为基础的评价方法，另一类是以成本—绩效法为基础的评价体系。两类方法虽然在时间上存在发展与被发展的关系，但如果考虑税务管理活动的特殊性和实际运用情况，两者并不存在简单的替代关系，在实际应用中，要根据不同环境和条件而灵活使用。研究表明，以成本—收益分析方法为基础的税务行政效率评价结果客观准确，符合税收的财政收入原则。但从理论上看，这种方法忽视了税务行政管理的"公共性"特征，仅强调税务管理的经济效率，而没有考虑税务管理的准确性、公平性、责任以及纳税人满意程度等社会效益目标。以成本—绩效分析方法为基础的税务行政效率评价能较好地满足于像税务管理这类多重目标的公共管理活动的需要。而且其科学性和规范性要优于以效率为单纯目标的评价标准。但税务绩效评价在实践中不便于展开，即使开展起来不但成本较高，评估的结果也很难得到一致的认同。

而在新一轮《税收征管法》修订的讨论中，如何完善税收滞纳金制度成了理论界与实务部门关注的焦点之一。樊勇和姚凯（2015）对税收滞纳金征收模式进行研究。樊勇和姚凯在厘清税收滞纳金性质功能、总结我国现行滞纳金制度存在问题、比较借鉴部分发达国家和地区的税收滞纳金征收模式与制度设计的基础上，提出了四套优化我国税收滞纳金征收模式的备选方案，具体为，方案一：经济补偿（固定利率+单利）+行政强制（固定比例）；方案二：经济补偿（固定利率+复利）+行政强制（固定比例）；方案三：经济补偿（浮动利率+单利）+行政强制（固定比例）；方案四：经济补偿（浮动利率+复利）+行政强制（固定比例）。

随着我国税收征管改革的不断深化，税收事先裁定制度被写入《中华人民共和国税收征收管理法修订草案（征求意见稿）》，使得该制度在我国实施的条件日趋成熟。樊勇和韩文达（2016）分析了我国税收事先裁定的现状和存在的问题，通过对各国税收事先裁定制度的比较借鉴，对我国税收事先裁定制度的模式选择和具体实施提出了建议，建议如下：行政模式的税收事先裁定制度更符合我国实际；要尽快完善我国的税收事先裁定的法律制度体系；裁定实施过程中的具体规定。

在2015年《中华人民共和国税收征收管理法修订草案（征收意见稿）》中，新增了税额确认一章，以税收立法的形式将税额确认纳入我国税收征管的基本程序，并通过增加"信息披露"一章，对税务机关获取涉税信息予以规定，为税额确认制度的实施保驾护航。樊勇和侯京玉（2018）通过对美国、德国、法国、日本等国家实施税收评定的制度经验对比分析，从法律体系、组织保障、信息获取、举证责任等方面为完善征管法意见稿中税额确认的制度设计和建立我国的"税收评定"制度提供建议。首先，明确税收评定的职责定位，理顺评定、检查与稽查的关系。其次，在税收管理层面上，建立配套的扁平化的税收评定机构，将有限的税收管理资源合理地分配到税收评定工作环节上来。再次，加强税收征管信息流程的建设，完善涉税信息获取制度。最后，税收评定过程中，应尊重纳税人自主申报的权利和义务，同时强化税务机关的政策性服务功能。

## 文献索引

[1] ALLINGHAM M G, SANDMO A. Income tax evasion: A theoretical analysis [J]. Journal of public economics, 1972, 1 (3-4): 323-338.

[2] WITTE A D, WOODBURY D F. The effect of tax laws and tax administration on tax compliance: The case of the US individual income tax [J]. National Tax Journal, 1985: 1 -13.

[3] ANDREONI J, ERARD B, FEINSTEIN J. Tax compliance [J]. Journal of economic literature, 1998, 36 (2): 818 -860.

[4] SLEMROD J, BLUMENTHAL M, CHRISTIAN C. Taxpayer response to an increased probability of audit: Evidence from a controlled experiment in Minnesota [J]. Journal of public economics, 2001, 79 (3): 455 -483.

[5] TVERSKY A, KAHNEMAN D. Prospect theory: An analysis of decision under risk [J]. Econometrica, 1979, 47 (2): 263 -291.

[6] BERNASCONI M, ZANARDI A. Tax evasion, tax rates, and reference dependence [J]. FinanzArchiv/Public Finance Analysis, 2004: 422 -445.

[7] KIRCHLER E, MACIEJOVSKY B. Tax compliance within the context of gain and loss situations, expected and current asset position, and profession [J]. Journal of Economic Psychology, 2001, 22 (2): 173 -194.

[8] KLEPPER S, MAZUR M, NAGIN D. Expert intermediaries and legal compliance: The case of tax preparers [J]. The Journal of Law and Economics, 1991, 34 (1): 205 -229.

[9] PISSARIDES C A, WEBER G. An expenditure-based estimate of Britain's black economy [J]. Journal of public economics, 1989, 39 (1): 17 -32.

[10] FISMAN R, WEI S J. Tax rates and tax evasion: evidence from "missing imports" in China [J]. Journal of political Economy, 2004, 112 (2): 471 -496.

[11] FELDMAN N E, SLEMROD J. Estimating tax noncompliance with evidence from unaudited tax returns [J]. The Economic Journal, 2007, 117 (518): 327 -352.

[12] ARTAVANIS N, MORSE A, TSOUTSOURA M. Tax evasion across industries: Soft credit evidence from Greece [R]. National Bureau of Economic Research, 2015.

[13] SCHUETZE H J. Profiles of tax non-compliance among the self-employed in Canada: 1969 to 1992 [J]. Canadian Public Policy/Analyse de Politiques, 2002: 219 -238.

[14] DE AGOSTINI P, PAULUS A, TASSEVA I. The effect of tax-benefit changes on the income distribution in 2008 -2014 [R]. EUROMOD Working Paper, 2015.

[15] JOHANSSON E. An estimate of self-employment income underreporting in Finland [J]. Nordic Journal of Political Economy, 2005, 31 (1): 99 -109.

[16] MARTINEZ - LOPEZ D. The underreporting of income by self-employed workers in Spain [J]. SERIEs-Journal of the Spanish Economic Association, 2013, 4 (4): 353 -371.

[17] ENGSTRÖM P, HOLMLUND B. Tax evasion and self-employment in a high-tax country: Evidence from Sweden [J]. Applied Economics, 2009, 41 (19): 2419 -2430.

[18] CABRAL A C G, GEMMELL N. Estimating self-employment income-gaps from register and survey data: Evidence for New Zealand [J]. 2018.

[19] HURST E, LI G, PUGSLEY B. Are household surveys like tax forms? Evidence from income underre-

porting of the self-employed [J]. Review of economics and statistics, 2014, 96 (1): 19 - 33.

[20] FRIEDLAND N, MAITAL S, RUTENBERG A. A simulation study of income tax evasion [J]. Journal of public economics, 1978, 10 (1): 107 - 116.

[21] SPICER M W, BECKER L A. Fiscal inequity and tax evasion: An experimental approach [J]. National tax journal, 1980: 171 - 175.

[22] SPICER M W, HERO R E. Tax evasion and heuristics: A research note [J]. Journal of Public Economics, 1985, 26 (2): 263 - 267.

[23] BALDRY J C. Income tax evasion and the tax schedule: Some experimental results [J]. Public Finance = Finances publiques, 1987, 42 (3): 357 - 383.

[24] COPELAND P V, CUCCIA A D. Multiple determinants of framing referents in tax reporting and compliance [J]. Organizational Behavior and Human Decision Processes, 2002, 88 (1): 499 - 526.

[25] CULLEN J B, TURNER N, WASHINGTON E L. Political alignment, attitudes toward government and tax evasion [R]. National Bureau of Economic Research, 2018.

[26] KLEVEN H J, KNUDSEN M B, KREINER C T, et al. Unwilling or unable to cheat? Evidence from a tax audit experiment in Denmark [J]. Econometrica, 2011, 79 (3): 651 - 692.

[27] ARIEL B. Deterrence and moral persuasion effects on corporate tax compliance: Findings from a randomized controlled trial [J]. Criminology, 2012, 50 (1): 27 - 69.

[28] DEL CARPIO L. Are the neighbors cheating? Evidence from a social norm experiment on property taxes in Peru [J]. Princeton, NJ, Princeton University Working Paper, 2013.

[29] CARRILLO P, POMERANZ D, SINGHAL M. Tax me if you can: Evidence on firm misreporting behavior and evasion substitution [J]. Wor ing Paper, Harvard University, 2014.

[30] GANGL K, TORGLER B, KIRCHLER E, et al. Effects of supervision on tax compliance: Evidence from a field experiment in Austria [J]. Economics Letters, 2014, 123 (3): 378 - 382.

[31] POMERANZ D. No taxation without information: Deterrence and self-enforcement in the value added tax [J]. American Economic Review, 2015, 105 (8): 2539 - 2569.

[32] CASTRO L, SCARTASCINI C. Tax compliance and enforcement in the pampas evidence from a field experiment [J]. Journal of Economic Behavior & Organization, 2015, 116: 65 - 82.

[33] DWENGER N, KLEVEN H, RASUL I, et al. Extrinsic and intrinsic motivations for tax compliance: Evidence from a field experiment in Germany [J]. American Economic Journal: Economic Policy, 2016, 8 (3): 203 - 232.

[34] BOTT K M, CAPPELEN A W, SORENSEN E, et al. You've got mail: A randomised field experiment on tax evasion. NHH Department of Economics [J]. 2017.

[35] HALLSWORTH M, LIST J A, METCALFE R D, et al. The behavioralist as tax collector: Using natural field experiments to enhance tax compliance [J]. Journal of public economics, 2017, 148: 14 - 31.

[36] ALLCOTT H, ROGERS T. The short-run and long-run effects of behavioral interventions: Experimental evidence from energy conservation [J]. American Economic Review, 2014, 104 (10): 3003 - 3037.

[37] BOLL K. Mapping tax compliance: Assemblages, distributed action and practices: A new way of do-

ing tax research [J]. Critical Perspectives on Accounting, 2014, 25 (4-5): 293-303.

[38] ALSTADSÆTER A, JACOB M, KOPCZUK W, et al. Accounting for business income in measuring top income shares: Integrated accrual approach using individual and firm data from Norway [R]. National Bureau of Economic Research, 2016.

[39] HOOPES J L, RECK D H, SLEMROD J. Taxpayer search for information: Implications for rational attention [J]. American Economic Journal: Economic Policy, 2015, 7 (3): 177-208.

[40] DRAGO F, MENGEL F, TRAXLER C. Compliance behavior in networks: Evidence from a field experiment [J]. 2015.

[41] BONING W C, GUYTON J, HODGE R H, et al. Heard it through the grapevine: direct and network effects of a tax enforcement field experiment [R]. National Bureau of Economic Research, 2018.

[42] CHANG O H, NICHOLS D R, SCHULTZ J J. Taxpayer attitudes toward tax audit risk [J]. Journal of Economic Psychology, 1987, 8 (3): 299-309.

[43] ROTH A E, EREV I. Learning in extensive-form games: Experimental data and simple dynamic models in the intermediate term [J]. Games and economic behavior, 1995, 8 (1): 164-212.

[44] TORGLER B. Speaking to theorists and searching for facts: Tax morale and tax compliance in experiments [J]. Journal of Economic Surveys, 2002, 16 (5): 657-683.

[45] HOLLER M, HOELZL E, KIRCHLER E, et al. Framing of information on the use of public finances, regulatory fit of recipients and tax compliance [J]. Journal of Economic Psychology, 2008, 29 (4): 597-611.

[46] CLOTFELTER C T. Tax evasion and tax rates: An analysis of individual returns [J]. The review of economics and statistics, 1983: 363-373.

[47] FEINSTEIN J S. An econometric analysis of income tax evasion and its detection [J]. The RAND Journal of Economics, 1991: 14-35.

[48] YANIV G. Tax compliance and advance tax payments: A prospect theory analysis [J]. National tax journal, 1999: 753-764.

[49] ELFFERS H, HESSING D J. Influencing the prospects of tax evasion [J]. Journal of economic psychology, 1997, 18 (2-3): 289-304.

[50] TORGLER B. Moral suasion: An alternative tax policy strategy? Evidence from a controlled field experiment in Switzerland [J]. Economics of governance, 2004, 5 (3): 235-253.

[51] TORGLER B. A field experiment in moral suasion and tax compliance focusing on underdeclaration and overdeduction [J]. FinanzArchiv/Public Finance Analysis, 2013: 393-411.

[52] FELLNER G, SAUSGRUBER R, TRAXLER C. Testing enforcement strategies in the field: Threat, moral appeal and social information [J]. Journal of the European Economic Association, 2013, 11 (3): 634-660.

[53] SHEFRIN H M, THALER R H, LOEWENSTEIN G F. Choice over time [J]. 1992.

[54] KAHNEMAN D, KNETSCH J L, THALER R. Fairness as a constraint on profit seeking: Entitlements in the market [J]. The American economic review, 1986: 728-741.

[55] SCHEPANSKI A, SHEARER T. A prospect theory account of the income tax withholding phenomenon [J]. Organizational Behavior and Human Decision Processes, 1995, 63 (2): 174 - 186.

[56] VOGEL J. Taxation and public opinion in Sweden: An interpretation of recent survey data [J]. National Tax Journal, 1974: 499 - 513.

[57] WEBLEY P. Tax evasion: An experimental approach [M]. Cambridge University Press, 1991.

[58] BUSATO F, GIULI F. Tax evasion and prospect theory in a OLG economy [R]. Department of Economics - University Roma Tre, 2014.

[59] SOULELES N S. The response of household consumption to income tax refunds [J]. American Economic Review, 1999, 89 (4): 947 - 958.

[60] KING S, SHEFFRIN S M. Tax evasion and equity theory: An investigative approach [J]. International Tax and Public Finance, 2002, 9 (4): 505 - 521.

[61] 麻勇爱. 纳税人遵从理论及其借鉴意义——关注纳税人的"个性"特征及个体利益 [J]. 涉外税务, 2002 (04): 18 - 21.

[62] 马国强. 论税收管理的目标、框架与模式 [J]. 税务研究, 1999 (12): 3 - 8.

[63] 雷根强, 沈峰. 简论税收遵从成本 [J]. 税务研究, 2002 (07): 41 - 43.

[64] 李林木. 我国纳税信用等级制的现实优化 [J]. 发展研究, 2005 (09): 16 - 17.

[65] 孙玉霞. 影响纳税人税收遵从决策的因素 [J]. 涉外税务, 2007 (09): 18 - 21.

[66] 郁维. 国外逃税经济模型研究评述 [J]. 经济学动态, 2000 (02): 72 - 75.

[67] 刘芳, 陈平路. 逃税行为及影响因素的理论分析 [J]. 武汉理工大学学报 (交通科学与工程版), 2004 (01): 84 - 87.

[68] 谷成. 税收遵从的理论模型与政策引申——基于对 Allingham - Sandmo 框架的考察 [J]. 财贸经济, 2009 (03): 67 - 71 + 136 - 137.

[69] 何红渠, 肖瑛. 基于期望理论的纳税遵从行为研究 [J]. 财经研究, 2005 (03): 100 - 108.

[70] 王韬, 许评. 框架效应影响税收遵从的实验研究 [J]. 税务研究, 2007 (12): 76 - 79.

[71] 刘华, 黄熠琳, 尹开国. 我国个人纳税遵从决策中的框架效应研究 [J]. 税务研究, 2011 (01): 89 - 92.

[72] 马拴友. 税收流失的博弈分析 [J]. 财经问题研究, 2001 (06): 3 - 8.

[73] 樊勇, 贺利平. 基于完全信息静态博弈模型下的税务代理行为分析 [J]. 税务研究, 2013 (03): 83 - 86.

[74] 申亮. 基于演化博弈理论的税收遵从策略研究 [J]. 工业技术经济, 2011, 30 (02): 154 - 160.

[75] 刘艳, 原铁忠, 金慧青. 税收流失的经济博弈分析 [J]. 税收与企业, 2003 (05): 9 - 12.

[76] 樊勇, 席晓宇, 赵玉亭. 增值税纳税遵从管理: 一个分析框架与实证检验 [J]. 税务研究, 2018 (09): 94 - 100.

[77] 樊勇. 我国个人所得税遵从行为与个体因素相关性的实证分析 [J]. 税务研究, 2011 (08): 61 - 64.

[78] 樊勇. 税务行政效率评价方法的发展及评析 [J]. 中国行政管理, 2012 (06): 31 - 34.

[79] 樊勇，姚凯．税收滞纳金征收模式比较与我国优化方案设计 [J]．税务研究，2015 (04)：125 - 129.

[80] 樊勇，韩文达．我国税收事先裁定制度之完善 [J]．国际税收，2016 (04)：10 - 15.

[81] 樊勇，侯京玉．建立我国税收评定法律制度研究 [J]．中央财经大学学报，2018 (03)：3 - 10.

[82] 樊勇，李昊楠，蒋玉杰．企业税负、税收凸显性与企业固定资产投资 [J]．财贸经济，2018，39 (12)：49 - 61.

[83] 樊勇，李昊楠．税收征管、纳税遵从与税收优惠——对金税三期工程的政策效应评估 [J]．财贸经济，2020，41 (05)：51 - 66.

[84] 薛菁．税收遵从成本对企业税收遵从的影响研究——基于一项企业问卷调查 [J]．西安财经学院学报，2010，23 (05)：69 - 74.

[85] 李俊生，林秀香．影响我国企业纳税行为的因素分析 [J]．财政研究，2007 (1)：73 - 77.

[86] 伍云峰．我国税收流失规模测算 [J]．当代财经，2008 (05)：38 - 42.

[87] 李孜．中国个人纳税不遵从行为分析 [D]．暨南大学，2006.

[88] 刘黎明，刘玲玲．我国个人所得税流失的规模测算 [J]．财政研究，2005 (04)：26 - 28.

[89] 贾绍华．我国税收流失的测算分析与治理对策探讨 [J]．财贸经济，2002 (04)：39 - 44.

[90] 朱小斌，杨缅昆．中国地下经济实证研究：1979—1997 [J]．统计研究，2000 (04)：32 - 37.

[91] 童锦治，周竺竺．基于启发式认知偏向的税收显著性研究评述 [J]．厦门大学学报（哲学社会科学版），2011 (03)：9 - 15.

[92] 宋丽颖，李倩倩．基于征税行为的 A - S 模型的探讨 [J]．当代经济科学，2014，36 (02)：118 - 123 + 128.

[93] 刘华，阳尧，刘芳．税收遵从理论研究评述 [J]．经济学动态，2009，000 (008)：116 - 120.

[94] 张宝英．大学毕业生考研的经济行为分析——基于行为经济学的诠释 [J]．福建教育学院学报，2009，10 (03)：34 - 37.

[95] 马岩，姚轩鸽．国外纳税遵从研究的知识图谱与热点主题——基于国际 SSCI 的文献计量分析 (1972—2015) [J]．国际税收，2017 (05)：62 - 66.

[96] 程仙．纳税遵从研究文献综述 [J]．现代商贸工业，2009，21 (14)：235 - 236.

[97] 韩晓琴．有关纳税遵从的国内研究文献综述 [J]．税收经济研究，2011，16 (02)：33 - 39.

[98] 张文先，阮家福．西方税收征管研究前沿问题评析 [J]．财政研究，2004 (09)：60 - 62.